企业道德研究

任溯远　任　辉　著

经济科学出版社

图书在版编目（CIP）数据

企业道德研究 / 任溯远，任辉著. —北京：经济
科学出版社，2013.12
ISBN 978 - 7 - 5141 - 4125 - 2

Ⅰ.①企…　Ⅱ.①任…②任…　Ⅲ.①企业伦理 -
研究 - 中国　Ⅳ.①F270.05

中国版本图书馆 CIP 数据核字（2013）第 303135 号

责任编辑：侯晓霞　刘殿和
责任校对：王肖楠
责任印制：李　鹏

企业道德研究

任溯远　任　辉　著

经济科学出版社出版、发行　新华书店经销

社址：北京市海淀区阜成路甲 28 号　邮编：100142

教材分社电话：010 - 88191345　发行部电话：010 - 88191522

网址：www. esp. com. cn

电子邮件：houxiaoxia@ esp. com. cn

天猫网店：经济科学出版社旗舰店

网址：http://jjkxcbs. tmall. com

北京密兴印刷有限公司印装

710×1000　16 开　12 印张　210000 字

2014 年 1 月第 1 版　2014 年 1 月第 1 次印刷

ISBN 978 - 7 - 5141 - 4125 - 2　定价：38.00 元

序　言

"美丽中国",是时代之美、社会之美、生活之美、环境之美,更是人的心灵之美。一个国家的繁荣昌盛不仅需要发达的经济基础,更需要具有时代文明的道德精神,人无德不立,国无德不兴。把依法治国和以德治国有机地统一起来,推进国家治理体系和治理能力现代化,积聚正能量,实现"中国梦",是当今时代赋予的历史使命,是建设"美丽中国"的重要责任。

十八大报告提出:"倡导富强、民主、文明、和谐,倡导自由、平等、公正,倡导爱国、敬业、诚信、友爱、积极培育社会主义核心价值观"。把全面提高公民道德素质和建设社会主义核心价值体系,作为扎实推进中国特色社会主义文化强国建设的一项重要任务,分别从国家、社会、公民三个层面深刻、系统地反映出了人民群众内心对理想信念、价值取向的共识和认同,必将引领时代思潮,凝聚社会力量,推动国家各项事业的蓬勃发展。

随着中国30多年来不断深化改革的历史进程,中国经济社会发生了极为深刻的变化:一方面,现代化的进展和人民生活水平的提高获得了前所未有的成就;另一方面,经济与社会进程中的新旧矛盾也更为复杂和尖锐。一些社会学家和经济学家多年的研究成果显示:当人均GDP超过3000美元后,一般国家都会经历"拐点"时期和"社会道德内核裂变"时期,常常成为这一时期经济社会发展中的最大挑战。"经济在发展,道德在缺失"、"市场在繁荣,环境在恶化",一些社会公众普遍关注的,也是发展中亟待解决的道德危机问题频繁出现,"毒奶粉"、"地沟油"、"血汗工厂"、"苏丹红"、"上市公司造假"、"矿难"等事件,无不触目惊心,让社会公众不可想象。尤其是一些企业见利忘义,不守诚信,危害社会和企业自身,严重透支道德声誉,践踏道德底线,"使人们疲惫的不是遥远的路程,而是人们鞋子中小小的沙粒"。由此引起了国家和社会的高度重视,加强社会和企业道德建设,构建未来发展特征需要的道德型社会和道德型企业，为"美丽中国"和文化强国建设创造良好的环境，是一项具有很重要意义的工作。

人是社会的人，社会是人的社会，现代企业的核心理念是以人为本；现代企业是"经济人"、"道德人"、"社会人"的有机统一体，企业道德是社会道德的重要组成部分，企业及其员工和管理者在行为过程中的道德人格和职业责任对整个社会群体和经济组织都有重大的影响。道德是一种自律，亦是一种他律，是自律和他律的统一，从企业自身加强道德建设，形成很好的"打基础，利长远"的现代企业道德文化，从企业外部的整个经济社会环境为企业道德建设与培育，提供很好的平台和机遇，大力推动和造就大量的道德型企业和道德型企业领袖，更多更好地服务时代，奉献社会，是当今和未来国家事业发展的一件大事。

本书从企业道德的概念、原则、特征、作用等多方面，结合企业理论界与企业界的现实情况，较为全面地对企业道德进行了论述与分析。全书围绕企业道德与企业的社会责任、企业文化、企业核心竞争力等关键环节和主线，从理论与实践、历史与现实、正面与反面、人文与案例等多种不同的视角，进行了较为翔实的阐释与探讨，其内涵覆盖全面、信息量大，是一种立足现实的立体思维。书中一些新观点、新理念、新方法很有指导实践的意义，对未来企业的创新与发展具有很好的作用，是一部实用性较强的企业文化丛书。

本书作者之一任溯远同学，是我校经济学院在读的硕士研究生，我本人是该同学本科和硕士研究生的老师，在多年的教学工作中建立了良好的师生感情。该同学品学兼优，善于钻研与学习，尤其是在经济学和企业经营管理知识方面学有所长，先后发表了《探析制度经济学视角下的产业集群》、《关于贾谊的货币思想的思考——结合"货币是否国有化"理论的视角讨论》等专业文章。近两年来，该同学又与其父亲任辉先生共同著作了《企业道德研究》一书，要求我本人为该书写一个序言。为此，特向读者推荐，是为代序。

北京大学常务副校长　刘伟

2013 年 11 月 20 日

自　序

　　企业道德是社会道德的重要组成部分，是企业非常重要的无形资产。它贯穿于企业产、供、销、人、财、物的每一个要素和每一个环节之中，是企业的灵魂和血液；企业道德资本是企业生存与壮大的基石，是企业创新发展的驱动力。企业道德学，作为一门专业学科，无论是西方国家还是东方国家，无论是当今时代还是未来社会，都是不可或缺的。多年以来，其研究对象从企业或社会的某一件事、某一个职业职责、某一个企业、某一个行业、某一个区域的特定问题到面向全球性、普遍性、能动性、科学性的专门学术研究相结合的方向发展；其研究方式从单一方面、单一专门学科到面向多层次、宽领域、跨学科的交叉与互动研究，其研究成果不断成熟、日益丰富；同时，这些研究成果来源于企业实践又不断用于指导和支持企业经营管理，为企业排忧解难，为企业导航与引路。理论成果与企业实践两方面相得益彰、相辅相成，使企业道德学这门专业学科不断创新与发展。

　　《企业道德研究》一书是我和我父亲任辉先生近两年在对企业道德理论认真学习与思考、对企业道德实践深入调查、研究和分析的基础上，共同著作的一本企业道德学科方面的专业工具书。在本书的著作出版过程中，除了我本人和父亲的共同智慧外，还凝聚了我的老师、同学和家人等不少人的心血，可以说是大家共同劳动的成果。在此致以衷心的谢意，特别感谢我的老师——著名经济学家、北京大学常务副校长刘伟教授和著名地理与区域经济学家、北京大学秘书长杨开忠教授的指教，特别感谢我的同学和家人的支持与帮助。

　　在本书的著作过程中，从引导和实用的原则出发，围绕企业道德与企业的社会责任、企业文化、企业核心竞争力等关键环节和主线，从理论与实践、历史与现实、正面与反面、人文与案例等多种不同视角进行了较为翔实的阐述和探讨，其中，有一些新观点、新理念、新方法，希望能对现代企业发展壮大和道德型的现代企业建设起到一定的指导与借鉴作用，希望能成为一本实用性较强的现代企业文化丛书。

在著作过程中难免存在一些不足的地方，敬请各位专家学者和广大读者提出宝贵意见，今后将不断改进。

北京大学经济学院　任溯远

2013 年 11 月 17 日

目　录

绪　论

第一节　道德与企业道德概论

道德（Morals；Ethics）是社会意识形态之一，是人们共同生活及其行为的准则与规范。道德是由一定社会的经济基础所决定，并为一定的社会经济基础服务的。不同的时代，不同的阶级具有不同的道德观念。

"道德"这两个字，在中国历史上很早就有了。它在中国古代典籍中的含义是比较广泛的。"道"原是指人行走的道路，引申为事物运动变化的规律和人们行为必须遵循的道理、规范。"德"与"得"的意思相近，是人们实行"道"的原则，内得于己、外施于人，便称为"德"。《道德经》曾阐述道与德之间的关系，认为道为事物内在规律，德是循此规律行事。在老子那里，道和德是两个概念。道德两字的合用，始于战国时期的荀子，他在《劝学篇》中说"故学至乎《礼》而止矣，夫是谓之道德之极"。就是说，如果一切都按"礼"的规定去做，那么，就达到了道德的最高境界。我们现在所用的"道德"这个概念，主要是指一定社会或用以调整人和人之间、个人和社会之间关系的内心信念而起作用的。这里所说的"规范"，也就是准则、规则的意思。通俗地说，道德也就是做人的准则、规范，有时也指人的思想品质、修养境界、善恶评价，甚至泛指风尚习俗和道德教育活动等。

从原词条释义上对道德的词义的理解为：

道：本意是客观真理，即自然界的构造、运动、变化等规律，社会的客观发展和变化规律，人的生老病死等规律，是自然存在和发展的规律。它客观存在，左右社会和人类的发展。顺应它去发展，社会才能健康和谐、人才会健康幸福、自然界才会长足存在。

德：本意为顺应自然。社会和人类需要发展，在不违背自然规律的前提下，去改造自然、发展社会、发展自己的事业。也是遵循不违背"道"去适应自然、改造自然，从而使社会、自然界和人类能长久发展、和谐共存。

道和德统一到一起就是道德，人们按"道"的规律去做事、处事，就是有"道德"。

人之初，性本善，也就是说人一生下来只有本能（有不少本能会危害其他人的生存），而不知约束自己。所以，所有人都需要对本能的外在约束和内在约束，外在约束是法律，然而法律的功能只有制裁人的本能中企图伤害他人等对人类社会有大的危害的方面；所以，需要内在约束（也就是道德）来规范本能中虽不违法，但亦会对他人（甚至是人类社会）造成危害的行为。

所以，道德就是社会规范对人的本能的制约，换句话说，人一生下来就有以任何方式伤害甚至杀死其他生命的本能（即"生存无道德"），道德也就是继法律之后制约这种本能，减小这种伤害的工具。

从行为规范定义上对道德的定义有以下几种：

定义1：由个人自我意识为起始，影响到群体当中，形成的"精神""语言""行为"宏观性和微观性相统一，即为道德。

定义2：道德就是脱离人的自然属性而适应人的社会属性（这里说的人的自然属性，实质就是动物性）。

定义3：道德是一种社会意识形态，它是人们共同生活及其行为的准则和规范。不同的时代、不同的阶级有不同的道德观念，没有任何一种道德是永恒不变的。

道德很多时候跟"良心"一起谈及，良心是指自觉遵从主流道德规范的心理意识。

道德不是天生的，人类的道德观念是受到后天的宣传教育及社会舆论的长期影响而逐渐形成的。

定义4：道德是指衡量行为正当与否的观念标准。一个社会一般有社会公认的道德规范，只涉及个人、个人之间、家庭等的私人关系的道德，称为私德；涉及社会公共部分的道德，称为社会公德。

道德和文化有密切关系，有些时代又打上意识形态的烙印，人类的道德有共通性。不同的时代，不同的社会，往往有一些不同的道德观念；不同的文化中，所重视的道德元素及其优先性、所持的道德标准也常常有所差异。所谓

"性相近、习相远"，同样一种道德，在不同社会文化背景中的外在表现形式、风俗习惯往往也相去甚远。

孟子将"仁、义、礼、智"这"四德"作为内心自在的精神，康德将头上的星空和心中的道德法则作为自己永恒景仰和敬畏的对象，即是不同时代的人有不同的道德理念。

作为行为准则的道德是一种维持秩序的工具，人类社会由不同层次的、以共同观念或共同价值为纽带的群体构成，如家庭、社团、企业、宗教、民族、国家等，这些群体的基本成员就是具有独立精神世界和意识能力的个人。社会秩序就是维持社会和谐运行的规则，维持这种规则必须运用方法或工具，丰富多样的秩序工具以及他们维持秩序的发展与进程，就构成了人类文明的主线，而其中维持社会总体秩序的意识形态工具主要有三种：习俗、法律和道德。

在西方，"道德"一词源于拉丁语的"摩里斯"，意为风俗习惯，引申其义，也有规范、准则、行为品质和善恶评价等内涵。

一般说来，道德作为调整人们相互关系的行为准则和规范的总和，最初隐含在人类文明进步的初始历程中，是衡量人们行为正当与否的原则和标准。一个社会一般都有社会公认的道德规范，这些规范主要是依靠人们自觉的内心观念来维持，人们的行为必须遵守这些规范，一旦违背将受到道德的惩罚。特定的道德原则和规范是人们在社会实践中产生的，一经产生，就作为一种善恶标准，成为规范人们生活方式的基准和规则，并传递给一代又一代。正是从这个意义上说，道德是人类社会生活中所特有的，以经济关系为基础并由此延伸为多个领域，依靠人们的内心信念和社会价值系统所维系的，以善恶进行评价的原则规范、心理意识和行为活动之总和。

道德是一种利用个体内在的价值平衡的机制来维持秩序的工具，人们遵守道德准则，是出于内在的精神诉求的需要，是追求精神和谐的结果。当形成公共观念的意识形态通过无所不在的文化渠道渗入个体的观念中，这就是公共观念对个体观念的具体影响，不同的公共观念加上个体的经验观念，就在个体的观念体系中形成了丰富多彩的价值目标。这些内在的价值目标必然对应了外部的具体秩序或者对外部秩序的诉求，同时，这些价值目标来源的多样性和个体意识能力的局限性，决定了他们是分离的、无法完全形成协调体系的，甚至可能是冲突的。

用分离的或者冲突的价值目标形成行为动机时，就会带来意识的困惑及精神的痛苦，免除这种痛苦的唯一途径，就是将进行价值选择的意识活动，限制在协调的价值体系观念空间中，这就意味着放弃部分协调的观念体系之外的价值目标，这种放弃的损失，如果小于因此而获得的价值意识活动的痛苦减少或愉悦增加，就是一种价值的选择，这种协调的价值体系就是道德规范的秩序内涵。人们遵从道德，就是遵从自己意识活动的协调和有序，就是尽可能地避免在冲突或对立的价值目标之间的价值判断与价值选择产生的精神痛苦。因此，道德工具的功能范畴，就是需要维护的社会秩序在个体观念中形成协调有序的价值观念体系范畴。

企业道德（Business Ethics）是企业在从事各种经营活动中所必须遵循的道德规范与准则，即企业在处理内外部关系时所应该遵循的行为规范。

企业道德是在特定的社会经济组织中依靠社会舆论、传统习惯和内心信念来维持的，以善恶评价为标准的道德原则、道德规范和道德活动的体现，按照道德活动主体的不同，可分为企业的公共道德和企业员工自身的私人道德。企业道德既是社会道德体系的重要组成部分，也是社会道德原则在企业中的具体体现，它是人格化了的企业，在生产经营活动中自然求索的、在社会交往中所应遵循的、旨在调节企业与国家、企业与企业、企业与社会、企业与竞争对象、企业与服务对象以及企业内部各方面关系的行为规范的总和。

企业作为现代社会的重要经济实体，在自身的生产、经营活动中，不仅会形成其独特的指导思想、价值观念、经营哲学、文化传统，还会形成具有自身特点的职业道德规范，以此获得自身的完善与发展。

企业道德是由企业自身的特征所决定，在社会道德影响下形成的，用以调节企业与社会、企业与企业、企业与员工等关系的行为规范的总和。它既是社会道德体系的重要组成部分，也是社会道德原则和规范在企业行为中的具体体现。

由此释义得出企业道德的现实内涵是：企业在生产经营活动过程中，经营、协调、处理企业内外部关系的行为规范的总和，它决定企业行为可接受与否的原则和标准。在实践活动中，企业借助社会舆论、传统习惯的整体信息来指导和约束企业，调整企业和各方面利益的关系，在这些过程中，企业道德得以逐步形成和发展。

企业道德是社会道德的特殊形态，是一般社会道德在企业关系和企业行为中的特殊表现。美国道德学家 J. P. 蒂罗认为，企业道德就是"雇主、雇员、企业和消费者之间重大关系的确立和维持。"换言之，企业道德既包括企业内部关系，也包括企业与社会的外部关系。

企业作为独立法人，不仅直接参与社会经济活动，与企业内外部发生各种经济关系，同时，亦参与社会公益、文化、教育等活动，与业务合作者、消费者、社区、政府等外部主体发生千丝万缕的关系。因此，任何企业的行为总是要发生方方面面的道德影响，并内在地蕴含着道德价值。

长期的企业发展实践证明，企业道德全面反映了企业内在的价值观念和思维意识，是企业经营管理理论与实践的一种必然产物，是企业在生产实践中求生存、求发展的主观和客观性的强烈表现。

企业道德是调整企业与社会、企业与企业、企业与员工、企业员工与员工之间关系的行为规范的总和，是企业文化之根本。企业道德以善与恶、公正与偏私、诚实与虚伪、正义与非正义评价为标准，以社会舆论、传统习惯和内心信念来维持，形成道德原则、道德规范和道德活动的总和。

企业道德是在企业体系内，或是在企业社会中的道德规范系统，该系统能在与企业有关事项上，赋予个人或企业在动机或行为上的是非、善恶的判断标准。

企业道德是指在企业内形成一套管理者倡导的、全体员工认同的、始终如一遵循的处理企业与消费者、供应者、竞争者、政府、社区、公众、所有者、员工等关系的行为准则。包括观念、规范、行为三个层次。

企业道德是人类社会道德准则和行为在企业经济活动中的表现，它的核心价值是重视人、尊重人和服务人，目的在于使企业更好地承担起它的社会责任和道义职责，从而促进人类经济文明的有序发展。

以上是从企业自身特点与规律和词义上对企业道德的概述，即所谓的狭义上的理解。多年来，理论界对企业道德持有一种广义的解释，即指导企业经营活动参与各方行为善恶的规范，参与企业经营活动的不仅仅是企业及其员工，还有顾客、供应者、竞争者、政府、社区等。因为没有顾客就不可能完成销售活动，没有供应者就不可能有采购活动，没有政府的指导、社区的支持就不可能正常开展经营活动。既然如此，就不仅要求企业及其员工遵守一定的道德规范，而且也要对其他参与者提出道德要求，不然就不公平，也有害于企业经营活动的开展。因此，企业道德作为调节企业及其员工的利益相关者关系的规范，不仅应该约束企业及其员工的行为，而且应该规范利益相关者的行为。不过，企业及其员工是企业经营活动的发动者，是主角，其他参与者则是配角，为了使企业经营活动合乎道德，规范企业及其员工的行为是关键。

对企业道德一词的分类和概念解释，企业界和理论界同样有一些不同的侧重和视角，有按企业运营流程分为企业生产道德、企业营销道德、企业人事道德、企业财务道德、企业安全道德等，按照其适用范围而言分为企业管理者职业道德、企业员工职业道德和企业的社会道德。前两者是在企业工作人员中间倡导推行的企业行为道德，作为调整企业工作人员行为的准则和规范，它是企业工作人员在职业生活中的社会关系的反映，后者则要求不能仅仅将企业道德视为职业道德，而把它作为社会道德的一部分，以便社会公众与企业相关人员能理解、接受、遵守企业道德，监督其实施。

第二节　企业道德的结构与功能

企业对道德规范的需要是企业内部构造的基本要求，企业道德规范了企业在一切经营活动、生存发展中的各种道德关系，是一个多层次、多视角的复杂而连贯的系统。在企业道德的实践和理论基础上，分析企业道德的结构体系，科学构造企业道德的结构模型，对研究和促进企业道德建设具有很重要的现实意义。

企业道德结构按照不同的方式分类，可分为多种结构体系，这里重点分析介绍按视角方式，即空间视角、时间视角和层次视角可分为多个子系统及其相关结构关系（如图1-1所示）。

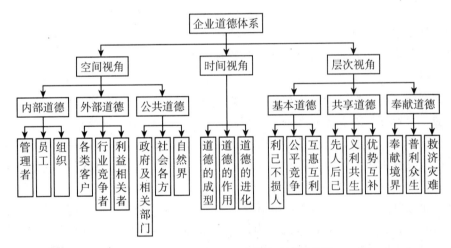

图1-1　按视角方式分类的企业道德结构

企业道德不仅是企业行为的方向，更是企业从内耗、内散走向内协的决定性力量。它是促使企业内部员工最大限度发挥自己潜能的必要前提，能够把企业的各种能力凝聚成企业的核心能力，从某种意义上说，企业道德是企业核心能力的最高层次。道德化的管理已经成为许多企业的现实追求，并且促进了许多优秀企业的良性发展。

企业在以法人资格和群体行为参与经济活动和社会活动时，发生着多方面的利益关系和道德关系，从而形成了一个由多种要素构成的企业道德体系。企业道德不是由几个企业道德规范简单地相加在一起的，而是分布在企业的各个层次、各个业务单元、各个业务领域、各个企业员工、各个客户关系中，是对道德要素的有机有效整合，是一个多视角、多层次、复杂的系统工程。

分布在企业内外部的道德体系结构具有很明确的结构特征，各结构之间应遵循以下原则：

1. 系统性与层次性原则。企业道德是一个具有特定层次结构的系统，因此，它的结构也应该具有与之相应的层次结构与系统性。

2. 全面性与独立性原则。结构应能反映企业道德的各个层次与维度的属性；同时，为了揭示企业道德的内在本质，结构模型应该深入到结构深处，尽可能减少每一要素之间的重合度，满足同层次要素之间的独立性原则。

3. 有效性与可操作性原则。结构不仅应合理有效地反映企业道德的本质与特征，同时要考虑到以后建立评价体系时数据的可获得性。

在广阔视角方面，企业道德按规律又分为实体式的上、中、下三个层面。企业的最上面一层是企业面对外部道德环境的需要，主要是顺应企业对政府、社会各界、自然环境等道德氛围的需要；中间层面是企业与各业务单位及外部利益相关者的道德要求，主要是面对客户、同行竞争者、利益相关方的道德关系；最下面一个层面是企业内部的道德需要，主要是企业与所有内部利益相关者的道德要求，是企业与员工、股东、员工家属等之间的道德关系。

将以上空间视角的三个方面进一步分述如下：

企业与外部环境道德，是指企业外部环境道德的遵守程度和贡献程度，它受一国或世界各国经济社会大环境的影响，又受特定地域、民族、文化传统与背景的影响。主要是三个方面：（1）企业与政府。企业遵守国家、地方政府所规定的共同道德规范的程度。（2）企业与社会。是企业所承担的社会责任，反映了企业的社会价值。（3）企业与自然环境。反映了企业保护和改善自然环境情况。

企业与外部利益相关者之间交往过程中应该相互遵守的道德规范，主要包括：（1）企业与协作者道德。指企业与其供应链上所有协作者之间的道德关系，集中体现为诚信守约、互惠互利原则。（2）企业与竞争者道德。指企业与竞争者之间的道德关系，主要体现为相互尊重、公平竞争原则。（3）企业与客户道德。指企业与客户之间道德原则，主要体现为服务原则、为客户创造价值原则。

企业与业务往来者之间的道德集中体现为信用原则，企业信用是经济信用和道德信用的互动，由道德信用所产生的无形资产是当代社会资源中最宝贵的资产。有些学者认为"道德作为资本范畴，是一种动力，是一种能够投入生产并增进社会财富的能力……道德资本在微观个体层面，体现为一种人力资本；在中观企业层面，体现为一种无形资产；在宏观社会层面，体现为一种社会资本。"一些国家近些年的企业道德实证研究表明，始终关注核心利益关系群体需求的公司更具有适应性，更能够获得不凡的长期业绩。

企业内部道德主要包括管理者道德、员工及内部利益者道德和组织共同体行为道德：（1）管理者道德，是企业内部道德的灵魂，是企业道德的核心之一，主要包括管理者的三个方面：自身素质道德、企业道德和社会道德。管理者自身的素质道德是基础，社会道德价值是导向，企业道德是目标。企业道德是管理者自身道德的外在表现，反映的是管理者自身的道德素养，它反过来也是影响管理者的行为方式，形成一种制约关系。管理者对员工的影响力，具体可分为激励与鼓舞两种力量。激励是同人的内在需求结合在一起的，产生的是"利己效应"；而鼓励则不同，鼓励不是激发员工的利己主义行为，而是"利他"主义行为。管理者要严于律己、以德服人、率先垂范。《论语·子路》说："其身正，不令而行；其身不正，虽令不从。"《论语·卫灵公》说："躬自厚而薄责于人。"据一项对15000名全球职业经理人的调查表明，如果高层管理者拥有很高的可信度和一套始终如一的价值观念，则员工在组织中更能够感到自豪，更具有主人翁责任感。各国的企业经营实践表明，只要管理者真正做到了"公正、廉洁、守信、宽容、关心人、有强烈的责任感"，管理者与员工之间的关系就会融洽，威信就高，号召力就强，管理者与员工之间就能同心同德、同甘共苦——最终形成共同价值体系。由此可见，管理者道德是共同价值体系的核心内容。（2）员工道德，是员工从事各项工作和业务活动所遵循的基本道德规范、行为规范以及本企业所要求的特殊道德准则。企业员工的行为是否符合道德标准，很大程度上取决于管理者本身和企业的道德水平以及为提高企业道德水平所做的努力。（3）企业组织共同体道德，是由企业的所有员工共守的基本信念，通过许多人的奉行，逐渐形成一种氛围和文化。它反映员工内心较高层次的需要，能给员工和利益相关者带来希望和幸福感；共同价值体系是企业道德的关键性要素，它是组织道德文化的核心，是使企业员工凝聚于共同事业的"黏合剂"。

从时间视角层次分析，企业道德的结构可分为道德的成型、道德的运用、道德的进化三个部分。

"罗马城不是一天能建起来的"。企业道德是在企业诞生之后随着竞争的不断加剧而慢慢形成的，其中企业经营管理者起着主导作用，他们认识到企业需要一种共同的道德精神，这种道德精神只停留在他们个人心中是不够的，而应该让员工都接受它，理解它，于是开始了企业道德的建设。企业管理者在企业道德形成与建设中，不仅担负了倡导责任，还担负着示范、整合、变革的责任；企业道德的形成受企业的生存发展环境、员工结构、业务类型、服务对象等因素的影响，它是一个动态发展、逐步成熟的过程。纵观国内外各类现代企业，它们都在发展中逐步形成了各具特色的企业道德准则。

企业道德的运用，是指企业道德一旦形成了，就具有相对的稳定性和习惯性，且有许多企业道德观具有永恒的价值与意义，历久弥新，与企业的发展相得益彰；不但对企业的战略发展具有全面的影响力，同时，对企业管理者和员工都具有重要的影响力。它渗透到企业的各个角落，内化到企业员工的血液里，体现到企业员工的行动中，"管理者的体内到处流淌着道德的血液"。这是一个长期的润物细无声式的培养、熏陶的过程，无论一个企业的管理者如何发生更替，企业的道德都会长期发挥着作用，影响着员工的思想和行动。

企业道德的进化是指企业在不断的竞争与发展中，随着内外部环境的变化而相应地变化，有一个不断进化的过程，在企业发展的各个阶段，其道德方向和层次都不尽相同，企业道德阶段性特征同企业自身发展的阶段性特征有直接的联系。比如企业在生存需要阶段，其道德层次普遍较低，而在企业发展壮大、获得一定的社会信誉之后，道德层次显著提高，原因在于企业道德的需要有层次之分，高层次的企业道德，往往需要在低级需要获得满足之后，才能由潜到显逐步占据主导地位。企业的道德需要是随着企业的管理和制度逐步完善而不断成熟与发展的，但企业道德演化的速度比制度演化的速度慢，制度是有形的，而道德是无形的。有一些核心道德观是生命价值的体现，具有永恒性，它是企业的道德文化基因，深深扎根于员工的行为习惯之中。

企业的发展不仅只是为了获得利益，而是要最大限度地满足社会人的多层次需求，实现企业人的价值；企业多方面需要的层次性视角决定了企业道德的多层次性。

企业道德又可按不同层次的视角结构分为基本道德、共享道德与奉献道德三个层面。

1. 基本道德，又分为三个层次：（1）利己不损人为最低层次，在此层次的企业一心只考虑自己的利益，为了自己的利益，只要没有直接损害他人的动机的事都可以去做。经济学上帕累托最优状态原理描述了这种资源配置状态，在该状态下，增加任何一方的份额或福利必然意味着减少另一方的份额或福利，帕累托最优状态已成为许多经济学者衡量企业经济运行的公正原则，这个原则与利己不损人的道德原则是相通的。（2）公平竞争层次，指在一个公平的制度框架下，采取合法合理的手段通过竞争而获得合理的利益。公平竞争是自由资本主义时代企业的主要道德，自由竞争的市场经济法律框架就是建立在公平竞争的基础之上的。因为竞争是事物发展的根本动力，完全排斥竞争，必定导致个体功能的倒退和社会发展的停止。（3）互惠互利层次，则是在自由竞争的基础上力求取得双赢、多赢，以至达到整个利益相关者全赢。商品经济固有的平等竞争特点，使人们越来越多地选择协作竞争的方式，合作替代竞争，变冲突为沟通，通过资产重组以开辟新的潜在市场，增加科技投入以提高企业的产品档次等，这是企业对人类资源配置的一种道德选择，其结果是整个社会生产和需求更为协调；"双赢"、"多赢"的方式，体现了现代企业运作的基本特征，其深层的道德基础，乃是东方文化中义利统一、以义取利、和谐共赢观念的继承，体现了企业本身是经济人和道德人的统一，这是当今企业界和理论界大力倡导的主流道德思想。

2. 共享道德。除了企业基本道德因素之外，人们还在追求美德，因为人们的内心都有一份对美好事物的向往，企业共享道德构成了企业道德激励因素，亦可分为三个层次：（1）先人后己是"先谋义，后谋利"。企业是为特定的社会需要服务并经公众认可而存在的社会组织，只有当社会公众满意企业提供的服务，它才能生存下去，进而兴旺发达起来。从这个意义上来考察企业的目的，首要的就不再只是赢利，而是要"服务于社会，促进社会进步"，利润是对社会贡献的报酬。（2）义利共生是指企业讲义不为讲利而后利自生。赢利虽是重要目标，但不是根本目标，也不是首要目标，以服务顾客为首要目标，利润自然随之而来。当今世界上不少卓越的企业都在这个层次上。（3）优势互补、共同受益。任何一个企业都不是孤立存在的，它的上下游产业链、同行竞争合作者都各有优势，只有大家联合起来，发挥各自的特长，共同面对所有的问题，才能互利共赢。

3. 奉献道德。企业的社会道德是企业道德构架中很重要的部分，亦是企业道德的最高层次，是许多优秀企业不断追求的目标。可分为奉献境界、普利众生、救济灾难等多个方面：（1）奉献境界是指企业组织大公无私、舍小家为大家、全心全意为社会公众服务的企业道德。（2）普利众生是佛教文化、道教文化在企业道德中的体现。行善而不着善，才是真正圆满的善。这种慈悲心没有界限、没有分别、没有执着。他们不仅普利万物，而且提升众生的层次，起心动念不为自己，念念都是利益众生，助一切众生觉悟，以舍身传道为己任。这种道德精神虽然在企业中不占主导地位，但却不能否认它的存在，不愿留名的企业捐助教育事业，一些文化公司为人类的文化素质而默默奉献，一些咨询机构、私立教育机构免费为公民提供教育和咨询等，都是这方面的体现。也正是因为它们的存在，使人们看到了人类道德的理想境界，感觉到了生活的温暖、意义和希望。（3）救济灾难是企业社会道德的又一个高层次，一方有难、八方支援。近几年发生的四川汶川地震、青海玉树地震、日本福岛地震等，国内外的许多企业全力救济、无私帮助，无不反映了许多企业优秀的这种道德行为。

多年来，企业道德作为一门理论研究的专业学科和企业运营管理基础的重要内容，其核心道德观有其科学的体系，主要分为三个部分。（1）企业道德意识。这是在企业经营活动中形成的以观念形态存在的、群体性企业道德。这里的观念形态是指道德认识、道德情感和道德理想。其中，道德认识是企业道德关系的反映，是对企业行为的善恶、是非、正邪、荣辱的认识和判断；道德情感是在道德认识的基础上形成的企业群体行为中的一种爱憎或好恶的情绪、态度和倾向，具体表现为企业群体对社会、对国家、对他人的道德责任感和道德义务感；道德理想是企业共同体的奋斗目标的构想和价值追求，它是凝聚企业力量、激发企业进取的精神动力。（2）企业道德规范。这是企业活动中处理各种道德关系的行为标准，以及判别自身或他人社会行为道德价值的尺度。道德规范直接规定道德活动中的"应当"或"不应当"，它以道德律令的形式，调节个人和群体的行为，维护社会的正常秩序。企业利益关系的复杂性，也决定了企业道德规范具有丰富的内容，它构成一个相对独立的规范体系，并形成与其他社会道德相区别的特征。（3）企业道德实践。道德实践是企业在一定的道德意识支配下所进行的各种道德行为活动。诸如企业的道德选择、道德评价、道德教育等。这些都是以群体的形式进行的有意识、有目的的活动。企业是实践活动的主体，但是当面临利益矛盾和道德冲突时，行为选择与评价的具体操作，往往由代表企业的决策者或管理人员来进行。因此，企业的道德实践活动，不可避免地要受到企业人员素质，尤其是决策者道德素质的影响与制约。

道德是一种他律，亦是一种自律，是他律和自律的统一，具有多方面的功能，企业道德亦是如此。

1. 企业道德具有融合功能。市场经济是一种法制经济，同时亦是一种道德经济，企业要生存与发展，要求在道德方面必须解决与社会的融合问题。企业可以用多种方法来获取利润，而一旦背离正规途径与方法，用不正当手段获取利润，就会和社会道德相冲突。如果一个企业赚钱而不承担必需的社会责任，偷税漏税，甚至采用不正当手段对待员工，就会违背社会的约定俗成和成文的法律法规，受到惩罚。因而，企业要生存和发展，必须解决如何与社会融合的问题。而企业道德，正是提供企业与社会融合的基础。因为企业道德的原则和规范，本来就要求企业遵纪守法，依法纳税，用正当手段获取利润，承担必需的社会责任等，这些都是能使企业得到法律保护和社会认可的。

外部经济性是企业运行与自然环境融合的问题。当企业以利润追逐为唯一宗旨而忽视对环境的影响时，外部不经济性的出现就成为一种必然，破坏生态环境，危及人类生存基础，其结果是生产越发展，人类生存基础越恶劣，一旦达到某种程度，法律必须进行干预。因此，企业在追逐利润最大化的同时，一定要高度注意对周边环境的保护，如果有损害，也必须使损害达到最小化。这就是说，企业在考虑成本和效益比例时，必须把外部不经济性作为一种成本进行分析，只有在总收益（企业收益加外部经济性）大于总成本（企业成本加外部不经济性）情况下，企业的经营才被认为是正当的，是符合社会道德和企业道德规范和要求的，之所以说，企业的一切经济活动都必须考虑环境成本的分析与要素，道理就在这里。

2. 企业道德具有约束功能。企业道德的约束功能是从企业道德对企业经济行为的制约这个角度来说的。就是说，企业道德作为一种价值判断准则，对企业行为实现控制效应，即用对企业某些非道德行为进行事前控制和预防的方法，以避免这些非道德行为的出现，从而使企业经营活动遵循道德准则，实现目标的最佳化。在这里，企业道德的软约束功能显而易见，当企业道德的基本准则被大多数员工接受以后，人们就会自觉地按照这种准则行事，进而规范和约束整个企业的经济行为。如企业在经营活动中必然要与其他厂商打交道，它们要从其他厂商那里购买原材料、半成品、零部件或各种供给品，在这样的交易中，无论买还是卖，企业都应该做到公平；如果使用招标的方法，应该对所有的投标者一视同仁，如果价格已达成了一致，就不应反悔，如果对交易的商品有各种规定，那么应该遵守规定，等等。这些做法显然是公平的，但并不总是为人遵循，有些厂商总是想要走捷径，过分地降低成本、操纵招标以及寻求不公平的利己做法，这时企业道德就要发挥作用了。大凡建立健全了符合社会公德的企业道德并已形成了约定俗成行为准则的企业，它们就会自觉地实行公平的做法，而不执行那些不公平的做法。又如，企业与消费者本来是一种平等交易的契约关系，企业必须提供质量合格、价格公道的产品，提供的服务不应侵害消费者的基本权力，无论是产品还是服务，都必须保障消费者的生命和安全。而且企业对消费者一定要做到诚实不欺，信守承诺，商品要有说明，包括产品的用途、使用方法、质量指标、生产日期或保质期等；商品的质量必须符合说明，尤其是那些质量稳定、成本较高的产品；商品必须要有一定的耐用性，质量担保必须明确并做到兑现，已经有所损害的商品或二手商品要出售必须予以说明。另外，提供的产品和服务价格要适当，不能太高，不能以牟取暴利为目标。这些企业道德中平等交换原则，一旦形成行为准则，它就能对企业及其管理者产生约束力，从而使企业和它的管理者自觉地这么做。再如，企业所面对的不仅仅是与它发生直接交易关系的其他企业或消费者，它还要面对不与它直接发生交易关系的一般公众和社会。企业要依据自己的道德原则和道德规范，不断调整这种关系，以使得行为不侵害社会和公众的利益。诸如企业的生产和经营不对自然环境造成污染，不能因为产品不合格而对社会和公民的安全带来不良影响，也不能因为企业的选址、开设和关闭而对公众带来损害。所有这些，都依赖于企业道德的约束力。

3. 企业道德具有凝聚功能。当企业员工自觉地按照企业道德的要求来规范自己的行为和思想，并在企业道德准则的前提下追逐经营利润的最大化时，整个企业会产生强大的凝聚效应，提高企业的整体素质。企业道德能增强企业内部的凝聚力，当企业道德的原则和规范被企业全体员工和管理者接受以后，企业的一切经营行为，就会自觉遵循这些原则和规范，遵循企业道德所形成的价值判断，而不会在这个基本点上产生分歧，企业的凝聚力由此加强。

4. 企业道德具有导向功能。前面讲的三个功能，实际上也讲到了导向问题，只不过是从行为方式这个角度讲的。这里再从行为效果这个角度来谈企业道德的导向功能。企业道德对企业效益提高的导向具体表现在三个方面：(1) 企业生产能最大限度满足社会需求的产品，以及推动人类物质文明进步的产品，表现为一种为社会公众服务的导向。(2) 创新是用新产品、新技术、新的经营理念、新的营销方式满足社会需求。这种创新，不仅仅开拓出新的市场需求，而且促进整个社会物质水平和文明的进步。(3) 企业道德同企业高科技生产力一起，构成企业战略发展的重要组成部分，从而促进企业的成长与发展。而且道德型的企业本身将培养和塑造良好员工形象和良好企业形象，有利于提高整个社会道德素养水平。

5. 企业道德具有内聚自律功能。企业道德作为一种群体意识，通过确立共同的价值目标和行为导向，以舆论评价和监督的形式，促使人们形成积极的信念，追求正确的行为取向，从而，使道德成为一种强大的群体凝聚力和自觉的内在约束力。

企业道德像一种黏合剂，在共同的价值导向、理想目标和善恶认知的基础上，使企业与员工成为一种利益共同体和价值共同体。同时，企业道德又像一个控制系统，通过舆论和信念的作用，实现企业行为的自我监督、自我约束、自我控制，以确保企业行为的公正性和合理性，防止企业行为的越轨和失范。

6. 企业道德具有均衡调节功能。道德作为一种行为规范，均衡和调节利益关系与矛盾，以保证社会秩序的稳定、和谐，是最基本的道德功能。企业道德的均衡调节功能主要体现在两个方面：(1) 确定利益统一的价值标准，即要求社会、企业、客户、员工的利益相互统一，企业的经济效益与社会效益相互统一。(2) 构建企业行为的规范体系，指导企业正确处理内外部各种道德关系，明确是非、善恶的界限，以正当的行为谋取正当的利益。

7. 企业道德具有教育激励功能。教育和激励是道德调节功能得以发挥的思想基础。它通过造成社会舆论、形成企业风气、树立道德榜样等方式，深刻影响企业群体的道德观念和道德行为，从而形成扬善弃恶的道德环境。道德的激励教育功能主要体现在两方面：（1）树立良好的企业形象。企业形象的核心是企业信誉，而企业信誉本身就是一个道德问题，如诚实无欺、信守诺言、公平交易等，体现了企业经济活动中的一种道德关系和道德要求。（2）激发企业员工的积极进取精神。员工是企业管理的主体，加强企业道德建设，提高企业员工的道德素质，提升精神追求，有助于增强员工的凝聚力，调动他们的积极性，激发他们的创造性。

第三节　企业道德作为一门专业学科的形成与发展

企业道德学，无论在西方国家还是在东方国家，都是一门不可或缺的专门学科。早在 20 世纪70 年代初期，美国90% 以上的管理学院或商学院均开设了企业道德与伦理方面的课程，到 90 年代初期，美国最著名的 10 余家商学院开设的 10 门 MBA 核心课程中，企业道德与伦理学都位列其中。据相关资料统计，到 2000 年上半年，全球具有一定规模的从事企业道德与伦理研究与交流的专门机构在 600 家以上，全球公开发行的企业道德与伦理方面专业刊物就有近 100 种，与此相关方面的教材、专著有 2000 余部。在中国，2000 年以来，许多国内的财经学院、工商管理学院，尤其是在 MBA 的核心教学课程中，都把企业道德与伦理学放在很重要的位置。国家教育部 21 世纪新编教材中，将企业道德与伦理学明文列入教材目录。企业道德学研究对象从对某一件事件、某一个企业职员、某一个企业、某一个行业、某一个区域的问题转向对全球性、普遍性、科学性、功能性的专门学术研究，从开始的单一方面、单一学科转向多层次、宽领域、跨学科的交叉和互动研究。与此相关方面的研究成果亦不断丰富。同时来源于实践的企业道德的研究成果又不断指导和支撑企业的实践运营，理论成果与实践检验两个方面相得益彰，使企业道德学这门专业学科不断成熟和发展。

企业道德作为一门专业学科，适用性和指导性都很强，尤其是它直接为企业排忧解难，为企业分析和解决运营过程中的各种道德问题，如假冒伪劣、虚假广告、价格欺诈、不正当竞争、滥用资源、环境污染、性别歧视、偷税漏税、不尊重个人、作业场所不安全等。这些都实实在在地存在于企业经营实践中，从道德的角度分析这些问题，做出道德评价，并从宏观和微观两方面找出抑恶扬善的对策，为正确的经营行为指明方向，这是企业道德学科的主要任务。

查阅相关资料表明，企业道德学最早大约起源于20世纪30～40年代的美国企业管理界。当时美国出现了一系列企业经营中的丑闻，包括受贿、价格垄断、欺诈交易、环境污染等，公众对此反映强烈，要求政府对此进行调查。随后的几十年中，美国政府和相关的机构逐步加强了对企业道德方面的管理与理论研究。1962年，美国政府公布了一个报告——《对企业道德及相应行动的声明》。这一年，威廉·洛德在美国管理学院联合会成员中发起了一项关于开设企业道德学必要性的调查，被调查者认为企业道德学应该成为管理教育的一个重要部分；1963年，加瑞特等人编写了《企业道德案例》一书；1968年美国天主教大学原校长沃尔顿在其《公司的社会责任》中，倡导公司之间的竞争要以道德目的为本。70年代初期，美国企业越来越多地卷入了非法政治捐款、非法股票交易、行贿受贿、弄虚作假、窃取商业机密等活动，社会公众感到很多企业管理者已缺乏道德。于是，当时的管理界、学术界，就企业的社会责任、企业道德等问题展开了广泛的讨论，1974年在美国堪萨斯大学召开了第一届企业道德学术讨论会，这标志着企业道德学的正式建立。

同一时期，日本的企业也开始关注企业道德问题。日本的企业道德模式是对日本家庭道德传统的拓展和应用，它把日本传统的道德观念如忠诚、仁义、感恩等融入企业经营活动之中，并通过社教、社训、员工培训、做朝礼、举行庆典等方式强化这些观念，从而使道德成了日本企业调节内外关系、处理利益冲突的主要手段。

80年代以来，企业道德问题，无论理论还是实践都进入了全面发展阶段。企业道德学从日本和美国扩展到了加拿大、西欧、澳大利亚、东南亚等地，并开始进入各国大学的课堂，各种企业道德学的刊物和研究机构纷纷问世，美国、加拿大和西欧有几十所大学建立了企业道德学的学术机构，使企业道德学的理论研究得到深化。如当时这些大学经常讨论企业的道德地位问题、道德与企业活动能否相容的问题、企业道德的理论基础问题等。那时，学者们还构建了企业决策的道德分析模式，为企业道德在企业经营管理活动中的渗透找到了多种可行的途径。同时，在企业道德的实践方面，西方发达国家如美国、英国、加拿大以及澳大利亚的企业，都在广泛应用企业道德规范或全面引入企业道德规范。许多企业都设立了企业道德委员会，并有专门的经理负责处理企业道德方面的问题。特别是近10多年来，国外企业道德学的研究和交流成为一种普遍现象，无论在广度还是在深度方面，都得到了迅速发展。企业道德问题的研究，已经从对某一企业、某一地区的研究转向了对不同地区之间的比较研究，以及对全球企业道德问题的研究。

在德国，人们常进行一些企业道德学的讨论和研究，以及一些与此有关的重要问题的研究，如某些企业做出的决定和行为对整个社会、对环境或者对未来会产生什么样的影响。从科学的角度来说，德国企业界与理论界所提出的一些理论原则、理论计划和论点可以在企业做决定或解决其他问题时用来作为指导，但也缺少用来指导实际道德行为的学术准则，即使有一些道德学计划，也只是涉及企业内部的问题，对超出企业范围的问题没有太多的研究，尤其是企业道德与员工私德方面的问题研究不深。也就是说在德国，企业道德学的许多研究工作，在理论和实践方面都还处于不断探索阶段，一些方面的成果还没有取得突破性的进展。

美国的情况却不同。企业道德学在这里不再被认为是个人的私事，人们制定了道德学纲领和行为准则，这些纲领和准则对个人的行为产生了直接的影响，甚至有可能改变个人的行为。企业道德学在这里与道德行为有着紧密的联系，对道德问题的反应使人们制定了适用于所有企业工作人员的行为准则。在制定了这些企业道德学的措施之后，大部分企业员工没有感受到它的侦查或监视，而是在面临困难决定时很愿意使用道德准则来帮助。

企业道德理论和实践的研究、应用与发展在中国起步较晚，理论界和企业实践界普遍认为应该是在 20 世纪 80 年代中期。在这 30 多年的时间里，"明者因时而变，知者随事而制"，通过不断借鉴西方国家经验，反复研究与实践，中国的企业道德由被动到主动，由抽象观念认知到具体实践运营，由少数企业和企业员工的推行到绝大多数企业和企业员工普遍接受，由企业内部到社会各界的普遍认同；经历了由企业道德的力量与作用不被人们认识，到自觉地把企业道德作为企业自身和社会力量中非常重要的物质能力和精神动力的重要资源来经营的过程；同时，也确实经历了一个从怀疑到朦胧，到清晰，再到自觉自愿接受的过程。在 20 世纪 70 年代以前，中国各行各业在突出政治的社会历史条件下，忽视了企业道德在企业发展中的地位和作用，即使承认社会道德的存在，也只是把它作为排除了物质、利益因素下提升人们所谓道德觉悟、精神境界的重要依据和途径，很少有人探讨道德觉悟、精神境界提升的依据、标准和目的是什么，甚至现在还有些人认为讲道德不能与物质、利益目的挂钩，否则会亵渎人类崇高的道德，并陷入"道德工具论"的危险境地。随着中国特色社会主义市场经济的不断发展与完善，人们已经逐步在理论与实践的结合上，认识到经济的发展并不是纯物质理念所能解释或理解得了的，不从精神层面尤其是从道德视角去分析经济现象，是无法正确理解和把握经济与企业道德的关系的，更不能最有效地实现经济的快速发展。"以德治企"、"以德立业"已经在企业发展过程中表现得比较明显。

进入 20 世纪 80 年代中后期，是国家发展战略进行重大调整的时期，企业由计划经济体制逐步推向市场经济和全方位改革的前沿阵地，在改革开放的背景下，企业道德带有明显的过渡时期特征，在传承发扬了计划经济时代的革命道德的同时，积极借鉴、吸取西方的企业道德文化。主要表现为：（1）与计划经济时代相比，国有企业的质量意识、效益意识、竞争意识、民主意识等明显增强，企业道德开始与政治道德分离。据当时国内一个相关机构一项关于国有企业行为目标的实例分析表明，在调查的 210 家企业中，选择利润增加作为第一目标的企业数量达到 170 家，占全部答卷企业的 81%，可见，越来越多的企业"把力量放在提高企业的经济效益中来"。另据日本早稻田大学一位著名教授在中国有关机构的帮助下，于 1987 年 2 月对我国 5 家规模较大的国营工商企业员工进行的问卷调查表明，中国的青年工人有 70% 的人都渴望竞争，而同一问题在日本青年工人中得到肯定回答的只有 57%。（2）一些优秀企业自觉地进行企业道德建设的探索。如明确地提出了"团结、奋进、求实"等企业精神，并通过物质奖励与精神激励并重来调动员工的积极性。倡导企业员工加强文化知识学习，提高思想道德境界；广泛动员员工积极参与企业道德建设，提高员工的自我道德管理水平。（3）企业广告也由告知型向情感型、道德型转变。企业有意识地利用广播、报纸、电视等媒介的广告作为展示企业形象的一种重要载体，广告逐步完成了由告知型到情感型、道德型的转变。如20 世纪 80 年代初一句流行的广告词是"产品质量，实行三包"，到 80 年代中后期，"燕舞，燕舞，一曲歌来一片情"、"威力洗衣机，献给母亲的爱"等情感、道德型广告备受青睐，企业也因此获得了知名度和良好的效益。（4）对西方企业道德文化的借鉴。通过导入 CI（企业形象识别系统）战略而树立企业的良好形象，是 80 年代末中国企业道德文化建设的一道亮丽的风景。除了统一厂服、厂旗、唱厂歌、举行厂庆等易识别的活动外，一些企业开始用徽标等解释企业的理念。

20 世纪 90 年代是中国企业激情燃烧的岁月，也是企业道德研究与建设发展的辉煌时期。以邓小平南方谈话和党的十四大为标志，社会主义同市场经济对立的观念被彻底地突破，社会主义市场经济被作为一种体制目标确立下来，全民经商办企业的热情被空前激发，各路诸侯大显身手，企业竞争进入了空前激烈的时代，也有力地促进着企业道德的进步。尤其是有别于 80 年代的标签性企业道德文化，将企业道德建设视为企业竞争战略的一个重要组成部分。（1）一些优秀企业自觉的道德自律意识开始形成，表现为内强素质、外塑形象。一些优秀企业对企业形象有了新的认识，更注重内强素质，尤其是道德文化素质。它们视价值观为企业形象的灵魂，道德观为企业形象的支柱，把以人为本作为企业形象的根基。一些企业在探索"零缺陷管理"的同时，推出了《企业竞争自律宣言》、《市场竞争道德谱》等，凸显了企业在竞争中自我约束和推动企业道德进步的决心。（2）儒商成为企业家的道德理想追求，声称追求"阳光下的利润"。他们不再把经商仅仅当作是谋生的手段，而是毕生追求的事业；具有高度的社会责任感和历史使命感；把儒家的文化精神，尤其是儒家道德价值观念和企业经营活动有机地结合起来。90年代中期以后，在国有企业面临困境、步履艰难之时，一批优秀的国有企业经营管理者，致力于搞好国有企业的坚定信念和敬业精神，努力探索国有资本人格化的机制，使国有资本的保值增值得到实现。

进入21世纪以来，中国加入世界贸易组织，"以德治国"作为中国基本治国方略的确立，科学发展观统领国家的经济社会发展。随着社会主义市场经济的发展、企业经营自主权的进一步扩大等形势的变化，对企业道德的进步产生了很大的直接的影响。（1）把道德融入企业共同愿景之中，使企业员工形成共同的信仰。"唤起人们的希望"，"改变员工与组织之间的关系。它不再是'他们的公司'，而是'我们的公司'。"如北京同仁堂作为百年老店的奥秘，在于继承企业的"人和"传统，融入时代内涵，演义为团结和谐的团队精神，极大地增强了企业的凝聚力，提升了企业的市场竞争力。（2）营造浓厚的企业学习氛围，激发全体员工学习新知识，提高文化素质，形成发奋进取的精神状态。如一些企业乐此不疲地通过给员工购买和推荐著作，以传达企业的道德文化理念。继《谁动了我的奶酪》以后，《把信送给加西亚》、《狼道》、《量力而行》、《没有任何借口》、《细节决定成败》、《执行：如何完成任务的学问》、《以人为本》、《从优秀到卓越》、《忠诚的价值》等专门书籍，被企业管理者和员工奉为至宝。《经理人》杂志在北京、上海、广州和深圳同步实施的"2011年度职业经理人薪酬调查"显示，在企业为员工提供的各种福利中，培训及进修最受欢迎，"或是利用下班时间进修，都是我们在接受一项工作时不得不考虑到的训练机会。"（3）通过丰富多彩的企业文化活动，增强企业员工的向心力和凝聚力。多年来，不少企业都把企业文化建设作为企业活动的重要组织部分，都设立专门的机构和人员进行企业文化建设。（4）企业对员工的培训由制度、技能等培训转向有计划的道德培训。包括，一方面，政府及相关机构有计划地组织，如深圳市劳动局专门成立了职业道德工作小组，负责引导和指导深圳的企业道德培训。职业道德培训的广泛开展，不仅改善了行业作风，提高了职业道德，而且也加强了外来务工人员对深圳的归属感，激发了他们的创业热情和敬业精神。另一方面，企业组织道德培训，一些企业管理者认为，道德培训是增强企业实力的重要途径。在激烈的市场竞争中，企业员工不再像计划经济那样"从一而终"，一些技术人员和业务骨干的"跳槽"成为企业的大忌，他们往往同时带走了核心技术和客户。因此，除了满足员工的物质需要外，更重要的是员工认同企业的价值观，使员工自身的价值得到提升；同时，多年来在全国一些大中城市迅速兴起的专门机构组织的培训，如一些培训公司举办的 SA8000 社会责任标准讲座等，吸引了众多企业的积极参与。同时，在经济全球化背景下，中国企业在道德精神上的应对，如果说 20 世纪 90 年代表现为激情与盲目的话，那么在 21 世纪初则表现为理性和清晰。中国企业道德从自发走向自觉，开始了中国特色企业道德的不断创新阶段。

回顾企业道德学作为一门专门学科和企业管理运营过程的核心内容之一，在中国的形成与发展的全过程，不难看出理论学术界和企业管理界都做出了大量的、科学的理论研究和实践探索，已经建立起了多角度、多方位的企业道德研究和实践体系，取得了丰硕的成果，为未来企业道德学这一专门学科的创新与发展打下了很好的基础。

第四节　现代企业道德的新形态新内涵

多年来，从矿山安全事故到"毒奶粉"事件，从"吉林大火"到商业贿赂等，无疑都与企业的失德、败德密切相关，这些不道德事件的频现，极大地影响着中国经济社会的发展和损害着社会形象，成为制约中国软实力提升的一个重要因素。但是，如果由此就断定中国企业道德是"一地鸡毛"，可能有失偏颇；"是人都会犯错误，人无完人"，事实上，正是有了这些发展中的问题与矛盾，才促进现代企业道德不断创新与发展。改革开放以来，随着中国特色社会主义市场经济的确立和发展，作为市场主体的企业的企业道德也在不断提升，不仅企业道德从政治道德中分离出来，在企业道德意识、精神、规范等方面不断进步，而且企业道德建设的方法也呈现出多样化和个性化的趋势，企业道德日益成为企业核心竞争力不可或缺的要素。

纵观国内外企业道德演进历史，分析现代企业道德的特征和状况及其对未来的影响趋势，主要有以下新形态、新内涵、新特点。

1. 从以企业为本到以人为本。"新古典经济学之父"马歇尔认为，经济学是一门研究财富的学问，同时也是一门研究人的学问，在企业不同发展阶段对人的认识成为衡量企业道德进步的一个重要标尺。基于对"人"的不同假设，改革开放以来，中国企业对人的认识经历了以企业为本到以人为本的转变。在改革开放初期，把企业人作为完全的"经济人"，企业强调用严格的制度约束员工行为，并辅之以物质激励。

随着市场经济的发育和企业的不断成长，一些优秀企业在20世纪90年代提出了"以人为本"。他们认为，企业是"经济人"同时也是"社会人"和"道德人"，并在企业的制度设计系统里，更多强调激发人的潜能，通过尊重人、理解人、关怀人、培养人，使人的创造性、主动性和进取心得到更大的发挥，通过实现员工的个人价值，来达到实现企业整体价值的目的。许多优秀企业家明确提出了原本只存在于哲学家和人文理论学家思索当中的"终极关怀"，"我不承诺给你终生受聘，但是我可以承诺培养你终生受聘的能力"的理念被一些企业所推崇。如希望集团"与客户共享成功，与员工共求发展，与社会共同进步"的企业理念，体现了企业对员工个人价值和发展的关注。

2. 企业道德责任由单一化到多样化。多年来，社会各界对企业社会责任有着广泛的讨论，一种观点认为，企业的功能是纯经济性的，经济价值是衡量企业成功的唯一尺度。企业做强做大，就是对社会最大的负责任。另一种观点则认为，企业只要做了守法经营、依法纳税、参与慈善捐赠等公益性活动，就算尽到了自己的社会责任。应当说，这些观点都有一定的道理，但对企业社会责任的内涵的认识还不全面，事实上，在现代社会，企业除法律、经济责任外，还应承担社会道德责任，即出于自觉、自愿与自律的企业与社会一体的发展观。世界银行的管理团队认为，企业社会责任是企业与利益相关者的关系、价值观、遵守纪律、尊重人以及有利于所在社区和环境的有关政策和实践的集合，是企业为改善利益相关者的生活质量而贡献于可持续发展的一种承诺，包括遵守商业道德、保护劳工权益、保护环境、发展慈善事业等。因此，企业既是具有法人地位的经济实体，也是具有道德人格的组织。

改革开放以来，企业社会责任观的变化主要表现在：（1）企业承担社会责任的多样化。改革开放前，因为高度集中的计划经济，企业作为政府的一个车间，其社会责任表现单一，即社会责任等同于政治责任。改革开放以来，企业独立自主地位的日渐确立，企业的社会道德责任，如守法经营、环境保护等责任意识日益增强。（2）企业社会责任当前呈自觉化且向制度化和系统化发展的趋势，对社会道德文化产生很大影响，包括一些优秀企业积极参加对希望工程、灾区、革命老区的义务捐赠等道德活动；以"振兴民族工业为己任"的使命感对中国经济社会发展的促进；从生产型企业到生态型企业的转变等。"5·12"四川汶川大地震集中展现了中国企业的社会责任，国难当头，一些有着强烈社会道德责任的企业，以自己自觉地实际行动演绎着社会主义企业道德的高尚与和谐，联想、吉利、长虹、奇瑞、海尔……这些民族品牌企业的道德责任令人敬佩。

3. 企业家群体的道德人格从理想化逐步现实化。企业家作为市场经济中对社会有着重要影响的群体，他们的道德人格的进步彰显着社会道德的进步，更带动着社会道德水平的提升：（1）从以"全心全意为人民服务"作为宗旨到努力实现国有资本人格化，这是国有企业优秀企业家的道德理想和追求。计划经济时代，政治道德主导企业家道德，企业家道德水平的高低主要看对国家下达计划的完成程度，企业经营管理者的主动性、创新性很难体现出来。但随着社会主义市场经济的建立和发展，国有企业被推向市场，面向日益激烈的市场竞争，在体制不健全、激励机制不完善的情况下，一批优秀的企业经营管理者努力通过国有资本人格化来保证国有资本的保值增值。（2）从做生意挣钱到干事业，从做老板到成为企业家，这是优秀民营企业家道德人格进步的主要体现。改革开放初期，压抑了多年的财富渴望被激发，全民对财富的追求显得迫不及待，狂热的利益追逐，导致了大量的企业失德现象。进入21世纪以来，中国民营企业家的道德思想发生了深刻的变化，在市场经济发展过程中，激烈的市场竞争使一些优秀民营企业家认识到：小企业挣钱，大企业做事，老板做生意，企业家干事业。（3）从企业家到慈善家。慈善考量着企业家的道德人格，企业家的慈善关乎着企业的利益，以善促善，以自己的善举促成社会的善，是中国企业家日渐走向成熟和理性的标志。2008年"5·12"四川汶川大地震中，企业家道德人格升华为此作了很好的注解，《二十一世纪经济报道》曾试图利用其得天独厚的经济报道优势统计企业的捐赠，但这一次，企业家们行动得很快，在厄运突降汶川之后，在震后的4天之内，眼见越来越多的企业解囊捐赠，我们曾经试图对来自企业的捐赠情况做全面的数理统计，不久之后，我们便放弃了。一方面，加入捐赠的企业不断增加；另一方面，已经捐赠的企业还不断追加捐赠额，使得实时的统计播报，失去准头。

4. 现代企业道德建设与研究的方法不断科学化、现代化。现代企业作为市场的主体，在企业道德建设方面取得了巨大的成就，一些企业在提升竞争力的过程中，纷纷根据企业个性特征探索道德建设的方法，如把道德融入企业共同愿景之中，使企业形成共同的信仰；营造浓厚的企业学习氛围，构建学习型组织，激发全体员工学习新知识，提高文化素质，形成发奋进取的精神状态；通过丰富多彩的企业文化活动，增强企业员工的向心力和凝聚力，企业对员工的培训由文化、制度、技能等培训转向有计划的道德与素质培训等。

5. 将企业道德作为企业资本管理与运营的现代意识在企业内部不断增强。企业道德作为一种资本资源，在创造价值的过程中同样发挥着独特的作用，在经济活动中，有助于创造利润的一切道德因素都可归入资本资源的范畴。企业道德作为一种资本资源，具体包括道德意识、道德境界、道德规范、价值观念、道德行动等贯穿于企业生产经营全过程，发挥着其他资本不可取代的作用。正是基于对企业道德作为一种资本资源在价值创造和增值过程中的独特作用，理论界和企业界都将其作为企业资本来进行运营、管理与研究，为企业带来很大的经济效益和社会效益。

企业道德的基本原则和特殊原则

第一节　企业道德的基本原则

　　企业道德的基本原则，无论是西方资本主义国家的企业，还是社会主义国家的企业，都一定是具有的。社会主义企业道德基本原则的核心是集体主义的道德原则，这里有一个问题，就是在经济全球化背景下的未来社会主义国家经济体系中，新的物质利益观念、竞争观念、人本观念、时效观念、公正观念等将在整个社会生活中普遍建立起来，这样，企业还要不要坚持集体主义道德原则呢？回答当然是肯定的，因为，市场经济和集体主义并非水火不相容、格格不入。即使在资本主义市场经济发展的早期阶段，也正如恩格斯所指出的，资本主义生产的发展曾采用"琐细的哄骗和欺诈手段"，但随着资本主义社会大生产的发展，"这些猖狂手腕在大市场上已不合算了，那里时间就是金钱，那里商业道德必然发展到一定的水平，其所以如此，纯粹是为了节约时间和劳动。"近现代资本主义国家，由于国家干预，法制较完善，资本家已提出向顾客向社会提供优质服务，他们认为，向社会提供优质服务，同获取利润是完全一致的。事实上，一些市场经济发达的资本主义国家，几十年来，饱尝极端利己主义、无政府主义、个人本位主义思潮给经济发展和社会生活带来的恶果，试图通过恢复和强化社会道德的规范作用，进行某种调整和限制。素有集体主义传统的日本，在发展市场经济中强调集团主义道德，强调摆正个人在群体中的位置；新加坡、我国的香港特别行政区和台湾地区，也是通过提倡儒家注重社会整体利益的道德思想，为市场经济的发展提供安全、和谐的环境保障。他们这些调整在某种程度上推动了道德资本的发展。

社会主义条件下的市场经济是建立在以公有制和按劳分配为主的经济形式与分配方式基础之上的市场经济，其发展宗旨和所处的社会政治、文化环境，决定了它的发展与加强社会主义集体主义道德建设之间的统一性和协调性。

中国是以公有制为主体的社会主义国家，是为人民群众谋利益的，国家、集体和个人利益在根本上是一致的，国家发展经济、文化及其他事业，是为了不断满足人民群众日益增长的物质文化需要。因此，国家、集体利益是社会的根本利益，维护国家、集体利益，也就是维护每个社会成员的根本利益。在处理国家、集体、个人利益三者的关系时，主张国家、集体利益高于个人利益，提倡为国家和集体作贡献，这就是提倡集体主义。集体主义是社会主义道德的根本原则，如前所述的道德原则，是指的社会主义道德的基本原则，其核心内容是社会主义的集体主义。同样，这里讲的企业道德原则，也是指的社会主义企业道德原则。而社会主义的企业道德，是社会主义道德的一部分，因此，社会主义企业道德原则，其核心内容同样是社会主义的集体主义。当然道德原则也应与时俱进，它不仅要继承以往道德的一切优良成果，更重要的是根据变化了的环境，更新道德原则的内涵，在深入研究社会关系变化的基础上，把握道德发展的方向和规律。应该看到，当代的社会主义不再是过去那种僵化的、高度集中的社会主义，在体制上已经实现了从计划经济向市场经济的转变，集体的内涵已发生了根本的变化，集体主义原则的内涵也必然要随之发生新的变化。经过 30 多年的改革开放，过去那种高度集权的经济体制已经被打破，集体主义已进入健康发展的新时期，它的内涵将随着现代集体内涵的变化而变化。

一方面，以充分尊重个体的主体性为特征的集体主义将不再是少数先进人物的道德实践，而将是具有广泛性的道德原则；另一方面，集体主义将建立在对个体利益充分肯定的基础上。借用集体利益否定个体利益是不道德的，以强调个人利益来损害集体利益也是不道德的，集体主义要求在充分尊重个体利益的基础上，维护集体利益。在这两点当中，最关键的是要将人的观念从那些对集体主义的片面理解中解放出来。

市场经济具有谋利与服务、利己与利他的道德二重性，任何商品都是为交换而生产的，都是为满足他人或社会的需要而生产的，商品交换成功的基本前提是互利互惠。一般说来，市场经济运行是以利己为动力，以利他为条件的，而且市场主体要实现牟利性与利己性的目的，必须以进行服务性和利他性的生产为前提。因此，市场经济在宏观上要求人们注重经济活动效益，恪守商品生产和交换信用，公平买卖，发展市场经济不能必然否定集体主义的社会道德。

在中国特色社会主义市场经济条件下，坚持集体主义的企业道德，能实现人们自觉把市场经济的牟利性、利己性与服务性、利他性的高度统一。

当代企业道德的基本原则是指导、调整企业道德特别是企业职业道德的最基本的出发点，可以概括为以下几个方面：

热爱中华民族，热爱中国人民，以天下为公；

坚持企业的经济效益与社会效益相统一；

兼顾国家、企业、企业员工、顾客（客户、消费者）的利益；

以诚相待，以信为本，互惠互利，公平、合法竞争；

尊重人，重视人的价值，尊重人才，任人唯贤；

勤俭节约，艰苦奋斗，爱护公物，杜绝浪费；

遵守法律、法规，遵守纪律和规章制度；

善于学习、追求知识，不断创新，追求卓越。

第二节　企业道德的特殊原则

任何事物都有普遍性与特殊性，企业道德也不例外，除基本原则之外还有以下特殊性：

1. 企业管理中的人本主义原则。企业是技术与产业化之理性机器，它在本质上是一种制度框架与结构。制度是一种道德与文化现象，从里至外表现为三个层次，即理念层次、结构层次、运作层次。显现在人们面前的往往是它的结构层次，即组织框架和结构，而组织的根本作用在于其效率。因此，制度构架必须依据于两个原则，即效率原则和人本原则，但是，因为企业是由员工组合而成的，员工的需求又是多层次的，员工不能简单地成为效率的附属物，管理者在制度设计中必须尊重员工的意志和多种需求，从而创造出体现人本原则的制度框架，使人的尊严在制度结构中得到体现，这就是管理中的人本主义原则。

人的主体因素中，有理性因素和非理性因素之分。人的学历、知识量、经验、职位、工作时间等称为人的理性因素，行为科学管理主要关注人的理性因素；非理性因素是指人的嗜好、习惯、兴趣、爱好、素质等。现代管理理论和实践越来越注重人的非理性因素，因为他们发现，人的理性因素与工作效率不一定呈正相关效应，一个学历高的人，一个经验丰富的人，其工作绩效不一定高；而一个学历不高，经验也不丰富，但能全身心投入工作的人，说不定其绩效反而会高。这就是说，人的工作绩效的好坏，除了人的理性因素外，还取决于人的非理性因素，在一定条件下，往往是人的非理性因素决定人的工作效率。所以，现代企业管理中的人本主义原则正在日益得到充分体现。

现代企业管理中的人本主义原则，还表现为员工由被动式管理转向主动参与式管理，即由于员工素质的提高，员工日益具备了参与管理的基本技能，以员工为中心的管理模式，被越来越多地受到重视，而且由于信息行业的发达，使组织结构扁平化趋势加快，使决策到执行的距离大大缩短，企业员工和管理者的素质越来越高，现代企业管理中的人本效应得到了最大限度地体现。另外，随着现代产权制度的变革，一些企业的不少相关员工已逐步由单一的被雇用者转变为企业股东，在经济关系上改变了以前的从属关系，这也相应地使员工自己在企业中的地位和作用得到了提高。同时，企业文化的发展，企业道德理念的强化，又使企业价值理念的引导，逐步取代硬碰硬的制约式管理，效率原则和人本原则的有机结合，促使人和企业的共同发展，管理中人本主义原则进一步得到体现。

2. 注重效率和公平统一的原则。西方文化追求卓越，强调以效率为先，但单一追求效率的结果，往往造成社会极不公平，社会矛盾重重，因而现代西方发达国家亦比较重视和体现公平原则。东方文化追求和谐，比较关注公平原则，但往往为了公平而牺牲效率，从而使整个社会经济发展受到负面影响。随着市场经济制度的完善，也开始关注效率，逐步实现效率和公平协调发展。

企业注重效率原则，就是要注重企业利润率的提高，追求生产力增长，这是关系到企业的生存和发展的根本问题。但是企业也不能只顾自己的发展而置社会利益于不顾，企业发展必须关注外部环境的协调问题，否则会出现尖锐的矛盾和冲突。在企业内部也有个运行协调的问题，就是在收入分配、参与管理和发展机遇等方面提供一个公平竞争的和谐环境。

效率的本质是投入的产出率，即用最少的投入获取最大的收益，而从另一个方面来说，效率又不仅仅只是一个纯经济问题，它总是在一个特定的制度安排下运行的；当制度的安排不利于正当行为获得效益，而有利于不正当行为，甚至促长歪风邪气，那么社会就会停止进步，所谓效率就失去了内在的价值和意义。

公平的本质在于合理配置资源，提高效率和产生效益，社会资源按一定的方式分为物质资源、智力资源和权力资源，当三种资源的配置大致公平时，社会经济发展就会得到大多数人的参与和拥护，经济发展速度就会加快；否则就会导致社会矛盾和冲突，经济增长将遇到障碍。对企业来说，如果企业的制度安排在收入分配、职位晋升、管理权力这些方面都较公平，就能激发和充分调动员工的积极性，从而有力地促进企业各项业务的开展，提高企业经济效益。

由此看来，效率原则和公平原则互为对立又互为支持，坚持两者的统一，才能既使社会的各种资源得到最佳利用，又能使各种资源得到最佳配置，这是企业道德的又一特殊原则。

3. 正当竞争和协作的原则。现代市场经济的生命力，在于它的竞争效应，通过竞争，择优汰劣，从而保证社会经济有序发展。在物品市场趋向饱和的情况下，企业为了获取利润，有两条路可走：一是开发新产品，并保证产品质量，讲究市场信誉，坚持正当竞争；二是走不正当竞争的邪路，如生产不健康产品，搞假冒伪劣，或故意烂价，用低价手段以争夺市场等。后者背离了正常的竞争规则，也就必然对社会经济发展产生负面作用。

竞争和冲突是事物发展的根本动力，排斥竞争，无法健康发展，还会导致个体功能倒退。但是竞争有正当和不正当之分，正当的竞争也即平等的竞争，平等竞争与协作是相一致的，竞争中有协作，协作中有竞争，协作中的竞争，会促进事物有序发展。商品经济固有的平等竞争特点，使人们越来越多地选择协作竞争的方式，从而逐步形成未来企业界更新的竞争模式，就是更新层次的协作竞争方式，它包括创新型竞争、容纳型竞争和双赢等。创新型竞争是力求超越对手，战胜对手，超越方式是创新，包括产品创新、流程创新、经营方式创新、制度创新等，通过创新实现自己的超越发展。容纳型竞争是力求吸纳对方长处，弥补自己的短处，从而实现自身超越发展。双赢则是变竞争为协作，变冲突为沟通，取长补短，优势互补，重新实现市场定位，达到双赢。

4. 为社会作奉献而不只是向社会索取的原则。随着工业化、信息化、现代化的推进，企业作为科学与技术产业化的理性机器，通过社会资源的有效配置，生产社会需要的各种产品，满足社会的各种需求，同时又以利税形式上缴国库，成为社会财富的重要源泉。企业作为社会经济基本单位，其社会经济功能就是吸纳和配置社会资源，然后加工成为社会需要的商品流和价值流。企业的这种功能，从企业与社会关系而言，无非是索取与奉献的关系。企业本身也是社会经济关系的产物，因此，在企业不断地向社会索取和为社会奉献的过程中，必然涉及企业道德的一系列问题。主要包括：（1）索取方式问题，也即企业资金的筹措方式和渠道等问题。在多数情况下，企业资金都是借贷和外部筹措的。那么，企业凭什么筹措到外部资金呢？一靠抵押，二靠信誉，而抵押在一定程度上仍然需要依靠信誉而产生效益。也就是说，不管企业通过什么途径筹措资金，归根结底是靠信誉集资，信誉成为企业运行的最基本要素。（2）索取什么问题，也即企业如何配置资源而实现其最佳组合的问题。不少资源是不可再生的，资源使用的机会成本极大。吞噬资源而不能有效产出，或者高消耗高产出却严重污染环境，都是不道德的。（3）产出的社会效益问题。

在物品市场趋向饱和的情况下，企业为了获取利润，或者是开发新产品，以满足社会新的需求；或者走歪门邪道，如生产不健康产品，或销售假冒伪劣商品，或用低价手段争夺市场等，这显然会对整个社会经济发展产生负面效应。

（4）回报社会的问题。企业为社会创造财富以后，如何回报社会，为社会做出自己的贡献，这是企业的社会责任和使命。

企业道德的基本规范与特殊规范

第一节 企业道德的基本规范

企业道德的基本规范是企业在其经营活动中涉及内外关系时所必须遵循的行为准则和道德规范，是社会经济关系在企业的道德体现。

企业道德的基本规范一般由四个主要因素构成，即企业道德规范调节的目标是什么？实现该目标的手段是什么？实现目标时企业的行为应遵循什么准则？企业道德对企业的自律要求是什么？

无论是在西方资本主义国家的企业中，还是在社会主义国家的企业里，企业道德的基本规范的内容都是多方面的。这里重点论述社会主义国家企业道德的基本规范，分析历经两个世纪先后几十年的社会主义企业的发展史及其基本特征。企业道德的基本规范主要有以下几个方面。

1. 企业必须坚持社会主义方向。社会主义方向，就是社会主义的政治制度、法律制度、经济制度以及其他各项原则的一般概括。这一原则是在以公有制为主体的条件下社会主义国家对企业的基本政治要求、法律要求，也是一种道德要求。社会主义制度决定了社会主义企业的活动必须是遵循社会主义基本原则，为社会主义现代化建设服务。这就要求企业必须自觉接受和服从国家的宏观指导，要依照社会主义市场经济的需要组织生产和经营，要为社会为消费者提供优质产品、优良服务，还要正确处理企业与国家、社会及个人的关系，自觉地接受国家政策、法律和社会舆论的监督。社会主义国家的企业，只有按照以上要求，把自身的一切活动都纳入服从社会主义建设需要的轨道，才是具备基本道德规范的企业。

2. 企业必须在社会主义法律规定允许的范围内活动，不能超出这一范围。社会主义法制，是维护正常的生产生活秩序，保障社会安定，保障社会主义制度，发展社会主义经济的有力武器，是协调各种社会关系的基本准则，要求人们必须依法办事，更要求企业必须遵纪守法。社会主义的法律，包含了社会主义道德的基本要求，亦是社会主义道德基本要求的法律化、制度化，因此，企业守法，就是守德，企业违法，即是无德。像一些企业偷税漏税，生产有毒有害的产品，不顾消费者的利益等，这些既是违法，也是没有基本道德规范的企业。

3. 企业的生产经营必须注重社会综合效益。所谓社会综合效益，是指企业为社会提供的产品、服务，应该尽可能方便人民生活，提高人们的生活水平，有益于人们的身心健康，有益于社会的文明进步。社会不光是用经济效益来衡量企业行为的合理与否，社会还依据一定的社会综合效益来衡量和规范企业的活动，这正是一定的道德规范的基本作用。像一些印刷出版单位，印刷出版淫秽黄色书刊，毒害人们，败坏社会风气，这种置社会效益于不顾的行为，就是极不道德的行为。

4. 企业必须遵守社会主义道德的基本规范。社会主义道德的基本原则和规范贯穿在各种具体的生活道德中，是人与社会中各种具体的道德规范的指导性依据。企业道德要真正起到应有的作用，就离不开社会主义道德的指导，更不能背离社会主义道德的要求。企业道德不是脱离了一般道德原则指导和影响的独立的道德体系，而是和一般道德原则要求相一致的，二者的区别仅仅是对人与社会发生作用的范围和程度不同而已。一些人往往把企业与社会的关系单纯理解为经济关系，却忽略了它们之间的道德关系，没有认识到社会一般道德要求制约着企业活动，企业活动必须服从社会道德总的要求，企业必须对社会承担一定的道德义务。现实生活中一些人往往打着搞活企业的幌子，置社会道德和人民群众的根本利益于不顾，生产制造销售各种伪劣商品，坑害群众，危害社会，这就需要社会用自身的道德原则去规范和制约这些企业活动。同时，企业也必须以社会的一般道德要求作为自身的行为规范，并按社会一般道德要求从事各项活动。

企业道德规范也和社会道德规范一样，具有客观性、层次性和阶段性的特点。

企业道德规范客观性特点表现在：企业道德规范是企业在一定的经营活动中所形成的各种道德关系的反映和概括，而不是人们主观思维的产物。企业在经营活动中遵循企业道德行为准则时，企业就能既理顺好内部关系，又协调好外部关系，保证企业实现良性发展。否则，企业就可能陷于各方面矛盾和冲突之中，处于一种混乱状态，这就是说，企业道德规范制约着企业的行为方式。另外，企业道德规范受实际生产力水平的制约，例如，当社会生产力水平很低，社会物质资源极为缺乏，人类的生存法则就会成为首要法则，这时能大量提供物质产品的企业就是"道德"的企业；当社会生产力水平提高，市场供过于求时，资源的有效配置和保护就成为主要矛盾；随着生产力水平的进一步提高，而社会环境受到破坏，环保就会成为主要矛盾。

企业道德规范层次性表现在有责任的企业，有道德的企业，有能力的企业，缺乏道德的企业，缺乏社会责任的企业等，相对应的是企业优质经营，合法经营，基本守法和不法经营。企业道德的层次性，反映了企业道德价值居于不同位置及其对公众利益的关心程度。

企业道德规范的阶段性特征，由企业自身发展阶段所决定的。任何企业都有创建、扩张、专业化分工、多元化发展、衰落与复兴、创新等阶段。企业在不同的阶段，其道德规范都会有不同的表现形式。

因此，要制定符合时代要求的企业道德规范，要从企业的实际出发，不同的行业，不同的岗位，不同的工种，不同的人员，都有各自的特点，其内容、标准和要求都不相同。但是，作为企业基本道德规范，必然有其共性方面的要求，至少要处理好三个方面的道德关系：（1）要处理好企业与员工之间的道德关系，例如，企业要尊重员工个人利益，为员工成长创造有利条件；员工要热爱企业，热爱本职，有责任感，有干劲，遵纪守法。（2）要处理好员工与员工之间的道德关系，例如，员工之间应该平等、团结、友爱、互助等。（3）要处理好企业与社会之间的道德关系，例如，企业经营决不能以损害社会为前提，在市场竞争中要平等互利、诚信互助、公平竞争、共同发展，对用户要保质保量、信守诺言。

在制定企业员工的职业道德规范方面，要在企业道德和职业道德基本原则的指导下，分不同企业或职业，制定内容丰富、特色鲜明、符合本企业和员工实际的职业道德规范。从共性方面来看，一般应有以下内容：热爱本职、忠于职守；遵纪守法、诚实劳动；通力协作、平等竞争；勤奋学习，钻研业务；吃苦耐劳，勇于创新等。

在制定企业内部不同人员的职业道德规范方面，由于企业内部岗位和分工的不同，如管理人员、技术人员、一线生产人员等，在遵守企业道德规范和员工道德规范的基础上，还应有符合自己岗位和职务的道德规范。例如，企业管理者的道德规范就应是对国家、社会、消费者、企业和本企业员工负责，尊重员工、知人善任；民主管理、以身作则；创新发展、开拓市场；质量第一、公平竞争等。而工程技术人员的道德规范则应是刻苦钻研，精通业务；勇于改革，大力创新；通力协作，不争名利等。

第二节　企业道德的特殊规范

以上论述的都是企业道德的基本规范。现实社会环境中，企业道德只具备基本的规范还不行，这还不能全面地概括和反映企业行为的一般特征及本质内涵。企业行为不同于一般性的社会行为，也不同于其他类型的社会活动，它在内容和形式方面都有着自身的特点和规律，这就决定了企业行为和其他一些纷繁复杂的社会行为的区别。作为调节和处理企业与社会与员工关系的行为规范的企业道德，还必须具备一定的特殊规范，才能够适用于具有特殊性的企业行为，才能够正确合理地协调企业内外的各种关系，真正发挥企业道德的作用。

企业道德的特殊规范与企业道德的基本规范是相比较而言的。企业道德的基本规范是作为企业道德整体的、一般的要求而存在的，它既体现了社会一般道德的基本精神，又反映了企业道德的主要特征；企业道德的特殊规范，则是针对企业行为的特殊性而提出的，同时也体现了社会对企业的比较具体而实际的道德要求。企业道德的特殊规范，反映了企业与社会与员工的特殊关系，具有特殊的社会作用，它既是企业道德的直观又特殊的显现，又是社会和公众评价企业行为道德与否的最直接的准则。

企业道德的特殊规范是多方面的，但是最能直接反映社会对企业的实际要求而又和社会公众切身利益密切相关的规范，主要是质量、信誉和环保三方面。

1. 以产品和服务的高质量、高要求为根本的特殊道德规范。企业全部活动的结果，主要表现在为社会提供产品和服务，而这产品和服务，都应是高质量、高要求的，质量是企业的生命，只有高质量的产品和高质量的服务，企业才能赢得市场；同时，质量问题，不仅关系到企业的经济效益，关系到企业能否在竞争中取胜，还关系到消费者的实际利益。产品的质量得不到保证，服务的质量低劣，必然侵害消费者的实际利益，因而是不道德的，企业也是没有前途的。因此，质量问题，不仅仅是技术性问题，也不只是一个生产经营中的问题，而是一个企业的道德问题；质量及其产品服务是企业的生命特征，质量和服务作为企业道德的特殊规范内容，必须把它作为严格的道德要求贯彻到企业的生产经营之中。

在创造企业物质文化的过程中，应当遵循"品质文化"的规范，遵循知识经济的规律，遵循技术审美和顾客愉悦的原则。

遵循"品质文化"的规范，即强调企业产品的质量、产品的竞争首先是质量的竞争，持续稳定的优质产品，是维系企业商誉和品牌的根本保证。

以产品质量驰名天下的"奔驰"汽车，充分体现了它所代表的产品的卓越品质，奔驰车的质量号称 20 万公里不用动螺丝刀，跑 30 万公里以后，换个发动机，可再跑 30 万公里；以卓越的质量为后盾，他们敢于播发这样的广告：如果有人发现奔驰汽车发生故障被修理厂拖走，我们将赠您 1 万美元。

奔驰之所以获得如此高的品质，首先是在全公司范围内树立起"品质至上"的企业理念，使全体员工重视质量。他们的劳动组织是把生产流水线作业改为小组作业，12 个人一组，确定了内部分工、协作、人力安排和质量检验，改变了重复单一劳动容易出现差错的现象，提高了效率和产品质量。奔驰公司特别注重技术培训，在国内外有 700 多个培训中心，负责对各类员工的专门培训，新招收的工人除了基本理论和外语的培训外，还有车、焊、测等技术培训，结业考试合格通过试用期后才能成为正式工人，不合格可以补考一次，再不合格就不被聘用，这些措施使奔驰名冠全球，使奔驰的"品质文化"深入人心。

"有缺陷的产品就是废品"，这是海尔集团的核心理念之一。1985 年，张瑞敏刚到海尔（那时叫青岛电冰箱厂），一天，一位朋友要买一台冰箱，看了很多台都不满意，最后勉强拉走一台；朋友走后，张瑞敏派人把库房里的 400 多台冰箱全部检查了一遍，发现有 76 台质量不过关。张瑞敏把员工们叫到车间，问大家怎么办？在场不少人认为，也不影响使用，便宜点儿处理算了，当时一台冰箱 800 多元，相当于一名员工 1 年多的收入，张瑞敏说："我如果同意把这些冰箱卖了，就等于同意你们明天再生产一些这样的冰箱。"他宣布，这些冰箱要全部砸掉，谁干的谁来砸，并抢起大锤砸了第一锤，很多员工砸冰箱时流下了眼泪，然后，张瑞敏告诉大家说："有缺陷的产品就是废品"。3 年以后，海尔人捧回了冰箱行业的第一块国家质量金奖。

奔驰、海尔的事例告诉人们，质量是企业生存的基本条件，也是决定企业效益的关键因素，重视产品质量就是珍爱企业的生命。

英国罗尔斯－罗依斯汽车有限公司，更是以质量求生存的典范。公司奉行："如果你相信质量是最有说服力的，并以完全真诚的态度从事全部商业贸易，其他东西，像市场占有率、增长率、利润等问题都会迎刃而解"的企业道德与经营原则，拥有相对科学与完美的产品制作和售后服务体系；该公司始终如一地用艺术品创作的慎重态度与方法对待产品的制作，即使是一个螺丝，也像品尝艺术般地一再修整，材质的选用也极其讲究，全部选用最优质的。特别是制作完成后的路试最为严格，"卡迪拉克"每辆都要反复多次每次几小时的严格测试，从组合到试车，每一部车要花两个星期的时间。该公司特别强调说："'罗尔斯—罗依斯'不是只管卖车，而是卖艺术和技术，我们是把'古今'与'名誉'都卖出去"。由于缜密制作、严格把关，每一部"罗尔斯—罗依斯"车都是绝顶地坚固耐用、无故障，行进中几乎没有噪音与晃动——以每小时100公里的速度长时间行驶，放在水箱上端的银币绝对不会掉下来；坐在车子里，只听到车内钟表分秒针的移动声。因此，第一次世界大战以来的很长一段时间，在所有的各种公开性能审查会上，"世界第一汽车"的殊荣一直属于罗尔斯—罗依斯公司。

"罗尔斯—罗依斯"特别重视的是无故障性，即便是车主因不注意而导致的故障，也都免费修复。公司认为，故障就是公司的责任，对于万一出现的故障，"劳斯莱斯"也给予举世无比的服务加以补救。例如，很多年前，一对美国夫妇驾驶着"劳斯莱斯"到欧洲旅行，到法国的一座荒村时，由于驾驶不当使后车轴损坏，而罗尔斯—罗依斯代理店远在数百公里以外，车主只好直接打电话到设在伦敦的罗尔斯—罗依斯公司，仅仅过了几个小时，罗尔斯—罗依斯公司的机械工人带着后车轴搭乘飞机赶到现场，把整个车子修复得跟新车一样，并一再赔礼道歉。后来，这一对夫妇游经伦敦，到罗尔斯—罗依斯公司想交付修车费用，公司负责人却坚决不收，还认为要帮他换一根永远不会折断的车轴才对。

一个企业要在市场竞争中获胜，必须努力赢得人心，一方面要赢得企业员工的心；另一方面必须赢得消费者的心，以优质高效的服务活动和服务行为不断地争取消费者、赢得消费者的心，是企业一切活动的出发点和归宿，也是竞争取胜的主要原因。所以，良好的服务形象是企业的无形资产，是获胜的永恒法宝。

著名的"百年老店"希尔顿酒店的总裁曾对他的员工讲过这么一段话：请你们想一想，如果饭店里只有第一流的设备而没有第一流的服务员的微笑，那些顾客会认为我们供应了他们最喜欢的东西吗？如果缺少服务员的微笑，正好比花园里失去了春天的太阳与春风。假如我是顾客，我宁愿住进虽然只有残旧地毯却处处能见到微笑的饭店，而不愿走进有一流设备而看不见微笑的地方；对于顾客来说，有时服务质量等软件因素比设备等硬件因素更为重要。企业形象的设计，应当从把企业改造成为全方位为客户服务放在首位的战略目标出发，给顾客提供最佳的服务消费，其内容比装潢、设施更重要。

　　服务是一种特殊道德价值，而价值的实现必须经过一定的关系构成，正如管理学家德鲁克所说："是因为在组织内部，不会有成果出现，一切成果都是发生于组织之外"。例如，企业机构的成果，是经由顾客而产生的；企业的成果和努力，必须透过顾客购买其产品或服务的意愿，才能转变为收入和利润。顾客的决策，也许是以消费者为立场，以市场供需规律为基础，也可能是以社会和政府为立场，供需的调节全凭非经济性价值为基础。但是，无论是什么情况，决策人都是在企业之"外"，而非在企业之"内"。企业作为社会道德组织存在的唯一理由，是在于它对外界环境的服务，从而体现它的特殊道德规范与价值。

　　2. 以诚信为根本的特殊道德规范。诚信道德是一切道德的基础和根本，尤其企业诚信道德规范，是市场经济领域中最为基础性的特殊行为规范，是一个企业生存与发展的根本，也是企业内部、企业与社会，以及企业员工之间相互关系的基础性特殊要求的道德规范。

　　诚实守信，自古以来就是作为一种美德存在于人类的道德思想的精华之中，是人们评价行为好坏的重要准则。儒家道德观的"诚信不欺，一诺千金"，是传统文化的一条重要原则。诚信不仅是朋友道德、交际道德的规范，而且扩至一切道德关系应以诚信为本。它要求企业管理者在经营企业和各类业务活动中信守道义和诺言，先义后利，不做亏心的交易。即使不签订书面契约，一语既出，就要诚守信誉，"非诚贾不得食于贾"，"人无信不立，政无信不威，商无信不富"。大家诚实而有信用，诚善于心，言行一致，不以欺诈他人的行为致富。这些中国文化传统中的至诚箴言，把诚信列为从事任何职业的一条首要道德规范。诚信被儒家视为"进德修业之本"、"立人之道"、"立业之本"。

　　现代市场经济既是一种法制经济，更是一种信用经济，没有信用，就没有秩序，市场行为就不能健康发展，大力倡导诚实守信的职业道德，不断加快建立健全社会信用制度，是时代发展的要求，是企业面对全球化挑战、进行有效生产经营、增强竞争优势的当务之急。

　　企业是相对独立的商品生产和经营者，是独立的经济实体，因此，从企业与社会的经济关系来看，就经济利益而言，二者是既对立又相统一，因为企业利益和社会利益从根本上说是一致的，企业利益必须符合他人和社会利益。但是，企业利益和社会利益在客观上必然存在着一定的矛盾，所以，确立诚信道德观念是协调二者利益关系的重要保障，企业必须对社会讲诚信，社会以诚信行为约束和衡量企业的特殊道德规范与准则。

　　市场经济活动最基本的规则表明企业如果不讲诚信道德，不讲规则与信用，是无法生存和发展的。现代一些优秀企业拥有雄厚的资金，先进的技术，高素质的管理团队，应当而且有足够的能力承担企业应该承担的道德责任和经济责任。正如著名管理学家克拉伦斯大林·沃尔顿说的："企业管理人应该用一种全局观看待企业的责任，因为在这种观点之下，企业被看成是讲信用、讲信誉、讲道德的组织而不只是赚钱的"。经济活动无法脱离经济伦理和企业道德的文化背景，无法离开国家宏观政策和企业经营管理的价值导向，反经济信用行为的蔓延一方面造成社会道德、社会信用的滑坡，另一方面也扰乱了社会经济秩序，使经济缺乏效率，很多人并没有意识到反经济信用行为的社会后果和经济后果，认为市场经济就是挣更多的钱，只要能挣到钱，什么信誉、信用、道德都可以不顾，他们不知道商誉也是一种特殊的资产。企业的经营业绩和企业商誉、企业信用是"一个硬币的两面，共同构成现代企业的经济价值、文化价值"。一个企业如果没有正确的企业道德观，而是一开始就是以圈钱为其核心价值观，把消费者的利益抛在一边，那么这个企业是不可能维持长久的。即使在经济最发达的美国，很多大公司大企业，也因为不重视企业道德与规范，不讲企业信誉，也免不了要倒闭。当年，安然破产案发生后，整个美国企业界被"道德与信誉地震"所困扰。随后安达信公司做假账的丑闻更是在全球掀起了轩然大波；一波未平，一波又起，不久美国世界通讯的假账丑闻又暴露在光天化日之下；事隔不久，另一知名大公司施乐又曝光新的丑闻——连续多年夸大营业收入数十倍，用虚假的实力蒙害消费者。对于这些不良的企业道德与信誉行为，当年美国总统布什说："任何有碍于公众信任的行为，都是不能容忍的，联邦政府将时刻保持警醒并采取行动，起诉那些策划并实施公司舞弊丑闻的当事人，以维护投资者和雇员对美国商业的信心。"可见，当年美国企业的道德与信用危机对美国带来的震动有多大。

据相关资料记载，道德诚信缺失已成中国社会与企业发展的巨大障碍，近些年来，中国每年因缺乏道德诚信造成的经济损失至少在 5000 亿元人民币以上。据中国消费者协会统计，近几年，每年消费者对于虚假广告、假冒商品、计量不足、欺诈骗销等企业失信行为的投诉都在 20 多万件以上，且在交易活动中，竟有 30% 的经济合同带有欺诈性，足见市场交易行为中的道德信用危机何等严重。为了防止受骗，一些消费者和企业在市场交往中只好步步为营、如履薄冰，有些交易甚至倒退到"一手交钱一手交货"的原始状态。

因此，建设企业道德诚信文化，塑造企业道德诚信形象已势在必行，企业作为矛盾的主要方面，应摆脱信用失范的羁绊，强调行为自律，从我做起，在身份确认、遵纪守法、产品质量、借贷守约、经营业绩等方面，全面建立自己的道德与信用形象，倡导和实践诚信经营，大力倡导讲信用、重信誉、平等竞争、公平交易的道德风尚，坚决反对弄虚作假、坑蒙欺诈、假冒伪劣的不道德行为。

　　道德与诚信，看不见、摸不着，但它能像影子一样，使人隐隐约约地感受到它，它又默默地主宰着人和企业的行为。从经济学角度讲，它是无形资产；从道德学角度讲，它是道德资源，更是一种生产和经营要素，是企业的一种特殊道德资本。美国经济学家凡勃伦说得极为独特："企业的无形资产有时甚至比有形资产的意义更加重要。在这样依据收益力的资本价值中，资本价值的核心不是工厂的成本，而是企业的商誉。"诚信既然是一种无形资产和道德资源，它就具有无形资产促进经济快速增长的功能和道德凝聚人心的魅力，正如当代一位学者指出的："无形资产是能使所有者和经营者依托有形资产获得更多效益的资产。"有诚信，人与人、企业与企业、商家与商家就会交往频繁，朋友多，交易多，财源广，效益就好。在市场经济中我们经常看到这种现象，甲乙两个商家在同一个地方，甚至采取同一种办法，销售同一种商品，但销售额千差万别，为什么？就是诚信在起作用。有人曾形象地说，诚信像空间中千丝万缕的电子波，自然而然地把朋友、消费者"诱服"到你身边，也有人说："只要你把诚信装到消费者右口袋，消费者就乐意让你从他左口袋里掏钱"。可见，诚信能使商品和企业人格化，征服人心，这就是诚信的魅力。因为一个企业或一个信得过的商品长久让消费者"质量放心"、"斤两不缺"、"童叟无欺"，等等，就会慢慢使这个企业或商品树立起良好形象，人们就会信服这个企业，而放心购买这个企业的产品。

　　一个道德诚信缺失的国度，必然要影响社会的和谐和经济的持续快速发展。特别是在社会主义市场经济日臻完善的今天，在一些企业以利益为唯一驱动，突破了应有的义利观和道德底线的情况下，诚信已经成为一种非常宝贵的资源。个人守诚信，会受到尊重，企业诚实守信，才能赢得市场。现代企业将在更高程度、更大范围内融入世界经济体系，但相比之下，中国国内市场与国际市场的竞争规则还存在不少差异，WTO要求各成员不分大小实行非歧视贸易待遇原则、法制和良好的市场秩序以及诚实守信的交易法则，是吸引国际投资特别是跨国公司的正常做法，依靠优惠政策和地区特殊待遇吸引外资的做法，将失去效力。现实生活中经常看到，遵循国际游戏规则，履行承诺，坚守诚信，拓展国际市场的过程将比谈判更为复杂和艰巨。曾有一位世贸组织总干事尖锐地指出："中国加入世贸组织后，从长远看，最缺乏的不是资金、技术和人才，而是信用以及建立和完善信用体系机制"。没有诚信环境，商机再多，政策再优惠，也不过是多了几个美丽的"陷阱"。因此，在全球化市场竞争日趋激烈的现实中，一个企业是否诚实守信，对企业的生存和发展将起着越来越重要的作用，从软实力竞争角度来说，道德诚信是企业的核心竞争力之一，也是中国企业走向世界的通行证，许多成功企业的实践也充分证明了这一点。

道德诚信是商人的一个基本人品，是商人的一块金字招牌，人品的第一标准就是要诚实待人，商人的人品最为重要，欺骗可以得逞一时，但绝不可能长久，道德诚信对商人来说有时是要付出代价的，诚信的基本要求就是要管理自己的良知与欲望。诚实的商人自然形成诚信的商业生态圈，成为其最有价值的无形资产。

道德与信用对一个人、一件事的重要性很大，我们可以来看看几个事例。

社会大众对万科地产早期的创业史比较一致的评价是：诚实，不炒作，值得信赖和尊敬。万科当年良好的道德与信誉中，有一件事源于王石"两条香烟行贿未遂"的故事。创业之初，王石为了获得车皮，带着两条"555"牌烟找到货运主任家里，货运主任没有收王石的两条烟，却同意为他办理车皮，王石不解，货运主任说："我早就注意到你了，我发现你虽然和民工一块扛粮食包，但是你干活好像兴致特高；我觉得你这个人想干成事，能干成事，我信你的为人。"这件事给王石一个很大的启发，因此他和他的团队开始创业时，把道德诚信作为万科地产的一个基本价值观，并实践了"不行贿"的诺言，为其后来能成为中国地产界道德诚信经营的一个典范起了非常关键的作用。

再介绍一下鲁冠球和他的万向集团道德与诚信经营的理念和实践。

作为该企业的领袖，鲁冠球的道德与诚信观念很强，他和他的企业一直把道德与信誉作为兴商立业的根本。万向集团早在20世纪80年代初，就通过经销商开拓了出口市场，在国外建立了不少分公司，当时，很多客户找到总公司要求直接供货，万向都没有答应；因为他们觉得，与经销商已经有约定，他们开拓的客户，由他们经营；不仅如此，万向集团在产品价格上，对经销商和自己的营销公司一个政策，一视同仁，以确保经销商的利益。正因为这样，万向和经销商的关系与合作一直十分密切，这也使他们在创业初期的国外营销体系日益完善。

诚信原则应用于企业内部也是一样，鲁冠球要求在企业内部每执行一项决策，首先必须要让员工相信这个决策有利于大家的共同利益，同时，经营者也要相信员工所采取的行动，对决策的执行是最佳的或是有益的，双方互相信用，行动的速度才可以加快，执行的成本才可以降低。可见，道德诚实是一个人做大事的根本，对一个企业领袖和一个企业来说更加重要，它是企业一种永恒的宝贵价值与精神，是一种永恒的无形资产。

　　再来看一个企业的实践情况，也充分证明道德诚信是企业的一种宝贵资源，是企业生存发展之本。本书作者之一的任辉先生 2000 年年初到 2009 年近 10 年时间曾在二十三冶建设集团担任董事长、党委书记，该企业是一个起始于 50 年代初的传统老国有企业，先后隶属于冶金部、有色工业局、湖南省政府管理，曾经为国家经济和社会建设做出了重大贡献。20 世纪 90 年代中期以前，该企业有着较长的经济效益和社会效益都好的辉煌时期，进入 90 年代末期，由于多方面原因，该企业陷入困境且每况愈下，处于关闭破产的状况。到 2000 年年底企业亏损 3 亿多元，欠发员工工资 2 亿多元，2 万多名特困员工生活艰难，每天都有不少员工上访闹事，是当时湖南省境内五大特困企业之一。当年的省委书记杨正午、省长周伯华多次说该企业是湖南省委、省政府的一块"心病"。2000 年年初，湖南省委任命任辉先生为该企业主要领导人，多年来，任辉先生和该企业的经营团队带领二十三冶建设集团全体员工立足现状、励精图治、艰苦创业，特别把"诚实守信"作为企业经营的第一要务，渗透到企业内外部的各个环节，把道德诚信建设作为企业中长期发展战略的一项非常重要的内容，广泛持久地在全体员工中开展"做诚信员工，铸精品工程"的主题教育活动。不管企业如何变化，"诚实守信"的庄严承诺永远不能变，总是信奉着"百金求名，万金求誉"的经营思想，员工务实求真，与业主精诚合作，真正构建了"诚信二十三冶"，年年被评为国家、省、市"重合同、守信用先进单位"。正是该企业的诚信经营，多年来，该企业在全国 20 多个省、市、自治区及海外 10 多个国家，创建了国家、省部级优质工程 100 多项，在有色冶金、矿山开发、房屋建筑、市政交通、公路桥梁、机电安装、水塔烟囱、压力管道、金属结构和房地产开发等领域创造了许多项重大的技术革新工程，树立了良好的社会道德信誉，短短几年时间，二十三冶建设集团由一个特困企业改变成一个年利税逾 10 亿元、发展潜力大、社会道德信誉良好、充满生机与活力的现代企业集团，该企业的经营业绩和核心技术能力，多年来一直处在国内同行业领先地位。

　　企业诚实守信的一个重要内容是诚信服务，诚信服务是企业的生存线、生死线，对服务性行业尤为如此。正如著名经济学家吴敬琏指出的："诚信服务是现代市场经济的生命，是企业从事生产经营活动的一个必备要素，有着真金白银般的经济价值"。企业在实践中，要使员工形成这样的一个共识：诚信服务是企业的永恒主题，随着时间的推移、社会的进步，诚信服务的形式、内容、任务要不断有新的变化，但诚信服务的宗旨永远不能变。

　　企业如何共识和建设道德诚信，这是每一个企业必须认真对待的问题，也是建立企业道德规范的首要问题。一个社会中的绝大多数成员互相信任，以组织形式进行合作的传统叫社会道德资本，其对经济的影响与物质资本同样重要。一方面，经济组织的建立取决于许多基本的社会机制，如产权、合同，以及整套的企业法规、法律；另一方面，经济组织的建立也取决于该社会原有的社会道德意识和作为社会成员相互信任基础的不成文的道德规范。这种相互信任能大大减少经济学理论上称之为交易成本的谈判、信用合同的费用等。社会成员之间的相互信任，能使某些高效率的经济组织形式得以存在，而不需要烦琐的制度、合同、诉讼和体制的内耗束缚，这对改制转型期的企业尤其具有现实意义。

多年的实践经验总结，创建现代企业的道德诚信工程要用好以下三条基本方法：（1）建立好科学的企业道德信用档案。这是一件极为基础而浩繁的工作，目前金融、税务、工商、海关、质检、药监、外经、经贸以及统计等许多单位和部门以及相关社会中介都在这方面做了大量的工作，须做到彼此数据和资源共享，不造成浪费，而且能形成真正意义上的权威，这就需要在政府或社会机构倡导下，做好企业道德诚信综合数据档案的建设工作。（2）依法建立道德失信惩罚机制与手段。将政府部门、金融机构和分散在民间的企业失信数据统一编入企业信用数据库，实施经济户口管理，建立企业失信警示系统和公开公示制度，实行社会联防，让失信企业受到惩罚、付出代价。（3）发挥信用中介机构作用。有关部门参照市场经济国家的做法，结合中国国情，提出了"政府推动、市场运作、权威发布、依法监督"的社会信用体系建设方案。这个"权威"就是受政府委托，又被社会广泛认可的社会中介机构。多年来，一些省、市已相继建立了企业信用评价中心，为发挥信用中介机构作用奠定了基础，信用中介机构的蓬勃发展必然对企业道德诚信建设起到积极作用。

3. 以环境与资源保护为根本的特殊道德规范。环境保护的道德要求是企业很重要的特殊道德规范。环境道德特殊规范是由于污染越来越严重，人们生活和生存的环境遭到破坏，日益恶化，人们为保护环境而提出的重要准则。由于生产的发展，而相应的环境保护措施又没有跟上，企业的生产经营对环境的影响越来越大，一些企业的生产还造成了严重的环境污染，这些都威胁着社会的安定，人类的生存。可是，面对如此严重的现实，一些企业并没有明确树立起保护环境的意识，还在盲目发展，不顾企业对环境造成的破坏。因此，在提倡大力发展生产的同时，还必须强调保护环境的重要性，把保护环境当作重要的道德风尚大力提倡，对于造成环境污染的企业，不仅要绳之以法，还要进行道德方面的谴责。

制定企业道德规范应正确处理好企业与国家和个人的关系、企业与社会的关系、企业与企业的关系、企业与消费者的关系。坚持把国家利益作为最高利益，企业利益服从国家利益，员工利益服从企业利益。企业应当兼顾社会效益和企业效益，当二者发生矛盾时，应以社会效益为主。尤其在清理"三废"、降低噪声、保护环境方面，企业应当遵守国家的法律、法规，自觉地保护人类的生存环境，建立良好的环境道德特殊规范。

企业道德与企业社会责任

有责乃远，德行天下。企业道德是企业赖以生存发展的生命线，社会责任是企业发展的通行证。企业作为社会的细胞，是整个社会系统的一个子系统，总是处在由一定要素组成的社会环境之中。企业发展必须依据社会资源，企业与社会是鱼和水的关系，企业用不同的方式从社会上谋取利益和资源，亦反过来哺育回报社会，承担着方方面面的社会责任和道德义务。企业道德和企业社会责任之间是辩证统一、相辅相成、相得益彰的载体。

第一节　企业社会责任的内涵及本质特征

企业社会责任（Corporate Social Responsibility，CSR）这一概念起源于20世纪初的美国，目前理论界有广义和狭义之分，且对其内涵和本质特征从不同的视角和维度有多种不同的理解和认知。

广义的社会责任是企业作为社会细胞的一分子，有责任和义务对社会做出应尽的贡献，并履行相应的服务社会、奉献社会的责任。狭义的社会责任是指企业在创造利润、对股东利益负责的同时，还要承担对员工、消费者、社区和环境等方面的社会责任；企业不仅要承担法律、行政等方面的强制义务，还需有道德、慈善方面的自愿行为。

追溯历史渊源，企业社会责任早在18世纪中后期，西方国家第一次工业革命中就有了体现，不过还没有形成观念与概念，实际中的企业社会责任仅局限于企业主个人的道德行为之内。

企业社会责任思想的起点是亚当·斯密的"看不见的手"。古典经济学理论认为，一个社会通过市场能够最好地确定其需要，如果企业尽可能高效率地使用资源以提供社会需要的产品和服务，并以消费者愿意支付的价格销售它们，企业就尽到了自己的社会责任。

到了 18 世纪末期，西方企业的社会责任观开始发生了微妙的变化，表现为小企业的业主们经常捐助学校、教堂和穷人。

进入 19 世纪以后，两次工业革命的成果带来了社会生产力的飞跃，企业在数量和规模上有了较大程度的发展。这个时期受"社会达尔文主义"思潮的影响，人们对企业的社会责任观是持消极态度的，许多企业不是主动承担社会责任，而是对与企业有密切关系的供应商和员工等极尽盘剥，以求尽快变成社会竞争的强者，这种理念随着工业的大力发展产生了许多负面的影响。

与此同时，19 世纪中后期企业制度逐渐完善，劳动阶层维护自身权益的要求不断高涨，加之美国政府接连出台《反托拉斯法》和《消费者保护法》以抑制企业不良行为，客观上对企业履行社会责任提出了新的要求，企业社会责任观念的出现成为历史必然。

到 20 世纪初期逐步完善与发展，企业对社会环境、义务、自助慈善组织等方面责任日趋明确和被人们重视。进入 20 世纪中后期，特别是进入 20 世纪后期以来，企业社会责任普遍由欧美发达国家兴起，逐渐在全球开展起来。它包括环保、劳工和人权等方面的内容，由此，导致消费者的关注点由单一关心产品质量，转向关心产品质量、环境、职业健康和劳动保障等多个方面。一些涉及绿色和平、环保、社会责任和人权等的非政府组织以及舆论界也不断呼吁，要求社会责任与商品交易挂钩。迫于日益增大的压力和自身的发展需要，很多欧美跨国公司纷纷制定对社会做出必要承诺的责任守则（包括社会责任），或通过环境、职业健康、社会责任认证应对不同利益团体的需要。20 世纪末，在美国召开的世界经济峰会上，参会的 30 多位大型跨国企业的首席执行官呼吁企业履行其社会责任，其理论根据是"企业社会责任并非多此一举，而是核心业务运营至关重要的一部分。"不久之后，联合国正式推出《联合国全球协约》（UN Global Compact）。该《协约》共有 9 条原则，联合国恳请全球企业对待其员工和供货商时都要尊重其规定的 9 条原则。

纵观中国 30 多年来的社会责任研究，建设与发展历史亦大致经历了三个主要阶段：

1. 20 世纪 80 年代初期开始到 90 年代中期。借鉴西方国家经验，结合国内市场经济的需要，在国内外大环境的强力推动下，逐步重视起社会责任问题，建立了在国际采购中实施社会责任方面的准则、标准或体系，中国企业开始接受跨国公司实施的社会责任方面的相关内容审核。

2. 20 世纪 90 年代末期到 21 世纪初期 10 年左右时间。企业社会责任在国内社会各阶层受到广泛关注，各相关学术机构、大专院校、各类企业自身以及政府相关部门和一些非政府行为的社会机构及在华的国际组织等，各方面力量都纷纷对企业社会责任进行不同层面、不同方式的系统性或非系统性研究、调查、分析和大量的实践尝试。

3. 现代企业对社会责任不断赋予新的内涵和新的理念。许多企业按照 SA8000 (Social Accountability 8000 International Standard) 社会责任标准体系建立了较为严格的、科学的社会责任的国家技术标准。企业落实社会责任，实现企业经济责任、社会责任和环境责任的动态平衡，反而会提升企业的竞争力与社会责任，为企业树立良好的声誉和形象，从而提升企业的品牌形象，获得所有利益相关者对企业的良好印象，增强投资者信心，很好地吸引到企业所需要的优秀人才，并且留住人才等。《中华人民共和国公司法》第 5 条规定：公司从事经营活动，必须遵守法律法规，遵守社会公德、商业公德，诚实守信，接受政府和社会公众的监督，承担社会责任；公司的合法权益受法律保护，不受侵犯。一些公众权威机构经常举办企业社会责任案例评选，获奖案例均来自在社会公益、公益传播和环境保护等方面做出突出贡献的企业。

在经济全球化背景下，企业社会责任的本质，就是企业对其自身经济行为的道德约束，它既是企业的宗旨和经营理念，又是企业用来约束生产经营行为的一套管理和评估体系。

随着经济的发展和社会的变迁，很多企业已经意识到企业社会责任在企业战略中的意义，即企业要实现可持续发展，长治久安，应当自觉地将对社会、环境以及利益相关者的责任融入企业经营活动中，一定意义上讲，企业社会责任已经成为企业未来的战略竞争中很重要的工具和方法。

企业社会责任可按照不同视角划分，包括经济责任、法律责任、道德责任和慈善责任几大层面，其具体内容大致亦可以分为以下几个方面。

1. 企业对政府的责任。在现代社会中，政府越来越演变为社会的服务机构，扮演着为公民和各类社会组织服务和实施社会公正的角色。在这种制度框架下，要求企业扮演好社会公民的角色，自觉按照政府有关法律法规的规定，合法经营、照章纳税，承担政府规定的其他责任和义务，并接受政府的监督和依法管理。

2. 企业对股东的责任。现代企业，股东队伍越来越庞大，遍及社会生活的各个领域，企业与股东的关系逐渐具有了企业与社会的关系的性质，企业对股东的责任也具有了社会性。首先，企业应严格遵守有关法律规定，对股东的资金安全和收益负责，力争给股东以丰厚的投资回报。其次，企业有责任向股东提供真实、可靠的经营和投资方面的信息，不得欺骗投资者。

3. 企业对消费者的责任。企业与消费者是一对矛盾统一体，企业利润的最大化最终要借助于消费者的购买行为来实现。作为通过为消费者提供产品和服务来获取利润的组织，提供物美价廉、安全、舒适、耐用的商品和服务，满足消费者的物质和精神需求，是企业的天职，也是企业对消费者的社会责任。对消费者的社会责任要求企业对提供的产品质量和服务质量承担责任，履行对消费者在产品质量和服务质量方面的承诺，不得欺诈消费者和牟取暴利，在产品质量和服务质量方面自觉接受政府和公众的监督。

4. 企业对员工的责任。企业对员工的责任属于内部利益相关者问题，企业必须以相当大的注意力来考虑员工的地位、待遇和满足感，在全球化背景下，劳动者的权利问题得到了世界各国政府及各社会团体的普遍重视。20 世纪中期，美国著名的牛仔裤制造商 Levi-Strauss 在类似监狱一般的工作条件下使用年轻女工的事实被曝光后，为了挽救其形象，推出了第一份公司社会责任守则，随之一些跨国公司为了应对激烈的全球化竞争，也纷纷效仿。之后，长期从事社会与环境保护的非政府组织经济优先委员会（CEP）成立认证委员会，2001 年更名为社会责任国际（SAI），根据《国际劳工组织公约》、《世界人权宣言》、《联合国儿童权利公约》等国际公约，制定了全球第一个企业社会责任的国际标准，即 SA8000 标准及其认证体系（2001 年修订）。

5. 企业对资源环境和可持续发展的责任。实践证明，工业文明在给人类社会带来前所未有的繁荣的同时，也给我们赖以生存的自然环境造成了灾害性的影响，企业对自然环境的污染和消耗起了主要的作用。近半个世纪以来的环境革命改变了企业对待环境的态度——从矢口否认对环境的破坏转为承担起不再危害环境的责任，进而希望对环境施加积极的影响。然而，环境日渐好转的情况仅仅发生在发达国家，整个人类并未走上可持续发展的道路，造成这种局面的根源，在于新兴国家人口和经济的飞速增长。虽然这些政治和社会问题超出了任何一个企业的管辖和能力范围，但是集资源、技术、全球影响以及可持续发展动机于一身的组织又只有企业，所以企业应当承担起建立可持续发展的全球经济这个重任，进而利用这个历史性转型实现自身的发展。

6. 企业对社区的责任。企业是社会的组成部分，更是所在社区的组成部分，与所在社区建立和谐融洽的相互关系是企业的一项重要社会责任。企业对社区的责任就是回馈社区，如为社区提供就业机会，为社区的公益事业提供慈善捐助，向社区公开企业经营的有关信息等。有社区责任的企业意识到通过适当的方式把利润中的一部分回报给所在社区是其应尽的义务。世界一些著名的管理大师都认为，企业必须同其所在的社会环境进行联系，对社会环境的变化做出及时反应，成为社区活动的积极参加者。

第二节 企业道德的社会责任标准

目前，全球公认的、通行的道德规范国际规定 SA8000，即社会责任标准，其宗旨是确保供应商所供应的商品皆符合社会责任标准的要求，适应于全球各地、各行业、不同规模的企业。

自 1997 年问世以来，受到了公众极大的关注，在欧美工商界引起了强烈反响。专家们认为，SA8000 是 ISO9000、ISO14000 之后出现的又一个重要的国际性标准，并要尽早转化为 ISO 标准；通过 SA8000 认证将成为国际市场竞争中的又一重要武器。有远见的企业管理者应未雨绸缪，及早检查本组织是否履行了公认的社会责任，在组织运行过程中是否有违背社会公德的行为，是否切实保障了员工的正当权益，以把握先机，迎接新一轮的世界性挑战。组织年度报告和企业宣传册中关于道德责任的陈述逐年增多，这一现象表明，管理与社会责任相结合的需求日益增大。尽管许多组织在运营中并无不道德行为，但以前却从无评判。而组织行为是否符合社会公德，可以根据该组织与 SA8000 要求，有了符合性予以确认和声明的依据。SA8000——世界上第一个社会道德责任标准，是规范组织道德行为的一个新标准，已将其作为第三方认证的准则，SA8000 认证是依据该标准的要求审查、评价组织是否与保护人类权益的基本标准相符，在全球所有的工商领域均可应用和实施。

在经济全球化背景下，为应对全球化过程中的挑战，一些国际组织对推动企业社会责任非常重视，纷纷提出有关社会责任的标准、守则和倡议，并成立了相关机构和组织，在全球积极推行企业社会责任开展。其中影响比较大的有联合国全球契约组织、经济合作与发展组织、国际劳工组织、国际标准化组织等。与一般民间组织相比，这些社会责任标准更多地涉及社会责任的一般标准，可覆盖更多行业和更多区域。这里重点介绍一下联合国全球契约（GLOB-AL COMPACT）组织。联合国正式介入企业社会责任问题的主要标志是 1999 年 1 月提出的"全球契约"计划。该计划的核心是要求企业在各自的影响范围内遵守、支持以及实施一套在人权、劳工标准、环境和反腐败四个方面的 10 项基本原则，通过建立对社会负责的、富有创造性的企业表率，建立一个推动可持续增长和社会效益共同提高的全球框架，"全球契约"于 2000 年 7 月在联合国总部正式启动。为推进全球契约计划的实施，联合国成立了全球契约办公室，与联合国有关机构组成全球契约网络，对该契约涉及人权、劳工、环境和反腐败等 10 项原则进行宣传、推广、交流。2005 年 6 月成立了全球契约理事会，由企业、劳工、国际社会及联合国系统的代表组成，为全球契约发展提供持续性的战略和政策建议。此外，还成立了全球契约基金会，为全球契约开展活动提供支持；定期召开全球契约企业领导人峰会等。全球契约计划实施以来，在国际上的影响不断扩大，加入全球契约计划的企业不断增多。

现行国际范围内的企业社会道德责任标准呈现了比较复杂的局面，反映了不同组织的机构对企业社会道德责任的不同认识和要求。但各种社会道德责任标志之中也存在着内在逻辑联系和发展规律，在其发展历程中，国际企业社会责任标准呈现一个适用范围不断扩大和深化、标准不断专业化的趋势。

此外，各种社会责任标准之间还呈现了融合趋势。例如，全球报告倡议组织 GRI 就一直积极寻求与许多国际上有关组织及其准则的协调与综合，它专门为执行全球契约和经合组织的跨国公司行为准则编写了指南。联合国是 GRI 指标体系的参与方之一，与国际标准化组织也保持了密切联系，对于国际企业社会责任的标准化趋势起到了推动作用。目前，企业社会责任标准的一个主要发展趋势是，在标准中相应增加信息披露指标、沟通指标、企业社会责任管理体系建设和运作指标，将企业社会责任标准与企业管理体系融合，制定标准化的、通行的企业社会责任管理指标体系，实现企业社会责任战略、标准与企业管理的全面融合。

根据对中国特色社会经济化状况的分析，除了通行的国际标准之外，目前从国家层面制定全国统一的、具有中国特色的企业社会责任道德标准的可能性很小，或者说是不切实际的，是由于社会责任道德标准既包含了国家法律层面的要求，也包含了超出法律层面的中国企业社会道德层面的内容，是一个非常复杂的系统，既有法律的约束，也涉及企业自愿性质。因此，即使不考虑制定国家统一的社会标准的技术难度，在法律之外再制定标准不仅重复，也容易引起矛盾和误解。所以，比较实际可行的是结合中国经济社会发展的实际情况和企业实际，加强政府有关部门与企业的沟通和合作，制定关于企业社会责任的指导性文件，为企业提供基本行为依据。同时，由行业和企业组织制定行为规范，用于指导企业开展社会责任活动。在制定有关规范和标准时要注意做到以下几点：（1）把握好可持续发展这个核心。企业履行社会责任的核心是可持续发展，任何企业社会责任标准都应该从这个核心出发，以提高企业的持续发展能力为目标，促进企业、社会和环境的全面协调发展。（2）处理好立足国情和与国际接轨的关系。企业履行社会责任标准的制定，需要学习借鉴国际公认的理念和规则，但也要结合中国发展中国家的国情，注重与社会主义核心价值观和中国传统文化的结合，不能超越中国经济社会的发展阶段。（3）处理好履行社会责任标准的设计问题。不应该脱离企业实际，提出超过企业自身能力的过高目标，应根据企业所处的行业特点和企业发展的阶段性特点来进行，最终落实到提高企业责任社会竞争力上。

第三节　现代企业社会道德责任投资理念

企业社会责任投资（Company Socially Responsible Investing，CSRI）是近半个多世纪以来全球兴起的一种新的投资理念，是指投资者积极关注企业社会责任表现，通过对一个企业履行社会责任的情况包括经济、环境、社会等方面进行评价，排除那些在社会责任方面表现不佳的公司，从而做出投资决策。其本质是突破单一的财务数据分析，全面考查分析企业的经济、社会和环境方面的表现和绩效，对企业长期的可持续发展能力进行判断，从而做出投资决策，它已经成为一项重要的投资准则。其发展历程表明，它不仅带给投资者高于一般平均回报率的投资回报，同时也通过积极的资本引导，评价和推进企业履行社会责任，从而促进企业、社会和环境的可持续发展。

目前，虽然不同的国家和地区社会道德责任投资关注的重点不一样，但总体上看，在过去的十几年中，社会责任投资高速发展，据不完全统计，目前全世界已有60多个国家有与社会道德责任投资相关的金融产品。社会道德责任投资以欧美为主，最大的社会道德责任投资市场是在美国，其社会道德责任投资资产从1995年的6390亿美元增长到2011年的4.77万亿美元。

目前，社会道德责任投资的积极投资策略为：主动规避那些存在信用、劳工和环境等社会责任缺失的公司，同时也更加积极主动地研究和挖掘社会、环境记录较好、企业治理优良的公司，并采取股东倡导等参与治理的方式。从投资绩效来看，基于关注企业长期成长与发展的良好理念和独特视角，在过去50多年中，社会责任基金的长期投资报酬率优于其他基金。道琼斯可持续发展指数（DJSI）是目前国际市场上公认最具权威性的CSR指数代表，其长期以来的投资绩效表现，好于道琼斯工业指数及标准普尔（S&P）指数；即使在很多年前全球闹股灾时，表现也相对抗跌。而卡尔福特（Calvert）社会指数也不亚于标准普尔500指数的发展。更优的投资回报率驱动着越来越多的机构投资者加入企业社会责任投资的行列，并成为推动这一投资理念和行为的重要力量。事实表明，全面考虑经济社会和环境综合价值最大化，注重可持续发展的社会道德责任投资，能给投资者提供了很好的回报。

　　社会道德责任投资的兴起与发展，也正是基于投资者对社会责任管理和绩效良好的企业在可持续发展方面持有充分的信心。履行社会责任越出色的企业，可持续发展能力也越强，在一定时期内，带给投资者的回报也就越大。

　　从企业社会道德责任与企业发展的关系来看，企业社会责任能够促进企业长期发展，企业社会责任与企业可持续发展是统一的。长期以来，企业社会责任理念一直与经济学重要基石"经济人"假设——追求利润最大化似乎是悖论关系，这也是早些年一些企业界人士坚持反对企业履行股东责任以外的责任的前提。从实证研究分析，虽然还没能完全证明企业社会责任与企业短期经济绩效之间是否存在显著的相关关系，但从可持续发展的角度来看，现代公司寻求的是持续生存，企业关注的焦点必须也从短期的收入视角扩展到长期，而企业社会责任则符合企业的长期需求。企业追求经济、社会和环境的综合价值最大化行为与企业追求长期经济价值而非短期的利润最大化行为之间体现了一致性，能够促进企业的可持续发展。

　　一定意义上，短期利润最大化并不能实现企业的长期发展，相反可能损害长期生存。如技术创新会在短期内增加投入，难以见到效果，可能会增加企业的成本。但从长期来看，创新是企业发展的灵魂，技术创新的投入是实现企业可持续发展必须选择的途径，如果仅仅从短期利益出发，不注重技术创新，无疑对企业的可持续发展是不利的。在某种意义上看，企业寻求长期持续生存，更应该看重利润最优化目标，这个"最优利润"能够满足股东的需要，能够追求企业其他的社会目标，能够实现满足企业短期利益和长远发展，这也正是企业社会责任理念所追求的。企业社会责任绩效优良的企业能够实现可持续发展，正因为如此，才受到社会责任投资理念指导下的投资者的青睐。

　　企业履行社会道德责任的过程是一个管理过程，更是一个提升管理水平、提升企业竞争力的过程。一方面，重视社会责任的企业会围绕社会责任需求对企业管理体系进行调整，组成专门机构负责，建立完善社会管理体系，系统负责社会责任工作，将社会责任全面融入企业经营管理全过程，这对管理体系提出了更高的要求。另一方面，也会在产品和市场策略上融入一系列符合社会责任理念要求的社会需求，从而提高产品和服务上的效率，增强供应链上的竞争力。

　　此外，企业社会道德责任也是应对风险、处理企业社会事务的有效方法。企业主动的社会责任追求，能够在经营战略角度采取预防性适应方法。例如，发展和采用环境保护的新技术，评估和消除企业行为的副作用，事前预测社会变化并调整应对这些变化的企业内部结构；在处理社会事务方面，愿意与其他外部利益团体沟通，公开信息，接收社会对其各类行为的评价，并积极进行改善，从而帮助企业避免风险。因此，社会责任已经成为一个管理过程，是提升管理水平的必然选择，企业履行社会责任能够提升企业的竞争能力。正是基于这样的认识，投资者才看好企业社会责任管理和绩效出色的企业，亦促使企业不断提升社会道德责任竞争力。

从社会道德责任投资的本质来看，也并不是要求企业放弃自身的经济绩效，单纯为社会和环境做贡献，而是在实现企业核心功能的过程中，把握好经济、社会、环境三方面的关系。和其他投资形式一样，投资者从主观上是不会把资金投向不好的企业和不好的产业，社会责任投资也是将资金投向投资者认为好的企业。只是，在甄别的过程中，进行甄别的标准和方式有所不同。社会责任投资对象多为知名度高、业绩优良的大企业，不仅参考企业的财务数据，也考虑财务数据以外的信息用于投资决策，这能够给企业提供更加全面的信息。因此，社会责任投资方式比传统方式也更加灵活。

与生物界的"自然淘汰"类似，正是由于投资者从社会责任角度的选择，"适者生存"，只适用于有利于社会平衡发展和环境保护的企业或行为，不能达到进化标准的企业将因为得不到资金而被淘汰。最后能发展的都是那些可持续发展能力强的企业，也只有这些企业能够带给投资者长期的回报。因此，社会责任投资能够同时实现双重目的，为投资者带来利益，并促进企业履行社会责任，从而奉献与服务社会。可以看出，这种包含营利追求和社会发展追求的全新投资价值观，给社会和人类带来了生机与活力，也决定了其未来很强的生命力和竞争力。

第四节　现代企业是道德人与经济人的统一体

在现代中国特色的政治、经济、社会生活中，特别是在市场竞争日趋激烈的全球化过程中，如何很好地、科学地解决利己的"经济人"与利他的"道德人"之间的矛盾及其新变化，把握二者之间的不断变化与发展的辩证统一关系，是理论界和企业界不断深入研究和实践效益、道德与社会责任的长期课题，具有重大的学术价值和深远的历史意义。

1. "经济人"和"道德人"的内涵及其特征。作为经济学的基本假设的"经济人"概念，指的是追求利益最大化的行为主体，其最基本的假设前提是人是自利的，在亚当·斯密看来，人的本性是利己的，每个人都从自己的利益出发，并没有促进他人和公共利益的打算。"经济人"的概念从古典"经济人"模式经过新古典"经济人"模式阶段又演绎到广义"经济人"模式，即由加里·贝克尔、詹姆斯·布坎南等"新经济学家"将"经济人"模式扩展到非商品性领域。他们把"成本—收益"核算引入非经济行为之中，不断修正和扩大其原本意义上效用的概念，使其超越了单纯追求金钱和逸乐的范畴，扩大到人们所想得到的一切目的和偏好，而不局限于追逐个人的物质利益，以期来应对其他学科理论的反诘。但"经济人"假设的理论基石依然是利己或自利，它和市场均衡、偏好稳定一起构成现代经济学理论的三大基础概念。

与"经济人"假设相对的是作为企业道德学范畴的"道德人"概念，主要是指人是有同情心的，具有一定的"道德情操"，有利他的一面。这个概念也是亚当·斯密提出的，并先于"经济人"概念提出的。亚当·斯密在《道德情操论》中说："无论人们认为某人怎样自私，这个人的天赋中总是明显地存在着这样一些本性，这些本性使他关心别人的命运，把别人的幸福看成是自己的事情，虽然他除了看到别人幸福而感到高兴以外，一无所得。"这种本性就是怜悯或同情，就是当我们看到或逼真地想象到他人的不幸遭遇所产生的感情。

2. 对"经济人"与"道德人"的模糊认识。"经济人"的褊狭与"道德人"的浪漫，一直是理论界和企业界的一对矛盾，尤其是在中国20世纪80年代到90年代中期，理论界一直存在着把"经济人"和"道德人"对立起来的一种观点，即认为"在市场经济领域活动的是'经济人'，他们活动的目的是追求和实现个人的经济利益，活动的原则是利益最大化。只有当'经济人'离开了经济领域，作为'道德人'时，他才会考虑他人和社会的利益"。所以，他们提出要区分人的市场行为、社会行为和一般人际关系，似乎只要是市场行为，就必须是自私自利的，并且是合理的、无可非议的。这种观点直接把人的经济行为和道德行为，以及两者活动的领域截然分开了，也就是把"经济人"和"道德人"割裂开来。这种对立表现最为突出的是在20世纪90年代，理论界出现的所谓"市场经济与道德划界"的新理论，把物质利益原则与道德原则绝对对立起来，认为市场竞争和商业行为"处在道德范围之外"，主张"为它们严格划界"，以为这样"就可以通过它们二者的互斥和互约来限制对方，既避免金钱尺度的独断化，也避免道德尺度的独断化，使整个社会日益走向完善和健全"。探讨市场经济与道德同步发展，划界论者实际上看到了市场经济给社会道德生活带来的巨大冲击，看到了市场经济对道德和人性的完善所可能产生的消极作用，所以在如何处理既要满足最大限度地发展经济、追求功利，又要努力坚持道德准则、追求道德进步的问题上，寄希望于"把共时态的冲突消解在历时态的角色转换之中"，以为这样就可以心安理得地在市场经济中做"经济人"而不必顾虑道德。这就如当时在某些人中流行的一个说法"发财的时候可以做恶人，发了财之后再做好人也不迟"。这也是为"道德不应干预经济"、"道德滑坡是发展市场经济必须付出的代价"等观点提供理论支持，同时也无意识地为市场经济中出现的一些不道德的现象或者损人利己的经济行为做辩护。

这种对立的观点随即遭到大部分学者的反驳，他们认为经济学和道德学虽然彼此奉行的原则不同，研究对象和范围不同，但是"不存在一个不受道德影响的经济领域，也不存在一个不受经济影响的道德领域。这对矛盾的解决不能采用一方吃掉另一方的形式"。有的学者直接用马克思关于经济与道德辩证关系来论证两者是具有统一性的。恩格斯说过："人们自觉地或不自觉地，归根到底总是从他们阶级地位所依据的实际关系中——从他们进行生产和交换的经济关系中，吸取自己的道德观念。"

这些学者认为，市场经济和道德是相互促进的。首先，高效率的市场经济是以利益导向为经济活动的首要准则的。人们要想在生产中获利，在竞争中立于不败之地，就必须改进技术，减少成本，增加积累，扩大生产。这就会使市场活动主体形成"勤俭节约、改革创新、讲求效率、敬业职守"的道德品质。其次，市场经济也是一种较为合理的经济模式，市场经济的本质特征是等价交换，它为人们之间的社会交往关系提供了客观价值尺度，内在的要求人们尊重人格独立与尊严，尊重他们的意志和决定。

3. 现代企业作为"经济人"与"道德人"共同肩负的社会责任构成道德经济体。道德经济学科研究的应该是具有现实主义的"经济人"。这里的"经济人"不是指一种理论的抽象，它不是一种分析工具，而是指一个在现实生活中活生生的、有血有肉的社会人，除了追求财富的动机外，还要受到其他冲动，如利他动机的直接或间接的影响。在这一点上，马克思主义对人的本质及其行为的理解具有哲学层面上的指导作用，按照马克思主义的观点，人是历史的、具体的、社会的人，人在现实性上是一切社会关系的总和，是一定历史条件下的产物，是以往历史的结果。这要求我们把人拉回到复杂的社会系统，结合社会、文化、历史、制度、心理等深入了解人、研究人，从而深化对道德经济学科的研究。

对于"经济人"来说，利他的道德行为对于经济交易秩序和社会交往也有一定的意义，人人都希望活在一个风气纯朴、道德很好的社会里，这符合"经济人"的利益；另外，经济学所承认人的求利动机的正当性、激励有效率的行为可以看成是道德的，市场经济所带来的自由、平等（规则平等）也符合道德学上常讲的"善"意的。

规范与成熟的市场经济又是道德经济，市场经济的道德维度应包含两个基本点：一是肯定人们追求利益在道德上的合理性；二是强调要依靠道德的方式去实现经济利益。首先，需要肯定人们追求利益的合理性、正当性。经济行为与纯粹的道德行为有较大的区别，也不同于其他的社会行为，经济行为的目标总是指向一定的经济利益。市场经济就是建立在市场主体、具有不同的经济利益的基础之上的，它就是不同利益主体间的商品交换关系，各个市场主体有独立利益，并且在经济行为上有最大利益的考虑，会尽量提高生产效率、采用新技术、开发新产品等，以实现生产与资源的优化配置和利益的最大化。体现在道德上，就必须肯定人们正当的经济利益和人们对利益追求具有道德上的合理性，这是市场经济的内在道德要求。

其次，在市场经济中，人们追求利益具有合理性并不是说一切对利益追求的方式都是合理的、道德的，只有以道德的方式去追求利益、实现利益才具有合理性、合道德性。市场经济是商品经济，商品交换要遵循等价交换原则，市场主体要求平等；市场经济是竞争经济，市场主体必须遵守竞争原则，实行公平竞争；市场经济关系是一种契约关系，人们必须履约守信。这些都说明市场经济具有强烈的道德规范性，要求人们在经济生活中遵守市场道德，对人们追求利益的行为有所限制。取利要有道德价值观指明了经济生活中人们行为的方向，成为人们经济行为中最基本的道德准则和社会责任。

4. 具有社会道德责任竞争力的现代企业将深刻影响社会和人类的未来。在现代企业中，无论是领袖型、优秀型还是成长型的企业，都普遍重视企业道德责任竞争力，注重其所承担的必尽之责任、应尽之责任和愿尽之责任。其中，必尽之责任是指法律法规规定企业必须承担的责任；应尽之责任是指高于法律法规要求、符合利益相关方明确期望、有助于增强企业竞争力的责任；愿尽之责任是指法律法规没有明确规定、利益相关方也没有明确期望，但有助于社会和环境可持续发展的企业自愿承担的责任。

国内一些相关机构每年都组织开展不同形式、不同层面的企业社会道德责任评估与分析，并发布了大量的企业社会道德责任报告，形成了较为科学的社会道德责任体系，包括企业社会道德责任理念、外显的社会道德责任表现，利益相关者的沟通协调及一系列典型的实践活动。分析表明：一个负责任的企业应该首先应该具有自愿负责任的内核，并使之融入企业的发展战略和日常经营，建立起负责任的管理体系和制度；在具备了一个负责任的内核后，这种内核将会通过与其利益相关方的关系表现出来，企业在日常运营管理中形成的、与利益相关方的关系构成了企业履行社会责任的外在表象；一个负责任的企业还应该主动向利益相关方披露企业的经营行为及相关信息，因为透明度是反映企业社会责任水平的重要方面；如果企业真正履行了社会责任，必然可以通过典型的实践活动得以体现。

下面摘要的是一些专门机构收集整理的国内外相关企业的企业道德社会责任分析与报告情况。

案例1 宝钢集团：利益相关方关注点及沟通渠道和方式，如图4-1~图4-3所示。（此资料来源于宝钢集团社会责任报告）

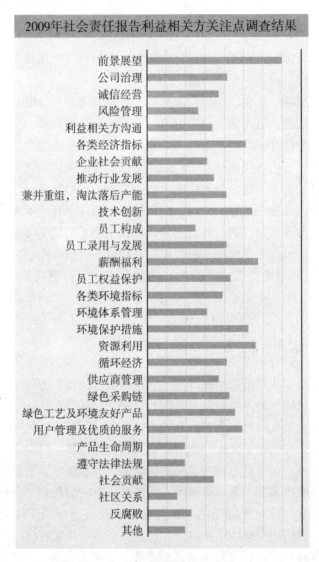

图4-1 利益相关方关注点

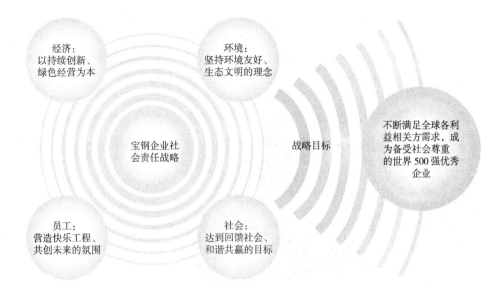

图 4-2 社会责任战略结构

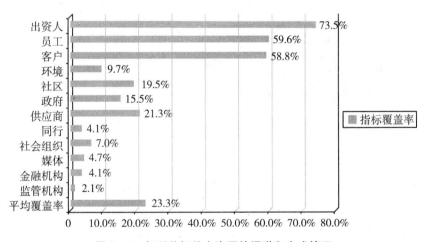

图 4-3 与利益相关方沟通的渠道和方式情况

案例 2 南方电网：社会责任框架与全面实行节能减排的社会责任报告，如图 4-4 和图 4-5 所示。

案例 3 大众汽车：应对未来挑战的可持续发展报告，如图 4-6 所示。

案例 4 海正药业：发扬专业优势，贡献甲型 H1N1 流感防控育苗。"公司按预定时间提前保质保量完成甲型 H1N1 流感特效药达菲中间体的生产任务，为我国甲型 H1N1 流感防控工作做出了贡献。公司获得了政府和各界人士的认可和赞扬，提高了美誉度。2009 年 8 月 24 日，温家宝总理在考察浙江时，

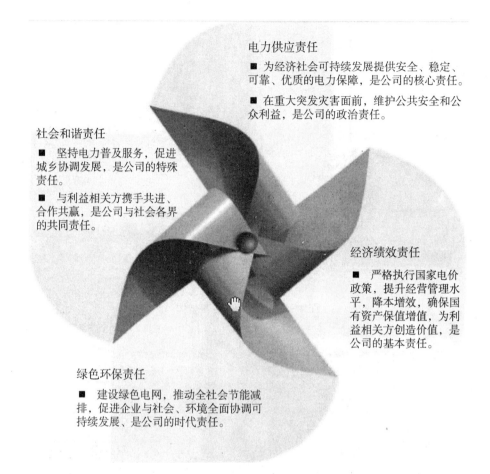

电力供应责任

■ 为经济社会可持续发展提供安全、稳定、可靠、优质的电力保障，是公司的核心责任。

■ 在重大突发灾害面前，维护公共安全和公众利益，是公司的政治责任。

社会和谐责任

■ 坚持电力普及服务，促进城乡协调发展，是公司的特殊责任。

■ 与利益相关方携手共进、合作共赢，是公司与社会各界的共同责任。

经济绩效责任

■ 严格执行国家电价政策，提升经营管理水平，降本增效，确保国有资产保值增值，为利益相关方创造价值，是公司的基本责任。

绿色环保责任

■ 建设绿色电网，推动全社会节能减排，促进企业与社会、环境全面协调可持续发展、是公司的时代责任。

图 4-4　南方电网社会责任框架

在丽水市青田县主持召开企业座谈会，会上，温总理在听取了海正药业白骅董事长的汇报后，对海正药业提前超额完成甲型 H1N1 流感特效药达菲中间体的生产任务给予了高度赞扬。"（来源于海正药业社会责任竞争力案例）

　　案例 5　杜邦中国：为高原地区开发高原生态节能建筑产品。2011 年 1 月，"杜邦民生改善科考计划"2010 年度项目总结会上，正式推出专门为西藏珠穆朗玛峰地区设计的"高原生态节能建筑"展示模型。该方案充分考虑到高原环境给居住条件造成的困难，一方面，通过被动式阳光间和空气集热器，利用阳光加热阳光间中的空气，与冷空气形成循环，提高室温；另一方面，两个卵石太阳能炕可以利用卵石缓慢释放热量的特点实现蓄热、放热功能。卧室顶上设计的大面积蓄热天窗，则改善了建筑的采光面积和采光性能。同时，设计过程遵循了"3 个当地"的原则，即"尊重当地藏族居民特有的生活、文化

图4-5 南方电网从电源侧、电网侧、客户侧三个维度实施节能减排

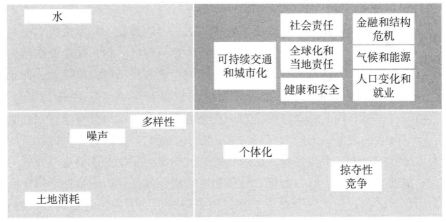

图4-6 大众汽车集团2011/2012年可持续发展报告

习俗和建筑风格、尽可能就地选择建筑材料、设计符合当地人自行施工监造技术条件的方案",为示范项目以后的推广奠定了坚实的基础。(来源于杜邦中国社会责任竞争力案例)

企业道德与企业文化

第一节　企业道德是企业文化的最高层次意识

　　企业文化是指企业在长期发展过程中形成的共同愿景、基本价值观、经营理念、社会意识、工作作风、生活习惯和行为规范等的总称，是企业在运营过程中积累和沉淀下来的，具有自身特色的道德伦理和精神财富的总和。如果把企业比作人体的话，那么企业文化是企业的血液和灵魂，它涵盖了企业产、供、销、人、财、物的各个方面，对所有企业员工及其行为具有感召力和凝聚力，能把众多的企业员工的理想、兴趣、需求、观念、目标等以及由此产生的行为方式统一起来，形成力量的汇聚和团队的能量，是企业能够生存发展的基础；它包含着价值观、行为准则、管理制度、道德风尚、追求目标等属于文化范畴的众多内容；它是以企业员工和相关载体为工作对象，通过宣传、教育、培训、娱乐、交流等各种不同方式，达成统一企业员工意志，规范企业员工行为，凝聚企业员工力量的目标，服务于企业全方位运营的要求。

　　企业道德是社会道德在企业活动中的具体体现，是企业文化中所有道德范畴的总和，是企业文化的重要组成部分，是企业文化的最高层次意识。企业道德文化具体规范了企业员工与员工之间及企业与社会、员工与社会之间的各种行为关系，是所有企业员工在履行职责时必须遵循的包括信念、习惯、规则等诸多因素在内的道德要求。"积一时之跬步，臻千里之遥程"，历览众多现代优秀企业的发展史，事实证明，只有把企业道德文化不断完善、发展，并根植于企业的每个环节之中，才能形成科学的、高效的、先进的企业文化。企业道德与企业文化同属于企业的意识形态，都是在企业特有的经济基础上产生和决定的，是社会意识形态在企业中的全面体现。同时，企业道德与企业文化又都是为企业和社会经济基础服务的，而经济基础对企业道德和企业文化的反作用贯穿于企业发展的全过程中。尽管企业管理者经常变动，尽管企业员工不断变化，尤其是百年老企业，一代人接着一代人持续发展，企业道德与企业文化便同样具有连续性与历史性。

企业道德和企业文化虽然都是无形的、潜在的，但不是简单的、空洞的、抽象的，而是非常具有实践操作性能的，都可以用经济手段、教育手段、文化手段、舆论手段等来引导、培养和约束，并使其不断完善、发展与创新。

企业道德和企业文化都具有同样的基本特征：（1）阶级性。企业道德与企业文化同属于企业的意识形态，都是在企业特有的经济基础上产生和决定的，因而都带有这种经济基础留下的不少深刻烙印。同时，企业道德与企业文化又是为企业经济基础服务的，并通过对经济基础的作用来间接地影响企业生产力的发展水平。（2）历史性。尽管企业管理者经常变动，尽管企业员工不断变化，但只要企业产品与企业环境没有太大的变迁，企业道德与企业文化便同样具有历史性。（3）操作性。培育企业道德，可以遵循两种思路：一是通过有效的思想教育、行为示范来引导；二是凭借严格的服务公约、规章制度来约束。同样，企业文化也可选择经济手段、教育手段、舆论手段、文化手段来培育。企业道德与企业文化都不是空洞抽象的，都具有操作性。（4）理想性。企业道德是人们在企业实践活动中必须遵循的行为准则与道德要求，一般来说，企业道德是生产经营工作的实际需要，既来自于企业活动，又必然影响企业活动。企业道德是人们期望的最佳意识状态，并非人们实际表现出来的行为，而是人们努力争取达到的行为目标。而企业文化，它所体现的不仅仅是文化传统与文化实践，更是一种适合于企业发展的文化追求目标。正因为企业道德与企业文化具备这种理想性，才使得它们对企业生产经营有显著的指导作用。（5）稳定性。企业道德是特有的企业活动所需要的道德要求，只要企业活动的性质与内容没有根本变动，在此基础上形成的企业道德也往往具有相对的稳定性。同样，企业文化在体现行业特征与环境特征方面也保持着相对的稳定，由于存在着这种稳定性，就必然促使企业道德与企业文化形成的优良的行为典范世代沿袭。

作为一种特殊的文化现象，企业道德在企业文化中具有很特别的地位。在很多时候，企业员工及企业本身的行为够不上法律与规章的制裁条件，在这种情况下，道德信念与舆论压力却常常能起到极大的约束纠正作用。例如，某些企业的区域分场界限很不明确，相邻地段的清洁卫生往往被人忽视。如用规章制度去治理，极易导致推诿扯皮现象，但在道德舆论的驱动下，这类问题反倒容易解决。这一点已被大量事实所证明。

企业员工的工作责任感、集体荣誉感是一种无形的力量，也是员工道德信念的具体体现，在这种道德信念的支配下，即使没有管理者现场督促，员工也能自觉调节自己的各种行为。

企业常常评选先进人物、劳动模范，其实就是树立一种道德榜样。这种道德榜样的感召力是很大的，往往会影响到一大片员工的道德观念与道德行为，进而形成良好的企业风尚。事实证明，借助于企业道德的导向功能进行正面教育是一种行之有效的方式。

由此可见，企业道德本身具备了企业文化的基本特征与主要职能，属于企业文化的高层次意识。企业道德通过道德规范、道德教育、道德评价、道德行为等来调节企业内外的各种关系，为企业发展创造良好的环境和条件。企业道德作为企业员工群体的组织道德具有内聚自约功能、均衡调节功能、导向激励功能，对于企业员工的道德品质和社会公德具有重要的影响。企业道德是企业文化的重要组成部分，要想加强企业文化的建设，就必须注重企业道德的建设。

第二节　企业道德是企业文化的核心内容

企业文化是企业中形成的文化观念、历史传统、共同价值观念、道德规范、行为准则等企业的意识形态。它是在管理科学发展、技术进步、经济竞争加剧、人文因素传播等原因作用下孕育的。它从文化的角度诠释企业，用建设优秀文化的手段提升企业管理的层次，代表了当代企业管理理论与实践发展的新趋势、新成果。

任何一个企业都有各自的企业文化，只是形式、强弱、优劣有所不同。企业文化是对企业内涵的描述，而非评价；企业文化所包含的价值观不是少数人特有的，而是为全体员工认可的。作为一种文化氛围，企业文化不是管理方法，而是形成管理方法的理念；不是行为活动，而是产生行为活动的原因；不是人际关系，而是人际关系反映的处世哲学；不是工作状态，而是这种状态所蕴含的对工作的感情；不是服务态度，而是服务态度中体现的精神境界。总之，企业文化渗透于企业一切活动之中，而又流溢于一切企业活动之外。

企业文化就其内涵而言，它应当包括：一是传统文化的精华；二是现代文明的精华；三是现实的经济关系、经济活动与道德文化的关系。

企业文化可分为精神层、制度层、物质层三个层次。表层的物质文化是厂容厂貌，浅层的行为文化是生产经营，中层的制度文化是组织规章，深层的精神文化是价值观念、企业道德和企业精神。也就是说，作为企业文化的核心精神层，是呈观念形态的价值观、信念和行为准则，体现为企业哲学、企业精神、企业道德、企业宗旨和企业风气等。因此，一个独特企业文化的主要特征用一句话概括就是：企业文化就是企业在长期的生产经营过程中所形成的、那种区别于其他组织的、本企业所特有的精神风貌和信念，以及一系列保证这种精神风貌和信念得以持久存在的制度和措施。这正如一位管理大师所说的："掌握了这种价值观和信念宗旨本质的人，能够从概括的陈述中推导出无数的具体规则和目标，以适应不断变化的情况。"

现代企业文化是一种以人为中心、以确立企业价值观为核心内容、以企业道德为根本、追求创新与个性的现代管理新模式，是一个组织特有的传统和风尚，制约着全部的管理政策和措施。在一个真正建立起企业文化的企业中，企业文化如同社会文化一样，会对企业的公共形象、策略和政策、生产和服务、员工的举动和行为产生重要的影响。企业文化具有现实针对性，它体现为不同的企业在长期的经济活动中形成的个性化特征，如中国一汽提出的"领导要有正气，员工要有志气，产品要有名气"，上海一家企业提出的"四个为本"的企业文化，即以产品为本，以质量为本，以人为本，以市场为本等。

企业文化把企业看作是共同价值观、共同命运体的载体，在充分肯定人的地位、人的价值的同时，对人的行为进行必要的制约，把人性化管理和理性化管理结合起来。从人性无序张扬的放任化管理到压抑人性的制度化或模型化管理，进而发展到以理性引导的以人为本的人性化管理上，体现了企业道德的规范和要求。

企业管理与社会管理的道理是一样的，社会的管理需要有完善的法制，但法制并不能解决一切问题。除法制之外，还有社会道德。如果法制的制定超越甚至违背了人们的心理水平和道德水准，那么它必定是无效的。对于大多数人而言，固然处于法制的强约束之下，但它的多数行为却都是在道德的软约束之下进行的，尽管这种约束可能是无形的和不自觉的。企业管理也是这样，完善的规章制度是必要的，但规章制度也不能解决企业的一切问题，你可以规定员工每天工作10个小时，却不能使他在这10个小时内尽心尽力。如何使员工自觉自愿、尽心尽力地为企业工作，想企业之所想，急企业之所急，便是企业文化的根本——企业道德的功效了。

据BM咨询公司对一些世界500强企业的道德文化状况调查，结论是这些企业长盛不衰的关键是具有优秀的企业文化和企业道德。他们令人瞩目的企业经营、体制创新和管理创新都扎根于优秀的、独特的企业文化和企业道德之中。这些企业文化与道德核心的共同特点都是在诚信为本、以人为本、服务社会等方面。

企业文化的核心内容是企业价值观，而企业价值观的核心内容又是企业道德文化观。事实上，企业价值观作为企业员工所拥有的共同信念和判断是非的标准，以及调节行为及企业内外关系的规范，对企业的生存发展至关重要。而价值作为人对主客体属性的一种判断，无非是真假、善恶、美丑，可以说，善恶观是价值观的中心内容，它和企业道德文化一样，在企业形象识别、顾客满意度和以人为本等企业管理模式中占据着中心位置。

第三节　企业文化对企业道德培育和完善的作用

一个优秀企业的企业道德与企业文化，一定是很有特色、很具先进性的；一个企业文化落后的企业，其企业道德一定是粗糙的、偏颇的；一个企业道德低下的企业，企业文化肯定是失调的，与时代精神不相符的。企业文化的创新与发展和企业道德的培育与完善，是相辅相成，共同促进的，尤其是企业文化的整体功能发挥对企业道德的形成与发展起着至关重要的作用：（1）企业文化和企业道德都强调提升员工价值。企业文化的真谛是以人为本，讲究尊重人、理解人、关心人；企业道德的培育必须克服短期行为，必须创造一种竞争平等、待遇公正、畅所欲言、身心愉快的企业文化氛围，形成强烈的企业凝聚力。促进企业大力开展教育培训及文化娱乐活动，提高员工的技术素质，陶冶员工的思想情操，帮助员工树立正确的世界观、人生观、道德观；引导员工互相关心、互相爱护、互相帮助，不断增强他们的职业责任感，充分发挥他们的主观能动性，维护与巩固企业道德对增强员工自觉性和责任感的精神力量。（2）企业文化和企业道德都要求不断提高员工的素质与意识。企业道德的培育具有重大意义：对内，可以影响各项工作任务的完成情况；对外，可以影响企业的产品质量、社会形象、经济效益。在培育企业道德时，必须提高企业全体员工对企业道德的认识高度，使全体员工始终具备强烈的忧患意识，强化职业责任感与集体荣誉感，只有具备这种高度的群体意识，才能形成良好的企业道德。（3）企业文化和企业道德都旨在不断调整企业员工的心理状态。培育企业道德必须围绕具体的人来开展。各种各样的人具有不同的性格特征、处于不同的社会地位、获得不同的劳动报酬，难免出现各种各样的不良心理，如果不对这些不良心理进行主动疏导与调理，便会直接导致不良的道德行为。在培育企业道德时，必须充分运用心理学原理，客观分析企业员工的心理动态，把员工的道德心理逐步引导到良性循环的道路上来。多年来，当代一些大型商业企业在企业内外部经常组织"假如我是顾客"、"假如我是厂家"等不同形式的员工及利益相关方都参与的大讨论，在此基础上广泛收集与归纳了企业员工、顾客和厂家等各个方面的许多种意见，认真分析各种问题产生的根源，及时采取相应的改进对策和措施，深受社会各方面的高度评价。实际上，"假如我是顾客"、"假如我是厂家"这些讨论，就是一个将心理效应运用于企业道德培育的典型案例，这种做法能够有效地调整员工及利益相关方人员的心理状态，有助于增强企业员工的道德心理意识，并不断引导企业员工自觉自愿地按企业的道德标准来规范自己的行为。

企业道德和企业文化是企业运行中"看不见的手"，无形胜有形，具有一种强大的推动力，企业竞争的最高境界是企业道德文化的竞争，良好的企业道德文化是企业生存与发展的"定海神针"，充满生机与活力的企业道德文化是企业牢固的基石。

第四节　企业人本道德文化

企业作为一个载体，是由一群人为了一个共同的目标，积聚到一起，完成一个人无法完成的任务。决定一个企业生存发展的关键是人，人的心理和思想是一个企业加强凝聚力的基础。道德文化是"神"，企业员工是"体"，企业道德文化建设的核心一定程度上说就是该企业员工形象一致的行为习惯。现代企业中，一些人认为统一思想是企业道德文化形成中最基本的特征，其实不然，企业道德文化不是全部表现在思想的统一之中，一个真正具有生机与活力的企业道德文化，是很有包容性的，不同的观点、思想，甚至对立与冲突都能共存，是"海纳百川，有容乃大，壁立千仞，无欲则刚"的一种境界。实践证明，企业人本道德文化最基本的特征是形成企业员工一致的行为习惯，所有企业道德文化都是通过对企业员工的行为作用而表现出来的。人是人化的动物，道德文化规范了人行为的价值取向，以人为本是企业管理中最核心、最基础的内容，人本道德文化是企业的核心文化，是企业赖以生存与发展的基本文化，企业如人，道德塑魂。分析中外企业历史发展的进程，企业人本道德文化主要有以下四个方面的核心内容：（1）人的积极性、创造性是企业生机与活力的源泉。马克思历史唯物主义者认为，历史是人民群众创造的，社会的主体是人，如果离开人的主动性、积极性、创造性，什么社会的政治、经济、文化都无从谈起。企业生产经营活动，亦是涉及全社会广大人民群众的一种社会实践活动，也必须靠人去管理、去创造，只有人的参与，先进的科学技术，先进的管理方法，宏大的企业奋斗目标，才有实现的前提，企业的人财物投入才能获得更多的有效产出。这些应该都是些常识，但有一些人不一定都深刻地认识了，认识了也不一定能做到。忽视人性、践踏人的价值的历史虽也过去了，但对人性研究的重视还不能说已经够了，特别是有一些企业管理者，对生产力中最活跃的因素没有真正读懂，如见物不见人，重物而轻人的思想与现象在一些企业管理者中仍然不同程度地存在，就是证明。因此人本道德文化的第一条就是重视人，了解人与企业发展的关系，确立人是企业生机与活力的源泉的观点。每个管理者都应该明白，企业全体员工中，蕴藏着巨大的积极性、创造性，作为企业经营管理者应竭尽全力用正确的方法，把人的潜能发掘出来。企业生机与活力的源泉在于脑力劳动者和体力劳动者的积极性、智慧和创造力，企业管理活动的根本就在于发挥企业员工的积极性、智慧和创造力。纵观世界企业兴衰的历史，关键在人才，所以企业的竞争归根结底是人才的竞争，是人的积极性、创造力的竞争，是企业人本道德文化实现程度的竞争。（2）关心人、爱护人是企业生存发展的基础。只有重视人，才能全面地去了解人、关心人、爱护人，企业对员工和社会人类关心、爱护的程度直接反映出企业的管理水平和发展程度，人是一切要素中的首要条件。首要条件的开发、利用程度如何是衡量一个企业经营管理水平的标尺。（3）激励人、奖赏人是企业经营管理的核心。人的行为习惯和思想认识直接渗透在企业的各个环节和体系中，企业经营管理必须围绕如何开发和激励人的创造力和潜在力来开展，除了关心、爱护人之外，企业管理者必须经常了解企业员工和社会群体的各种状况以及对企业的愿望与要求，借助管理科学、心理学、道德学及其行为科学制定一些切合实践的办法和措施，不断激励和奖赏企业员工，充分发挥其主动性和能动性，开发其使命感和责任感。（4）企业人力资源及人本道德文化的开发与利用是企业发展的根本，人是企业真正的财富，没有人，什么事都做不成。这是普遍的道理，但这话说得不够透彻，企业所要的人是有要求的，就是要"有才"的人，"有德"的人，也就是"有本领"的人，"有本领"的人一个顶两个，顶三个。这种人哪里来？靠吹拍来？靠耍滑来？靠裙带关系来？都不行，主要得靠企业对人力资源进行开发。很多年前，世界上一些著名的大企业、大公司都将人事部改为人力资源开发部，非常重视对人力资源的开发和利用。从理论上，确立"人力资本"是企业重要的生产要素，他们不惜重金建立自己的教育基地，组建教师队伍，制定推动企业发展的教育规划，搞多层次、多规格的教育培训网络，不断开发企业的人力资源。

推动和促进企业人本道德文化的发展，除了从本质上认识和把握其重要性外，在实际的企业运营过程中，要善于不断培育好的人本道德文化的环境，使员工形成共同作为的意识与习惯、共同愿景与信念。下面是一些国内外大企业的核心愿景与信念：

- 默克制药公司："我们在从事保护和改善人类生活的事业。我们的所有行为必须由实现这一目标上的成功来衡量。"
- 国家电网公司："奉献清洁能源，建设和谐社会。"
- 索尼公司："感受来自于能使大众受益的技术进步、应用和革新的纯粹快乐。"
- 强生公司：公司之所以存在"是为了减轻痛苦和疾病。"
- 中国国际航空公司："卓越、智慧、和谐、人本。"
- 摩托罗拉公司：公司之所以存在"是为了以合理的价格提供高品质的产品和服务，以体面地服务于社会。"
- 万豪国际集团："体贴照顾好你的员工，他们就会体贴照顾好你的顾客。顾客是我们的客人，要让离家的人有宾至如归的感觉。"
- 沃尔玛公司："我们之所以存在是为了给顾客提供价值——通过更低的价格和更多的选择使他们的生活更好；其他所有事情都是次要的。"
- 福特公司："人是力量的源泉。"
- IBM 公司："充分考虑每个雇员的个性。"

共同的语言和共同的感觉具有特殊的作用是人们所熟悉的。西方的谚语说：世界上最近的距离和最远的距离都在舌头上，这说的就是语言的功效。如果可以让员工有共同的语言，也就让员工之间达成了共识而没有距离。一个好的企业道德文化会让员工不断谈论这些话题：（1）诚实地了解顾客并追求顾客至上；（2）不顾及职位的高低；（3）我们只有合伙人与伙伴；（4）我们不可依靠机器系统，而是依靠个人的能力来满足顾客的需求。概括来说就是在企业中经常谈论三个关键词：顾客、合作、解决问题。如果员工在日常工作中经常都是谈论这三个关键词，那么员工所形成的共同语言就可以产生顾客导向的道德文化和行为习惯，就可以形成相互合作、配合的企业道德文化和行为习惯，就会形成主动承担责任、积极解决问题的企业道德文化和行为习惯。语言所创造的氛围一定会影响人们的行为选择和习惯，"你今天有什么好的创意？你有什么好的概念？"在这样的氛围下，只能有一个概念——创新、创业！人们才会感到这样的冲动。有一个早几年的案例，我们可以了解一下：四川海底捞餐饮股份有限公司从员工的衣、食、住、行入手，为员工提供良好的服务，这些举措使得员工感受到特殊的待遇，并因为这样的待遇感受到公司对于他们的尊重和珍惜，在内心萌发了自豪感和当家做主的感觉，这样的感觉一旦成为员工的共识，就会发挥出巨大的作用。当一家公司的员工评价公司说"公司对我们很好；我们喜欢这个地方；我们关心公司因为公司关心我们"，那么这家公司就能形成员工的共同感觉。海底捞为员工安排专人打扫宿舍卫生，换洗床单，带给员工的就是公司关心员工的感觉，这样的感觉造就了员工对于顾客的关爱。

"内化于心，外化于行"。企业人本道德文化是企业的灵魂，遍布于企业的各个细节，贯彻于整个企业的全过程，企业人本道德文化是一种"无形的精神驱动"，努力营造一种"人人受重视，个个被尊敬"的企业人本道德文化氛围，使员工的贡献及时受到肯定、赞赏与奖励，员工时时受到鼓励，处处感到满意就会有极大的荣誉感和责任心，就能使员工看到他所在的企业存在的社会意义，看到他作为企业一员之中的意义和自己生活的意义，自觉自愿地为社会、为企业、为实现自己的生活价值而勤奋地工作。现代市场竞争亦如古之兵战，要求企业管理者必须懂得人是世界上最富感情的群体，人性化管理是管理者调动员工积极性的重要手段。道德心理学研究表明，一个人生活在温馨友爱的集体环境里，由于相互尊重、相互理解和容忍，使人产生愉悦、兴奋和上进的心情，工作热情和效率就会大大提高；相反，一个人生活在冷漠、争斗和尔虞我诈的气氛中，情绪就会低落、郁闷，工作热情就会大打折扣。现代管理学要求管理者和他们的被管理者之间建立起一种超越于事务之上的心理关系，简单地说，就是建立起心与心之间的相通关系，这种关系是私人的，同时也是人与人之间的。现代企业人本道德文化强调管理者要有科学的识别人心的能力，俗话说：画龙画虎难画骨，知人知面不知心。想要读懂人心，就要掌握科学的心理技巧和说服方法。好的读心技巧可以让管理者更精明，让员工更有效率，让谈判更顺利，让业绩有更大提升。有时候，下属一个无意识的动作，一句不经意的话语，都能反映出深藏不露的本意，现实环境中，我们一些企业管理者总是习惯于一种"目标管人"的方式，只要看到员工在规规矩矩的待在企业，管理任务就算完成。因为一些管理者最害怕的是员工不努力、不守规矩，所以为了预防这一点，就用一些能够看到员工正在努力的或循规蹈矩的制度来证明一切良好，至于员工"努力"过后起到了什么样的作用，那就不在管理者考虑的范围之内了，这是现代一些企业管理中的可悲之处。

其实，有很多中小型企业的管理者都在想，如果自己的企业能像那些大企业一样规范该多好，员工个个形象良好、精神抖擞、行为举止比电视里演的还要有礼有节，那多风光多顺心啊！于是很多人买来一大堆什么哈佛大学、世界

500 强企业的管理方法和模式在自己的企业进行学习与运用，可是规范一段时间后却发现，管理虽然像模像样了，但公司的运营也快不灵光了。

作为一个现代企业的管理者，如果有人问你：世界上什么投资回报率最高？你会如何回答？不妨来听一下当年日本麦当劳的社长藤田田的答案，可供一些企业管理者借鉴：在所有投资中，感情投资花费最少，回报率最高。藤田田在自己所著的畅销书《我是最会赚钱的人物》中提到，日本麦当劳每年支付巨资给医院，作为保留病床的基金，当员工或家属生病、发生意外，可立刻住院接受治疗。即使在星期天有了急病，也能马上送到指定医院，避免多次转院带来的麻烦。有人曾问藤田田，如果员工几年不生病，那这笔钱岂不白花了？藤田田回答："只要能让员工安心工作，对麦当劳来说就不吃亏。"藤田田的信条是：为员工多花一点钱进行感情投资，如果可以收拢人心，绝对值得。感情投资、收拢人心——能换来员工的积极性，由此所产生的巨大创造力，是其他任何投资都无法比拟的。

第五节　企业诚信道德文化

企业诚信道德是企业的无形资产，是企业的核心道德文化之一，是企业的生命之本。诚信道德基本内涵包括"诚实道德"与"信用道德"两个方面。自古以来，我们的祖先就把诚信道德作为最基本的道德规范。认为"诚"是社会成员为人处事的最高道德准则，乃为人之本，"信"是安身立命的基本规范，由"诚"而生"信"。"诚"主要是讲诚实、诚恳，原指胸怀坦荡，真实无伪。孟子曰："诚者，天之道也；思诚者，人道也。至诚而不动者，未之有也；不诚，未有能动者也。"（《离娄上》）荀子曰："天地为大，不诚则不能化万物；圣人为知，不诚则不能化万民；父子为亲，不诚则疏；居上为尊，不诚则卑；君子养心莫善于诚，至诚则无他事也"。"信"主要是指讲信用、信任；原指诚实、不欺。信是与诚相伴而生的，是古代的道德规范，以后又成为儒家重点提倡的道德规范之一。《国语·周语上》说："礼所以观忠、信、仁、义也……信所以守也"。孔子把"信"作为"仁"的重要表现之一，要求"敬事而信，谨而信"（《论语·学而》）。"人而无信，不知其可也"（《论语·为政》）。"诚信开天下，道德载万物。"几百年来，无数以诚信道德文化为信念的中国企业谱写了中国企业文明进程的辉煌历史，直至进入现代企业的发展时代，依然历久弥新，影响深远，并且不断发扬光大，注入了更多的生机与活力。许多我们熟悉的国内大企业都秉承了这一优良传统。如海尔以"真诚到永远"赢得了无数消费者的信赖；联想把"诚实做人，注重信誉，坦诚相待，开诚布公"作为做人和经营企业的准则，为企业做强做大积累了深厚的诚信道德文化底蕴。

企业诚信道德与企业文化价值观是辩证统一的关系，二者具有一致性、互补性、兼容性，诚信道德既是规则要求，亦是文化体现，市场经济愈发达愈要求诚实守信，这是市场经济发展的客观要求，也是诚信社会的重要标志。如人们常说的"货真价实、童叟无欺"；"人无信不立，政无信不威，商无信不富"；无论是古代还是现代，不论是国外还是国内，诚信道德只有文化背景不同，但秩序规则都是一致的：（1）诚信道德是企业发展的基石。诚信道德是企业发展的生存条件，是市场经济成熟的标志，是社会稳定的基础。企业的生存与发展是以经济利益的最大化为目标，实现这一目标的根本，离不开企业诚信道德和社会信用。市场经济对企业的发展是非常挑剔的，优胜劣汰是企业的自然选择，企业要站稳市场，必须经历市场经济的千锤百炼，才能赢得市场，否则"基础不牢，地动山摇"。中国改革开放30多年来，在全球化的国际经济合作中逐步建立了较好的诚信道德的信誉关系，受到国际社会的众多赞扬，但有一些企业在一些领域却自尊不够，不履行合同、金融欺诈、恶意拖欠、做假账坏账，甚至有人携款外逃等现象，影响极坏、破坏极大。尤其是一些企业，在中国市场经济体制有待完善，竞争激烈的环境下，如果诚信防线遭到人为破坏而放任自流，不恪守信用规则，不仅会影响企业信用、社会信誉，很有可能在国际竞争中被挤垮、破产和淘汰。（2）诚信道德是市场公平竞争的准则。市场经济是法制经济、契约经济、诚信经济，遵循市场信用秩序和诚信规则是必不可少的基本条件，诚信是市场公平竞争的准则，是通行于市场经济领域的"绿卡"，谁践踏了诚信，违背信誉原则，谁就践踏了公平、践踏了自己。诚信准则的建立不仅需要制度来强制约束，更要把诚信转化为自律行为。有句话叫"无规矩不成方圆"，企业有企业经营的准则，与做人有做人的道德标准是一个道理。企业在任何时候都有它的生存发展规律、办事准则，谁违背了这些要求谁将受到惩罚。市场经济的游戏规则是公平竞争，企业在这个平台上所做出的一切必须以尊重社会、尊重消费者为前提。唯此，才能实现尊重自己，获得更大的市场效应。（3）道德诚信文化是企业的社会宣言。企业的产品无非有两类：一是有型产品，看得见摸得着；二是无形产品，看不见摸不着。不管是有形产品，还是无形产品，都是社会性产品，为人使用、为社会服务。人们在认识企业之前往往是通过了解企业产品性能、市场信誉开始的。产品的说明、广告都是企业向社会、向消费者发出的公开承诺或宣言，负有一定的质量和信誉责任，即言必信，行必果。20世纪80年代，我国许多家庭最羡慕能拥有一两件日本家用电器，这说明日本产品质量、家电品牌文化在中国老百姓心目中有一定的认同效应。进入90年代，随着中国民族工业结构调整力度加大，企业的产品和技术含量大幅度提高，像海尔、长虹等一大批知名品牌开始赢得消费者的信赖，人们已不再以买日本家电为首选，往往更注重国产的信誉。后来市场上有一种说法，"买进口不如买国产，买国产不如买诚信"，可见诚信生产、诚信服务已经成为消费者十分看重的条件。（4）诚信道德文化是企业不需要贴标识的商标。商标是产品的标签，让人一目了然，但产品的质量、性能则是内在的，人们往往看不见摸不着，它实际上就是产品道德诚信的内在含义。真实的道德诚信让人永远铭记，虚假道德诚信让人永远唾弃。人们常说"酒香不怕巷子深"，这说明"酒家"已把道德诚信交给了社会、交给了消费者，取得消费者的信任，形成社会连锁认同。而以次充好、以劣充优、以假乱真，可能会一时蒙骗过去，其后果，轻者产品难销，重者破产倒闭。一个好企业、好品牌、好商标给人的记忆是永远的，甚至可以牢记，代代相传，"百年老店"北京同仁堂经久不衰的发展历史就说明这一道理。而一些红极一时、广告满天飞的企业和一些有百年传统的老字号、老品牌一夜之间倒闭，也令人深思与遗憾，例如，南京冠生园"假馅月饼"事件，河北"三鹿奶粉"事件等，因道德诚信文化缺失而成为国内知名企业倒闭与破产案的典型。

诚信道德文化反映一个社会、一个企业乃至一个人的道德本质，在企业内部除了要树立公共道德之外，更需要企业员工的道德人格化。人是社会的主体、企业的主体、家庭的主体，德为人格之根本，责为人格之条件，塑造道德人格的目标就是要培养人的道德良心和社会责任感、正义感。美国著名的道德学家怀特曾指出"行为是道德文化的函数"的命题，认为人类的行为包括个人与集体的行为，一方面由其生物性结构决定，另一方面又由超有机体的道德文化，尤其是其中的价值观、信仰、习俗所决定。经营活动是企业的一项集体活动，企业的经营理念和价值观等文化因素对其的影响作用是不言而喻的。因此，我们强调在经营道德诚信机制的构建过程中企业道德文化的影响作用，树立企业管理者及员工正确的经营理念和价值观，构建企业健康、和谐的道德文化体系，特别是要建立道德诚信为本的经营理念，以国家、集体利益为上，国家、集体、企业、个人利益有机协调的价值观念，从而为企业道德诚信行为营造良好的内外部环境。企业道德诚信文化对于企业，无论企业大小，无论企业宏观管理，还是企业微观管理，事事都贯穿始终。在世界经济环境日益复杂的当今市场与社会，新的公平竞争原则、自由贸易原则、透明原则和非歧视原则，对中国的传统道德文化观念提出了严峻的挑战，要求现代中国人必须树立符合国际惯例与准则的道德人格和诚信责任，培育具有现代企业道德文化的大企业、大集团，才能适应全球经济变化和国际文化道德标准的需要。

下面摘录两则与道德诚信文化相关的微观事件予以分析，从中了解道德诚信文化对企业和个人在具体微观事件上的关键作用：（1）多年以前，广州有个民营企业家租了10多个店面，打出了"诚信鞋业"的旗号，以平民化、低成本、低价格的口号做起了鞋业超市，并且树立品牌诉求：中国第一家诚信鞋业连锁企业。全新的经营模式，超低的商品价格，令很多顾客趋之若鹜，同时吸引了很多鞋业厂商提供产品，很快企业获得了丰厚的经营利润，短短几年时间里，诚信鞋业在全国50多个城市开了百余家连锁店，拥有了2万余名员工，总资产达到近百亿元了。诚信鞋业的经营模式是由厂家先垫货，再由商家给厂家结款，以这种类似金融周转的方式推进，其企业得到了快速的发展，但同时也潜伏着很大的金融危险，在企业起步的时候，信誉非常好，说好10天给厂家结款就保证10天结款；但是由于连锁店的快速扩张，占用了大量的资金，诚信鞋业的资金周转出现了捉襟见肘的现象，其对厂家的承诺也越来越不算数了，结款的日期越来越久。同时，亦由于该民营企业在创立之中没有好的道德文化和管理能力支撑，企业的经营与发展过程中的问题越来越暴露，企业一些中高层的领导、企业老板的亲朋好友也开始营私舞弊，有人甚至把营业款公然装进自己的腰包，企业的利益受到了很大的损失，同时一些鞋业厂商也把一些低劣的产品推进了诚信鞋业连锁店。这个当初以诚信为本的鞋业连锁机构，从里到外失去了道德诚信，因为产品质量问题、价高货次的问题，顾客不断上门退货，销售额急剧下降，许多被拖欠贷款的供应商闻风而动，上门追债，"诚信鞋业"几乎在一夜之间土崩瓦解，始终没有思考到问题主要原因的这家民营企业的老板，在最后干的一件事就是：对企业员工许下了一大堆承诺，对供应商开出了一大堆空头支票，然后逃之夭夭。（2）一位刚毕业的女大学生到一家公司应聘财务会计工作，面试时即遭到拒绝，因为她太年轻，公司需要的是有丰富工作经验的资深会计人员，女大学生却没有气馁，一再坚持，她对主考官说："请再给我一次机会，让我参加完考试。"事实证明，女大学生的笔试成绩最好，不过，女孩唯一的经验是在学校掌管过学生会财务。公司的人事经理还是只好敷衍道："好的，谢谢您来面试，今天就到这里，如有消息我会通知你。"女孩从座位上站起来，向人事经理点点头，然后从口袋里掏出一元钱双手递给人事经理："不管是否录取，请都给我打个电话。"人事经理从未见过这种情况，竟一下子呆住了，不过他很快就回过神来，问："你怎么知道我不给没有录用的人打电话？"女孩说："如果公司没有录用我，那么我只想知道，我在哪方面不够好，我会努力改进，让自己变得更好些。""那一元钱……"没等人事经理说完，女孩微笑着解释道："给没有被录用的人打电话不属于公司的正常开支，所以由我付电话费，请你一定给我打电话"。人事经理也微笑道："请你把一元钱收回，我不会打电话了，我现在就正式通知你，你被录取了。"因为对财务工作而言，公司的每一分钱都应该得到重视和珍惜。就这样，女孩用这道德诚信的一元钱敲开了机遇大门。

这两个微观事件让我们看到诚信道德文化的力量和作用，诚信鞋业的兴亡和求职女孩的成功都反映了诚信道德文化在我们现实生活中，在一个企业或一个员工身上是何等的重要。企业的道德诚信对这两个事件都起了生死攸关的作用，缺少道德诚信一切都将成为空中楼阁。

许多国内外知名的大企业在企业诚信道德文化建设方面都有独特的成功经验，这里列举著名的 IBM 公司诚信道德文化价值观的案例来进行分析。该公司能在竞争激烈的电子及计算机市场脱颖而出并做到"基业长青"，一个非常重要的原因是该公司始终倡导诚信道德文化价值观，并把这一道德文化价值观具体化到三个方面的道德准则与行为：（1）尊重员工个人，取信于广大员工。IBM 公司首先把诚信道德文化原则运用于企业内部，在员工的工作安排、调整、升迁、解雇等问题上以诚待人，特别尊重员工的自尊心，发挥他们的积极性和能动性，在照顾员工利益时尽可能做到言行一致。（2）顾客至上，取信于顾客。为了确立公司在顾客心目中的良好信誉，提高公司信用度，该公司提出了"IBM 就是服务"的理念。首先把道德诚实原则落实到推销员队伍的建设之中，坚信"诚招天下客"。为此，他们一方面从高等院校中吸纳素质高、品质好的推销人员；另一方面又建立了自己的销售员学校，亲自讲授推销艺术、营销知识，培养出一大批充分了解市场、亲近顾客、技艺高超、全身心投入的推销员。不仅如此，他们还特别注重培养服务于客户的"客户工程师"的工作。为了保证产品的设计、生产能够最大限度地符合顾客的需求，最大限度地减少设计和生产中的浪费现象，沃森父子要求工程师们必须换位思考，也就是要从客户的角度考虑问题，以客户需求为产品设计的标准，而不是要求客户通过修改自己的需求来适应公司的产品。（3）追求乐观、自信、进步，取信于社会。乐观、自信、进步，是 IBM 的精神。公司认为，人是有思想、感情、自尊心的动物，人心在许多方面是相通的，人的伟大之处在于他能够对自己的行为负责。在生产和经营活动中，IBM 公司尊重员工的尊严、人格，注意调动他们的积极性，了解和激发他们的梦想，满足他们对钱包的需求。这样就促使员工做到尊重企业并且尊重社会，融洽于外部的关系。在合作伙伴面前，在全社会面前，树立起一个谦和、善良、诚信、奉献的企业形象。正是因为一直有这样的道德诚信文化的企业理念和行为品德，才会有 IBM 公司的"基业长青"。

企业道德与中国传统文化

第一节　企业道德与中国传统文化的渊源

　　企业道德作为企业文化的核心内容之一，必然离不开其产生的自然环境和社会环境，特别是传统文化的影响。

　　中国企业道德与中国传统文化有着深厚的渊源。中国是礼仪之邦和世界文明的摇篮之一，早在春秋时代，就形成了以儒家、墨家、道家和法家为主要流派的道德思想。中国古代社会的思想家孟子有一句妇孺皆知的名言："鱼我所欲也，熊掌亦我所欲也，二者不可得兼，舍鱼而取熊掌者也；身我所欲也，义亦我所欲也，二者不可得兼，舍身而取义者也。"以忠孝节义为基础的"孔孟之道"实际上就是一个道德体系，这个体系影响着中国数千年。像西方社会法律至上一样，在中国人的观念中，道德是至上的。中国人对道德的追求也是不惜以生命为代价的，为帝王将相而撰写的《二十五史》，竟然能让出一席之地为一些道德昭著的"草民"树碑立传，可见道德在中国古代社会的分量。位至九五之尊的帝王，可以因"失德"被社会谴责，被历史唾弃；命如草芥的百姓可因"有德"名彪史册，成为世人效法的楷模。正因为视道德重于生命，中国古代才有那么多不胜枚举的感天地、泣鬼神的杀身成仁、舍生取义之事。久而久之，它形成一种民族的精神而代代相传。在漫长的历史发展中，特别是在新中国革命和建设的过程中，人们批判地继承和发展了历代思想家的道德思想，逐步建立了独具光彩的道德思想体系。改革开放以来，社会道德建设更有了新的发展。立业以仁，成仁取义，勤在开源，俭在节流，守志持身，富达持节，是中华传统文化价值观中个人修养和人格的重要标志。在现代中国企业道德建设中，就是要充分挖掘发扬这些中华民族精神的精华，赋予时代的特色，结合自身的特点，而形成企业和全社会认同的企业道德文化。

第二节　企业道德与传统的儒家文化

世界上任何一个民族都有自己世代延续、长期发展的传统文化，正是由于这种传统文化形成了各个民族的"民族灵魂"。西方的一些管理学者认为，日本、韩国、新加坡等国的经济腾飞，在于它们有一套不同于西方国家的企业文化，而这个文化的源头，或者说东方文化的源头，正是中国的儒家传统思想文化。

儒家文化的一些价值已为全世界所分享，儒家的很多传统思想价值具有普适性，并符合当今的管理思潮。以诚立身，以信交友，这是中国传统道德的一个极为重要的内容，对儒家学者来说，也是做人之根本。

在儒家的经典《大学》中，有一个著名的教导，叫作"格物、致知、诚意、正心、修身、齐家、治国、平天下"，这段话是这样说的："古之欲明德于天下者，先治其国；欲治其国者，先齐其家；欲齐其家者，先修其身；欲修其身者，先正其心；欲正其心者，先诚其意；欲诚其意者，先致其知；致知在格物。"什么是"诚"呢？朱熹对这句话的注释中做了这样的解释："心者，身之所主也。诚，实也。意者，心之所发也。实其心之所发，欲其一于善而无自欺也。"（《四书章集注》，中华书局1983年版，第4～5页）这与《大学》中说的是一致的，"即所谓诚其意者，毋自欺也"。

在《中庸》中，对"诚"的内涵和意义，又有进一步的解释，认为"诚"是人性的内在本质，是修身、齐家、治国、平天下的根本要求。《中庸》中说："自诚明，谓之性；自明诚，谓之教。诚则明矣，明则诚矣。"还说："诚者物之终始，不诚无物，是故君子诚之为贵。"朱熹对这句话做了这样的注释："天下之物，皆实理之所为，故必得是理，然后有是物。所得之理既尽，则是物亦尽而无有矣。故人之心一有不实，则虽有所为亦如无有，而君子必以诚为贵也。"（《四书章集注》，中华书局1983年版，第34页）"诚"是做人之根本。那么，具备了"诚"的品质的人，应当是什么样的人呢？用我们今天的话来说，就是要做一个实实在在的人，或者说是道德诚实的人，真诚的人；从反面来说，就是不要做自欺欺人的人，不要做虚伪的人，等等。从人的本质来说，一般人身上都具有两种对立的本性，即"诚"与"伪"，"实"与"虚"，只是说，那些注意自我修养的人，品德高尚的人，在他们身上，"诚"战胜了"伪"，"实"战胜了"虚"。

在中国古代学者看来，"诚"是立身之道，而"信"则是交友之道。或者说，前者是高尚者的一种应有的内在品质，而后者则是人际交往中所应当遵守的行为规范。古人说："一诺千金"。这是说一个人的信用，在人生中具有十分重要的意义，甚至可以说是立身之本，所以孔子说"民无信不立"。同时，"信"，作为一种重要的道德规范，在人际交往中有着极为重要的价值。可想而知，如果一个人连起码的信用都不讲了，那别人还怎么敢跟他打交道呢？像孔子所说的，"人而无信，不知其可也"。儒学是人学，儒家道德的核心价值就是做人的道理，多年来人们一直把儒学看成是"内圣外王"的社会管理学。

根据把传统的儒家文化和现代企业经营管理对应分析与研究，企业的经营管理说到底是对人的管理，现代的优秀企业，其管理者考虑的优先次序不约而同的都是：一是人；二是服务和产品；三是利润。儒家的管理理念强调以人为本、仁义至上、修己安人、以和为贵、中庸之道。日本现代企业管理的开山鼻祖之一绍泽荣一曾说过："要把现代企业建立在算盘和《论语》的基础上"，这形象地说明了儒家思想对东亚企业经营管理的影响与指导作用。

"以人为本"在当代已成为一个全球性的企业和社会管理理念，但正如许多中外学者研究表明的那样，这一人本思想直接源于中国古代儒家所主张的"仁道"。儒家从德治的基本理念出发，进而认为"仁道"是德治最重要的内容。对于"仁道"的基本要求，孔子明确将其规定为"爱人"："樊迟问仁，子曰：'爱人'"（《论语·颜渊》）；后来，儒家的几位大师孟子、荀子、董仲舒也都认为"仁者，爱人"（《孟子·离娄下》、《荀子·议兵》），"仁者，爱人之名"（《春秋繁露·仁义法》）。儒家认为，仁者爱人的基本点是视他人为自己的同类，看作是与自己一样的人。所以，《中庸》说"仁者，人也。"意思是说，仁道首先是承认他人是人，将他人当作人来对待。有了这一前提，就能关怀、同情、尊重、体贴他人。这乃是仁道的基本要求。以孟子的话说就是："恻隐之心，仁之端也。"（《孟子·公孙丑上》）

《中庸》中还说："为政在人，取人以身，修身以道，修道以仁"。针对现代企业经营活动，用今天的话来说，就是要求现代企业管理者通过"爱人等仁道"来提高企业道德，进而完善自我，以自身的人格魅力去吸引人才，从而获取人才，正是企业的经营管理之道。

作为王者的一种管理之道，儒家要求统治者"爱人"，其具体内容就是孔子全力推崇的：统治者应养民、利民、富民、惠民、救民、博施于众。汉代董仲舒曾说："王者爱及四夷，霸者爱及诸侯，安者爱及封内，危者爱及旁侧，亡者爱及独身。"（《春秋繁露·仁义法》）这就是说，统治者所爱之面的广狭，直接关系到他统治范围的广狭和统治地位稳固的程度。所以儒家始终劝勉统治者为政施仁，"以不忍人之心，行不忍人之政。"（《孟子·公孙丑上》）这些教谕在中国古代管理史上曾产生了极大的影响。

这种"仁者爱人"的人本管理之道，显然同样适合企业团队的管理。被誉为日本企业"经营之神"的松下幸之助可谓是深谙儒家这一仁道思想的企业家。松下董事长自始至终都秉持着"对企业而言，'人'就是最重要的财产"这种信念。正由于"人"是财产，所以即使公司处境多么困难，也不能对这项财产撒手不管。他认为只要松下电器的高级主管和员工能坚持此种信念，经营就一定能成功。

如下一则记载，可谓是对松下仁道精神的形象注解；1929 年，开始于美国的经济大萧条逐渐涉及全世界，日本也深受影响。当时，日本国内各工厂都为减少生产或终止生产而烦恼，也有多数工厂干脆降低员工薪水或大量裁员。松下电器也面临着同样窘境。当时，位于大孤市福岛区大开町的总公司工厂刚设立不久，正逐渐具备一定的规模，不料却于此时被卷入世界性的不景气恐慌之中，以致造成即使有能力不断生产也推销不出去，库存品不断增加的局面。当时各级主管在经过多次会议后，决定"生产减半，工人也减半"的提案，并送交松下裁定。他们一直认为，解决当前的困难之道，除此之外无法。当时松下虽然因健康情况不佳而卧病多时，但却毅然地做出了："生产自即日起减半，但工人一个也不能开除"的决策。出乎意料的是，员工都牺牲了休假，不但对分内的工作全力以赴，而且还积极想方设法推销库存产品，结果，在短短 10 个月，原来的库存商品被销售一空，工厂也终于渡过了难关。

"以人为本"在现代企业管理界已成为一个普遍性的共识。儒家的"仁者爱人"的仁道思想也正从如下两个方面日益显示其现代意义：一是在企业与社会的关系方面，仁道要求现代企业确立服务民众、服务社会、服务国家的经营道德；二是在企业内部要求确立起管理者与员工之间互动的仁爱关系以增强企业的凝聚力。在这个过程中，作为仁道思想发源地的中国企业经营管理者，如何在生产经营活动中，恪守"仁者爱人"的理念，发扬光大、不断创新，真正树立以人为本的企业经营管理思想，无疑是积极应对全球化竞争的一个具有战略意义的手段。

以上论述说明，在儒家的管理思想中，仁道首先是将他人作为人来对待，进而是关怀、同情、尊重和体贴他人，即"仁者爱人"的思想，这是一个核心的价值信念，它世代传承，不仅成为现代管理学"以人为本"思想的历史渊源，而且它的重要性也被无数成功或失败的企业经营实践所印证。

人们往往会花很多时间，去推敲一个企业衰败或倒闭的原因。技术的落后、顾客的偏好改换、流行风尚转变等都可能是原因，但问题是这些原因本身是否就能决定企业的成败。其实，一个企业成败往往在于它如何有效运用组织成员的能力和才智，如何形成大家共同的目标，以及如何透过代代嬗变而保持共同目标和方向，这就需要反省和检点一个企业的经营信念。组织的成功，主要是跟它的基本信念以及由此产生的道德理想有关，所以，道德信念的重要性远超过技术、经济资源、组织机构、创新和时效等，而"仁者爱人"正是这样的经营道德信念。

儒家的"仁道"作为管理之道是要求统治者"爱人"，但反过来讲，这其实是以不可逾越的封建宗法等级关系为前提和基础的，是"王者爱及四夷"和"霸者爱及诸侯"等。正因为如此，仁爱是不平等的，或者是施舍，或者是残酷统治的补充，甚至只是粉饰，是伪善，是统治的手法和榨取利润的手段，而且往往包含着不仁道，这应该是相对于现代企业管理而言，儒家传统文化的糟粕的一面。

企业管理从一定的本质上讲，是"人为"的一种行为，通过一定的方法达到"为人"的目的，但是，"人为"与"为人"之间不是直接的等于关系，而是需要条件的。当今时代和环境条件下的仁道管理，应该是超越等级地位和身份。虽然地位或职位的差别是客观存在的，甚至是管理必需的，但是局限于地位或职位的仁道管理，其"爱人"的内容必定很有限，只有基于和超越地位的仁道管理，才有丰富的内容、真正的意义和时代的价值。

儒家管理思想中另一个十分重要的内容，是"修以安仁"。

在儒家看来，欲完善社会，当从完善自身做起。所以孔子主张"修己以安人"、"修己以安百姓"（《论语·宪问》），将修己作为安人的前提。孟子更明确地说明了"身"与家、国、天下的关系。他说："天下之本在国，国之本在家，家之本在身"（《孟子·离娄上》）。在之后的《大学》中对孔孟的这一修己安人思想作了更为具体而明确的表述。因此，《大学》的作者逻辑地得出这样的结论："自天子以至于庶人，亦是皆以修身为本。"

儒家尤其要求最高统治者恪守这一修己安人之道。在儒家看来这其中的道理很简单，因为它可以达到"正一人以正朝廷，正朝廷以正百官，正百官以正天下"的效果。从中国古代历史上看，这种修身之道曾成为一些不同朝代帝王的重要治国方略。例如汉文帝，他不仅要求朝廷百官注重以儒术修身，而且自己也身体力行，据《资治通鉴》记载，汉文帝在位23年，皇宫财产却没有丝毫增加。有一次，他想建一座观景台，一听造价要100斤黄金，相当于

10 户中等人家的财产，就放弃了这个计划。他自己平时身穿黑色的粗丝衣服，他宠爱的慎夫人也不穿拖曳到地上的长裙，宫室内的帷帐不准刺绣绘花。文帝晚年，社会上厚葬成风，为了反对这种坏习俗，他把自己的后事安排得很简单：不修高大的坟墓，只顺着山势挖个洞安放棺材，随葬品中一律不准使用金银铜等贵重物品，用的都是瓦器。一个帝王能这样保持自己的修身之道，在中国古代历史上是最受百姓爱戴的帝王之一，也因此他统治的时期，成了中国古代历史上屈指可数的最好时期之一。

我们知道，被誉为"《论语》实践者"的日本人绍泽荣一之所以能取得商业方面的非凡成就，他自己就曾将其归因于个人以"士魂"为目标的修身之道。他所说的"士魂"有明确的内涵，这就是以《论语》中的仁义思想滋养自己的灵魂，从而造就自我的"士魂商才"。这位被誉为日本现代企业之父的人，一生从事锱铢必较的经商活动，但却始终恪守"士魂"的修身之道，深受中国儒家理念的影响。

儒家的这一修身之道从当代的企业管理原理来分析，颇为符合行为科学中的仿效理论，也就是说，一个优秀的企业管理者的修己之行为对整个团队能起到一种榜样之功效，从而形成一种很好的团队精神，许多成功的企业管理实践都证明着这一修己之道的神奇作用。英国纺织业的巨头考陶尔德集团总裁霍格曾经说过："工业肯定需要聪明人，但是它的健康发展却只有依靠那些某一特定领域里有高尚道德的人。"这位被誉为英国纺织工业救星，具有优秀的社会形象与个人品德的人，他在 20 世纪 80 年代还一直骑着自行车上班，正是他带领一个优秀团队，把一个具有 165 年历史的英国最庞大而且最著名的纺织集团公司从亏损高达 2 亿多英镑的困境中拯救出来，创造了英国工业史上的一大奇迹。

下面以一些海外华人的企业与经济崛起情况，来分析儒家传统道德文化在其中发挥的作用。

第二次世界大战后，世界华人资本的急剧膨胀，已经越来越引起人们的注意。据相关资料记载，华人资本已被列为世界三大资本之一：美资、日资、华资。或被称为五大资本之一：西方资本、犹太资本、阿拉伯资本、日本资本和海外华人资本。

在历史上，华人是在手无寸铁、足无寸土、头无片瓦的情况下，出于生计而不得不出外谋生，凭借信义和三刀（理发刀、菜刀、缝纫剪刀）起家，几十年下来却开辟出一片属于自己的天地，这是赤手空拳打出来的天地。靠什么？就靠华人身上特有的道德文化力量，或者说扎根于深层次的道德文化背景——中国古老文化的主体——儒家文化。

儒家文化强调五层关系，即君臣、父子、夫妻、兄弟、朋友，这五层关系间必须讲"忠、孝、恕、悌、诚"，以其礼义关系维系社会的和谐与稳定。这首先在于家庭成员和亲属，其后扩延至乡亲朋友和同事，由此形成一个网络，这实质上是中国人的亲情关系网络，是一个由里至外，由亲至疏的半径不同的文化圈和关系圈。

在长期的历史演化过程中，家庭不仅仅是个血亲单位，而且演化成一个经济单位，这由人本社会血亲关系决定。家庭成员中的不同角色都必须承担起相应的经济和道德责任，从而形成一种特定的工作道德、经济道德和血缘道德关系。只要是为了家庭和家属的利益，个人再大的牺牲和奉献也在所不惜，它充分体现了中国儒家文化的道德特性，也是海外华商家族管理取得成功的道德原因。同时，以家为圆心向外扩张，又会形成诸如亲缘、地缘、业缘、物缘等的关系网络。所谓亲缘网络，就是宗族亲戚关系组成的关系网；地缘网络，就是乡里邻党关系组成的网络；业缘网络，就是由同业和同学等关系组成的网络；物缘网络，就是以物或商品为媒介发生关系而集会起来的人群组成的网络。这一系列关系组织起来，就构成为四通八达的社会关系网络，这也是海外华人取得成功的重要原因。因为现实的经济关系，强化了这种网络关系。网络化特性走出自然经济框架，步入现代商品经济时代，不仅使商品经济得到迅速发展，也使中国传统文化中的网络联系进一步扩张和发展，形成巨大的华人网络效应，从而成为现代经济发展的关键要素，即形成现代信息网络、经贸网络、金融网络、人才网络，进一步促进世界经济的一体化、区域化、现代化发展。

华人的经济网络效应从道德文化这个角度来说，还表现在以下两个方面。一是一些华商在处理交易事物时，通过个人之间的信任关系来代替更为正式的合约形式，使效率更高，费用更低。因为其他资本需要通过合同、律师、担保、调研、广泛征求意见以及花很多时间才能建立起来的交易关系，海外华商只要通过电话、握手、清茶一杯就能解决问题。这说明，当个人之间可靠的道德原则扩充到企业与经济领域并贯穿到运行需要的大多数买卖协议过程中时，由于墨守繁文缛节所带来的消耗将得以节省，这种节省有效地提高了海外华人的竞争实力。二是华商企业除了经济利益的追求外，还有着世世代代儒家传统道德文化规范的责任心和互惠的道德观念，有着相同心理上的依托感和强烈的家族荣辱观念，有着支撑稳定的垂直秩序的儒学教义。这些因素的内外交合形成一个大系统，大大提高了华裔企业的国际信誉度。

德国哲学家马克斯·韦伯在《新教伦理与资本主义精神》中说："没有企业家阶层，就没有资本主义的发展；而没有道德宪章，就没有企业家阶层；没有宗教信仰，就没有道德宪章。"由此可见，创造近现代资本文明的，首先是一种道德价值取向，一种理念和一种精神。对于海外华商而言，这种精神、理念、信仰和道德宪章，就是中华民族几千年历史积淀下来的深层的道德规范和价值取向。

第三节　企业道德和传统的道家哲学

任何企业都是经济力和道德力的统一。经济力是基础，没有经济力，也就没有道德力，也就是说，企业一旦形成了经济力，其内在的道德力才可能产生作用。当企业道德力积累到一定程度，也会直接对经济力产生作用，有道德信誉的企业，其对企业的发展，就能产生积极的推动作用。

经济力淘汰的是无经营能力的企业，道德力淘汰的是无道德的企业。两者的整合会组成双赢企业和双输企业。所谓双赢企业，是指既有经营能力又有道德的企业，它较好地承担了社会经济责任和道德责任。

有道德又有经营能力的道德型企业，与中国传统的道家哲学是紧密联系的，许多企业深受传统的道家哲学的影响。

道家的代表人物是老子，老子认为，"道"是天地之"根"，"万物之母"，"道"是世界本体。他说："道生一，一生二，二生三，三生万物"。这里的"一"，为阴阳未分状态，宇宙混沌一体；"二"指宇宙分为阴阳对立；"三"即阴、阳、和，指阴阳合一的统一体，通过阴阳矛盾对立变化而生成新的统一体。故"道"为万物本体，是一切事物由以形成的最终极限。

"道"的本义为人走的道路，实质是指事物本身内在的规律和法则，在这里，"道"作为法则和世界本原的含义得到了统一。因为道生万物，就是说宇宙间的一切事物都是由道所生的，所以一切事物也都必须像道那样，自然而然地运行、变化，包括人的活动也只能顺应自然，不能违背自然规律。

老子提出的"无为无不为"的思想，就是要人们一切顺其自然，不要去做一些不该做的事，那样会干扰自然运行规律而导致失败。

按照老子的思想，事物的本质为无，即"道为无"，但这个无不是绝对的空无，而是"有"和"无"的统一体。有道和循道的"无"会在一定的条件下转化为"有"，即"道生一"。"无"转化为"有"，是循道运作的结果，是有自己的运作特点的。事物的运作特性是"道"循"道"，就是遵循事物运作的内在法则与规律。取得成功的关键在于把握事物本质特性而有所作为，不可无所作为。用老子的原话说，就是"无为而无不为"，"有为而有所不为"。

传统的道家哲学一直较大地影响和作用于企业的各个方面，历久弥新且不断传承与光大，主要表现有：（1）"有生于无"。这个"无"不是空无的无，而是指的抱负、理念、知识和经验，是一种看不见、摸不着的思维流和道德价值流。在企业无论是管理者还是普通员工，都时刻在实践着这种道德思想，特别是现代企业管理者，其实都在把企业经营之"道"充塞于自己的头脑中，虽然它只能以"无"的形式表现，但却是最终取得成功的哲学思想。（2）"一生二，二生三"。把抱负、理念等变成现实，最初只能从某一个基点开始，这个基点就是"一"。"一生二，二生三"，实际上是一个"正、反、合"的整合过程，从企业管理来说，也即失败、正确，再失败、再正确，最后成功的过程，企业管理者总是在这个过程中不断地摸索和逐步掌握事物的内在联系和发展变化。（3）"三生万物"。企业管理者一旦掌握了企业运作的内在规律，就可以使用一系列的企业管理之道、成长之道、发展之道，以企业现有的成果和运作技巧为基础，实现企业的扩张和发展。（4）"有所为、有所不为"。企业管理者根据自己特长和企业各方面的实际情况，正确决策，哪些该做，哪些不该做，科学把握企业的发展目标，按照企业的客观规律经营管理，避免盲目与蛮干，使企业不断壮大。

道家无为而治的道德思想体现在人与自然的关系上，主张"道法自然"。在老子看来，"人法地，地法天，天法道，道法自然"。所谓"道法自然"，按后来道家学派的重要思想家王弼的解释是："法自然者，在方而法方，在和而法圆，于自然无所违也。"在道家那里，人法道而行，对于自然界应是"辅万物之自然而不敢为"，即是说人辅助天地万物成就其自然本性，而不图达到某种功利目的去破坏生态平衡，毁灭人类自身所居住的地球乃至宇宙。可见，老子的"自然无为"，是要求一种"顺其自然"的行为，或"不采取反自然的行为"。英国著名的科技史专家李约瑟曾把道家的"无为"界定为"禁止为反自然的行为"，这是符合老子哲学思想之内在精神的。因此，效法"自然无为"之道的人类，对于自然界的态度应是：不妄加干涉，不破坏生态平衡，使其顺其自然本性而运行，从而让世界保持一种自然和谐的状态。根据道家的哲学思想，自然万物与人一样，都是道的外化与显现，人不过是天地万物的一分子，因而人类并没有把其他事物作为满足自身无限欲望的特殊权力。老子的这种哲学思想，把自然界存在的一切理想化并把维持这种存在的自然平衡状态作为最高的价值追求，从而反对人以自身的努力去利用和改造自然，其消极面是很明显的。但就人与自然的关系，就人对待自然的态度而言，道家学派要求人类在改造自然的过程中，不应忽视自然之道，强调对自然规律的顺从与尊重，并由此而反对对自然界的过分掠夺和残害的哲学思想无疑是合理的。这对于化解人与自然之间的对立，对于维护生态环境的平衡，对于反对极端人类中心主义的价值倾向，其意义是很大的。

任何管理思想都包含着对人的控制，如果说儒家的"德治"要求由道而德（即强调德行的觉悟）来实现控制之道的话，那么，道家从"无为而治"的哲学理念出发，所提出的管理控制之道则可以概括为"由虚而静"。用老子的话说就是"致虚极，守静笃"（《老子》第十六章）。

因此，在道家哲学思想里，真正体现了道之真谛的高明，首先是"虚其心"的。也就是说，必须使人心远离世俗的功名利禄之欲，做到少私寡语，见素抱朴，否则欲望会使人累德、败德甚至堕落。正是由此，老子说"五色令人目盲；五音令人耳聋；五味令人口爽；驰骋畋猎，令人心发狂；难得之货，令人行妨。"（《老子》第十二章）所以，在道家看来，管理者必须懂得一个道理，贪求官能的刺激，纵情于声色货利，精神必然堕落。只有教之以虚静之道，掩蔽外物的诱惑，守持内心的安泰，从追逐外在贪欲活动中转向建立宁静恬淡的精神世界，才能返璞归真，保持淳厚的天性，从而求得道德的升华。也因此，老子总结说"是以圣人之治，虚其心。"（《老子》第三章）而这正是企业经营管理的一种道德境界。

庄子则把老子的这一减损人之内心欲望的虚静之道概括为"心斋"："唯道集虚；虚者，心斋也。"（《庄子·人间世》）这里指的心斋，就是说要像祭祖之前沐浴斋戒以整洁身体那样来整洁内心。可见，庄子及后世道家学者，以及道教所推崇的"心斋"，其实质正是老子说的"虚其心"。

道家还具体探讨了"虚其心"的途径。这些途径大致包括：（1）不使可欲。以老子的话说就是"不贵难得之货，使民不盗；不见可欲，使民心不乱。"（《老子》第三章）亦即是说，管理者切不可以"难得之货"去诱惑人，以刺激人的欲望试图去激励人，这样做的后果只能是民心大乱，盗贼滋生。（2）轻物贵身。道家哲学认为，许多人重视身外的宠辱往往超过自己的生命，蝇营狗苟于身外的势位名利而不顾惜自身的新心修养，结果是"甚爱必大费，多藏必厚亡"（《老子》第四十四章），最终以牺牲身家性命为代价。由此，道家哲学认为，只有轻物贵身，漠视宠辱，不以宠辱荣患损易其身，方可达致庄子所讲的"以本为精，以物为粗，以有积为不足，澹然独与神明居"。（《庄子·天下》）（3）谦下不争。道家向以"谦下"之德教人，所以，老子曾以"川谷之于江海"来说明"谦下"的好处，"江海之所以能为百谷王者，以其善下之，故能为百谷王。"（《老子》第六十六章）正是这种虚怀若谷的谦下精神，使人具有一种豁达的心量。由此，《老子》又主张"为而不争"（《老子》第八十一章）。所谓"为而不争"，既是顺应自然而不妄为，其具体内容则为"生而弗有，为而弗恃，功成而弗居"（《老子》第二章）。

在老子看来，一旦治国者能真正教民以如上虚静之道，那么，天下百姓就能由虚而静，从而达到以静治国。以老子的话说就是，"我无为而民自化，我好静而民自正，我无事而民自富，我无欲而民自朴。"（《老子》第五十七章）

美国著名的管理学家威廉·大卫说："当我们只知道一味地以奖金等福利条件去激励员工，并为此而支付越来越不堪重负的经济成本时，东方的圣哲——老子和他创立的学派主张的'不贵货'、'不使欲'，以清静无为的方法治理国家与企业的哲学思想，显然是令我们西方人耳目一新的。"（夏雨，1995）道家哲学思想中虚静之道的现代意义正是由此而得到西方管理学界和企业界的认同的。这即是道家超越激励的虚静管理。

道家管理思想的虚静之道，强调"虚其心"，远离世俗的功名利禄之欲，显然是脱离实际的。所以，简单地照搬道家的虚静思想和一味地以道家之道教人，明显是不合时宜的。这是我们在开掘和利用道家虚静之道的管理思想时必须首先明确的。

通常的激励管理不仅是以肯定人们的功名利禄之欲为前提，而且往往还使人们的欲望膨胀起来，甚至使膨胀的欲望成为驱使人们的魔鬼，使人成为欲望的奴隶，从而也就使人成为激励的奴隶，成为资本和管理的奴隶。这不仅会累德和败德，而且会扭曲人性，使人性变成魔性。如此看来，道家管理思想的虚静之道不仅有其明显的合理之处，而且具有十分重要的现实意义和时代价值。今天，世人普遍追名逐利，以利为上，以名为荣，为之而奔忙不休，有些人更是不择手段地争权争利和欺世盗名，互相争斗和残害。由此产生了诸多的矛盾和冲突，生意场的失意、工作中的挫折、竞争中的失败等，常让现代人苦恼不堪。为此，确实需要"虚其心"。但这不是要人们远离功名利禄之欲，而是在肯定功名利禄之欲的前提下，使员工与功名利禄之欲保持一定的距离和超越于功名利禄之上，使员工成为自己欲望的主人。"虚其心"自然会"静其心"。这是超越激励管理的前提。

同时，实行超越激励的虚静管理，是在"虚其心"和"静其心"的基础上，进行必要的物质和精神激励，包括功名利禄的激励，使员工获取应得的功名利禄，与此同时又要提醒和教育员工"不贵货"和"谦下不争"等，不把身外之物和身外之名看得太重，而是适当地看轻，不一味地去争斗，广泛、充分、全面和正确地认识工作、学习和生活的意义，使员工获得全面和充分的自我发展。

道家无为而治的管理理念体现在人与自然的关系上，主要表现于"顺其自然"的主张上。这是道家思想中极具现代意义的又一个著名命题。在老子看来，"人法地，地法天，天法道，道法自然"（《老子》第二十五章），自然之道乃是宇宙间万事万物所应遵循的根本规律、根本原则。人作为自然有机体的一部分，无论对待人事，还是对待自然界，均应"道法自然"，"唯道使从"，即严格遵循自然法则。由道家"道法自然"的这一思想，我们应该认识到，人属于自然界，人来自于自然且又依赖于自然，因此人与自然之间理应和睦相处，协调发展。这是一种天人合一的境界，是每一个企业生存与发展都应该遵循的法则。

实际上，在现实生活中，由于人类过于极端的自我中心意识，把自然界的其他事物仅仅看作满足自身需要的一种工具，无视它们存在的权利而加以肆意捕杀、砍伐，这已造成了大量动植物品种的灭绝或濒临灭绝。而人类对自然界肆意掠夺和破坏的结果，则是自身生存环境的恶化，面对着淡水的紧缺、土地的沙漠化、沙尘暴、雾霾等异常气候的出现，人类正不得不吞下这枚自种的苦果。

切身之痛的危机促使着人们去反省自身并寻求一条自我赎救之路。正是由此我们可以说，道家"道法自然"的思想成了当今企业管理的一盏古老的指路明灯。

以上就是道家管理思想中"道法自然"的环境道德观，也即超越功利的环境哲学思想。

以老子为肇始的道家学说，既主张以维持和实现事物的自然和谐状态为价值目标，对于企业摆脱盲目发展的误区，建立一种可持续发展的生存方式和发展模式是很有益处的，它具有重要的实践意义和时代价值。事实上，现代社会的自然生态危机正是由于一些企业只顾眼前的利益，对自然界无限制地掠夺和破坏而造成的。为了遏制环境的恶化，重建生态平衡，现代西方生态道德学提出了"节约性原则"，以反对企业为了眼前利益而毫无节制地向大自然索取的行为。罗马俱乐部于1972年所发表的著名的研究报告《增长的极限》中，针对经济发展中资源是有限的基本事实提出了"适度增长"的观念。西方社会种种基于对现代环境危机的认识而提出的见解与中国古代道家"道法自然"的观点，与老子"去甚、去奢、去泰"（《老子》第二十九章）的哲学，在内涵和道德观上无疑是极为相似的。当代企业除了自然环境外，市场和社会环境同样需要和谐，需要体现自然生态道德观。可见，"道法自然"是企业必须充分重视和遵循的原则。

在人与自然、主体与环境的关系中，矛盾是客观和绝对存在的，人或主体总是要反映自己的需要而获取自然资源和利用客观环境，并依据理性原则寻求功利，以尽可能小的付出获得尽可能大的收益。发展是硬道理，增长是必要的，尤其是在竞争的环境中又处于落后的地位上；而功利是反映和体现欲求的，是经济和社会现实发展的原则和机制。可是，若理想脱离现实，欲求可能膨胀为贪婪，追求功利可能走向肆意掠夺和大搞假冒伪劣等。增长是有误区的，存在客观的束缚和限制；理性是有局限的，会受视野和认知的限制，因而在企业发展之中环境和利益是存在两难困境的，需要不断地寻求解决的办法。

要扭转恶性行为，实现企业与环境的和谐发展，除了需要科学技术和法律制度的进步之外，还需要扩展和提升道德与价值取向，突破和超越狭隘的功利，不仅在广泛的认知范围内来考虑功利，而且还应该考虑未被认知的功利性和功利关系的存在和作用，并使它转化为切实可行的管理思路和方法。这样，就能够树立起正确的生态道德文化观，道家的思想就能够实现和充分发挥作用，也正因为如此，"新道家"的哲学思想不仅在中国，还在美国、德国等西方国家日益丰富与流行。

第四节　传统文化糟粕对企业道德的影响

传统文化的现代价值、积极作用是主要的，但是由于传统文化的固有惯性以及内在糟粕，对当代中国企业，特别对中国特色社会主义现代市场经济条件下的企业思想、道德文化建设的影响也是显而易见的。

中国传统文化对企业的消极影响主要有以下几个方面：

1. 传统文化的封建等级特权观念和独断专行、家长统治、官僚习气、个人崇拜的思想观念，不利于企业的民主化、公开化，它会使员工失去了自主的企业人格。尤其历史上以家庭和小作坊为本位的宗法等级制观念，自给自足的封闭、安于现状的、狭隘的手工业方式和生活方式、工作方法、管理方法、思想方法等，使独裁者对个人享有无上权力，要求其他人无条件地服从统治秩序，在一定程度上压抑了个人自由和首创精神，弱化了社会发展的动力。

2. 传统文化的天命论、唯心主义形而上学的思维方式，导致因循守旧、夜郎自大、闭关锁国、自卑自贱，不利于现代企业的国际化与全球化及对外开放，也不利吸取国外文化的精华。

3. 传统文化，特别是儒家文化的重义轻利思想，有不利于企业发展的消极一面。传统道德文化讲究仁义礼智信等道德原则，一定程度地贬低物质利益的思想，对当代企业的"经济人"作用的发挥不利，中国传统文化重道德而轻农工商的思想，束缚了企业的发展。孔子一贯轻视农业和商业，当樊迟问及孔子种田的知识时，被孔子训斥为小人。孔子还批评子贡"不受命而货殖焉"，把商业生产列入违背天命的不轨行为。"君子不器"（不从事农工商和实际技艺）成为儒家的规训。尤其是商业，在古代是最没有社会地位，直到清朝末年，随着商业的发展与海外的影响，商人的经济、社会与政治地位才逐渐提高，因为商业不发达，制约着经济的发展。儒家文化的价值观是重道德而轻实利，重精神而轻物质的，所以，过去成功的商人及其后代子孙，如果要想晋升，就必须弃商而读书当官，这种观念一直有碍于企业发展。

4. 任何一家企业若想在市场经济的大海中做到劈波斩浪，游刃有余，就必须拥有一整套符合市场竞争需要的诸如公平、平等、法治、诚信、竞争、创新、进取、开拓、开放、协作、交流、专业化、以人为本等先进理念，理念决定思路，思路决定出路。但传统文化之糟粕恰恰与现代市场竞争理念背道而驰，格格不入，如礼治与专制、"暗箱操作"、内圣外王与法治相左；谦让、忠孝、平均主义与竞争相左；封闭与自大、崇古与守旧、迷信和盲从与创新和开放相左；愚民、严刑峻法、顺从与以人为本相左；明哲保身、知足常乐、消极忍耐与进取开拓相左；还有官本位、道德教化、名分与面子、谨言慎行、圆滑与平和、图安稳、我家我族主义、清淡与消闲、勤劳与节俭、实用与享乐、斗智不斗力、静为美等无不如此。传统文化之糟粕起源于农耕社会，农耕社会虽然是市场社会的前身，但毕竟是截然不同的两个概念，传统文化之糟粕的反竞争、反公平、反创新、反人性是必然的，不以人的意志为转移的，这些都是当代企业道德发展中应该引以为戒的。

5. 中国农耕文化高度发达，举世无双，影响深远，惯性巨大，远非西洋各国农耕文化所能同日而语。当中国人为贞观之治、康乾盛世津津乐道，而感到骄傲时，千万不要忘记它们对当代中国走向世界的祸害也是同比增长、相辅相成的。传统文化之糟粕在当代中国仍有着非常肥沃的土壤，君不见每一个中国人从他或她呱呱坠地的那一刻起，就会受到传统文化之糟粕无微不至的关怀，耳濡目染，润物细无声。不论是妈妈的摇篮曲，外婆的故事；还是老师的教导，上司的谈话，传统文化之糟粕的阴影总不离左右：永远地乖乖听话，永远地老实肯干，永远地知足常乐。于是孩子是少年老成的孩子，青年是老实本分的青年，国民是安土重迁的国民，并且一代人走了，一代人又来了，精神却依然如故。爹妈复制儿子，儿子克隆孙子，孙子遗传重孙，绵绵无绝期。

传统文化之糟粕对企业的影响既表现在内部的管理者、员工身上，又表现在外部的公众、媒体、政府、社会团体中，差不多是全方位、多层面，深入到社会生活的各个角落的，很少有人能幸免于外，相互间顶多是程度不同而已。从这个意义上讲，大多数中国新兴企业家的失败与其说是他们个人的素质使然，倒不如说是传统文化糟粕的戕害。传统文化糟粕对企业家精神的影响是持久而强大的，我们谁都不能超越时代、超越历史所给予我们的限制，我们一样不能对中国企业和中国企业家做过多的苛求，相反，我们理应给予他们更多的宽容，他们中的许多人虽然失败了，但他们对中国经济的建设所做出的贡献和敢闯敢干、敢为人先的精神却是不可磨灭的。

6. 传统文化糟粕不但是中国企业的显性病根子，而且是中国企业的隐性病根子。传统文化糟粕对企业、对中国社会走向世界的祸害是无形的，悄无声息的，温柔而不见血的，很难被国民认识，更不用说拒绝了。一大批商界精英们把儒雅、儒将、儒商作为自己的终极追求与理想，有形的传统文化糟粕如小脚、辫子、太监、皇帝经过一次革命便可以荡涤干净，但无形的传统文化糟粕理念却不是一两次革命所能消灭得了的。没有长期的、连续不断的、持之以恒的批判与扫除是无法廓清的。

综上所述，认真研究、分析传统文化对企业道德形成、发展的影响具有非常重要的历史意义和现实意义，改革开放 30 多年，许多企业界和理论界的人士为此做了大量的工作，形成了许多好的办法与方式，对现代企业的道德建设作用巨大。

西方及日本、新加坡企业道德特征

西方企业道德，在西方又叫"公司道德"或"社团道德"，是伴随着 19 世纪末到 20 世纪初起源于美国、新兴的企业管理思想或企业文化而产生的一种"企业道德"。与中国企业道德形成的时代背景有很大的差别，二者之间有许多共同的特点与共性，亦有许多因地域、环境、价值观与信仰、行为方式等诸多方面原因而产生的不同特征和差异。前面第一、第二章已对中国企业道德的特点、作用及其形成发展的历史进行了专门的论述，本章集中对西方及日本、新加坡等国家的企业道德特征进行论述与分析。

第一节　美国的企业道德特征

现代美国企业道德是建立在美国文化的基本精神之上的，美国文化的基本精神可概括为这样几点：以全力主宰自然界为特征的物质主义的世界观；以效率、进步和工作理性为核心的行为取向；以个人主义和自主动机为基础的自我价值观；以及以机会均等和冒险勤奋为特色的社会道德取向。毋庸置疑，这种文化精神孕育和培养了典型的美国式的企业管理思想和企业道德文化。《管理过程——概念、行为和实践》一书的作者 W. H. 纽曼和小 C. E. 萨默认为，美国的管理思想中的基本精神可以概括为：未来是由人决定的"命运主宰观点"，企业是一种独立经营的社会组织，任人唯贤，企业决策以对事实的客观分析为依据，广泛地参与制定决策，永无止境地寻求变革和进步。可以这样认为，纽曼等人的这种看法实质上揭示的是美国企业道德文化的一些基本特征。

综合各方面的分析研究成果，可以将现代美国企业道德的特征概括如下：

1. 追求卓越，具有浓厚的"创造性不满足"意识。无论是整个企业还是其中的每个成员一般都不会满足于现状，崇尚不断进取和发展，崇尚学习和自我改进，崇尚高效率，强调"新"、"快"、"变化"，相信明天会更好。这种卓越的道德文化已经成为美国企业文化的一个核心特征，也是促使美国企业走向成功的一个主要动力。就其根源而言，这种对卓越的追求与美国社会特别崇尚"成就"、"效率"、"进步"的道德价值观念是分不开的。美国一些著名学者通过广泛的调查分析发现，美国企业所追求的与组织目标有关的道德价值观，首先是"组织效率"，其次就是"高生产效率"，位居第三的是"利润最大化"；与此相关，企业员工所追求的，首先也是"成就"，然后就是"创造"和"成功"。这说明"追求卓越"确实是美国企业道德文化的一大特征。

2. 以"利润最大化"为企业的终极目标。美国企业界虽然正在批判"以最大限度地获取利润为根本宗旨"的企业道德价值目标，有些企业甚至标榜"为社会创造财富"或者"社会利益第一"是自己的追求目标，实行所谓的"生活—质量管理"，但实质上"利润最大化"仍然是大多数美国企业的追求目标。尽管许多企业非常关心自己的员工，关心社会发展，认为赚取利润仅仅是一种手段，一种为社会发展服务的手段，但实质上这些都是一种"文饰"而已，目的在于掩盖赚钱动机或者"激励"员工努力工作，以争取最大的利润。就企业自身的性质而言，赚取最大化的利润本来无可厚非，但问题是美国企业往往过于重视利润问题，甚至把它看成是企业所追求的终极目标，这就不能不追溯其道德文化传统和企业股权结构。美国道德文化传统向来崇尚"成就"，具有强烈"功利主义"和实用主义色彩，所以总是以实实在在的"经济成就"和看得见、摸得着的"硬指标"来衡量个人或企业的价值，崇拜金钱，认为会赚钱就是英雄。美国学者罗纳曾经说过，美国是一个高度实用主义的国家，强调利润最大化，组织效率和生产率。美国哈佛大学乔治·洛奇教授也说过，美国实行的是"个人主义色彩浓厚的盎格鲁—撒克逊式的资本主义"，而所谓的盎格鲁—撒克逊式的资本主义说白了就是以资本的个人拥有为特征的、目的在于赚取最大利润的资本主义制度。同时，由于美国企业的资本总额中占70%的是股权资本，而大多数股票又为私人所持有。美国的资产所有者之所以要购买股票并成为某个企业的股东，其主要动机就在于从其所投资本中获取最大利润。否则，美国人是不会买股票的，作为企业它必须考虑并满足股东的这种需求。这种高度分散的资产结构和资本投资心理，加剧了私人股票持有者追求短期收益的倾向，致使美国企业的经营决策偏重于追求股东经济效益这样的短期目标。一些研究美国企业的中国著名学者都认为，这种过度追求短期经济效益的做法是导致美国企业近几年来市场竞争力衰退的一个相当重要的原因。当然，在美国那样高度发达的资本主义社会中，企业也必须具有较强的获利能力才能在竞争异常激烈的社会中生存和发展，否则一切都是空话。因此，企业的获利能力就成为了衡量企业行为及道德价值的最主要尺度。

3. 强调个人价值的自我实现，崇尚竞争冒险的个人主义。美国企业管理者以及普通员工都信奉"自由竞争"和"机会均等"的行为原则，认为独立自主比依赖他人更可靠，个人利益是至高无上的，一切价值、权利和义务都来自于"独一无二"的个人，因此时时处处强调自信、自尊、自我实现、突出自我和自我奋斗，企业也为每个员工提供充分发展其潜力的机会，鼓励个人奋斗和冒险创新，表现出浓厚的个人主义色彩。《Z 理论》一书的作者威廉·大卫就曾经深刻地指出，美国企业是一种把"异质性，流动性和个人主义"紧密结合在一起的"A 型组织"。当然，这种个人主义不同于我们常说的"自私自利"。前者是以平等竞争和个人负责制为原则，并且从根本上是有利于他人的发展和进步的；而后者以损人利己为前提，破坏组织绩效或群体关系。就它们的具体作用而言，前者鼓励冒险和创新，"责"、"权"、"利"集于一身，使个人和企业能够经常处在"新的机会"之中，从而有利于企业不断发展壮大；后者把个人利益看得高于一切，通过损害他人利益来实现自己的目标，因此只能使人与人之间的关系变得紧张甚至恶化，破坏组织目标的实现。美国许多企业乃至整个美国经济之所以能够持续的得到发展，这种以个人主义为核心的道德价值观起了十分重要的作用。虽然现在有许多学者都在批判美国企业道德文化中的极端个人主义价值观，但毋庸置疑的事实是个人主义价值观极大地弱化了组织和他人对个人主观能动性的制约和束缚，从而有利于最大限度地调动每个成员的创造性和潜能，使企业能够经常保持"创新活力"。

4. 强调规章制度和契约的约束作用，推崇"硬管理"。在美国企业与员工之间的相互关系主要是由一系列完备的"游戏规则"和契约来维系和调节的，实行"责、权、利"统一的人员聘任制，分工明确，对事不对人，因此工作效率较高。与日本企业相比较而言，美国企业的组织机构既严密稳定而又有灵活性，规章制度相当完备，特别重视经营的战略目标，著有《日本企业的管理艺术》一书的作者理查德·帕斯卡尔教授和安东尼·阿索斯教授所说的那种"硬管理"模式的典型特征，特别重视外在控制手段如奖罚对员工行为的约束，却相对忽视"人员"、"最高目标"和"作风与技能"等"软管理"因素在企业道德管理中的作用，比较忽视员工自身的内心世界对其行为的影响和控制。虽然多年来这种现象有所改观，许多美国企业开始重视"人情投资"和"人性化管理"，但就其根本特征而言，美国企业对"硬管理"的推崇和强调仍然是其企业文化的基本特征，这是因为美国道德文化的基本特征如"务实"和崇尚"科学"等理性主义文化并没有发生根本变化。

第二节　德国的企业道德特征

德国企业道德与其整个道德文化传统是密切相关的。一般来说，可以把德国道德文化传统的特征概括为这样几点：以人性"善"、"恶"相间为基础的人性观；以"新教道德"为核心的工作道德价值观；以个人主义为特征的人文主义思想传统；以"纯粹理性"和"实践理性"为根本的理性主义行为取向。

与此相应，德国的企业道德文化具有如下四个特征：

1. 实行人文主义色彩浓厚的理性主义管理方式。与美国企业所实行的高度"理性化"的管理方式相比较而言，带有人文主义色彩的理性主义管理方式。虽然特别强调严密的组织机构及高效刻板的运行机制，注重"责、权、利"的有机结合和运用程序的科学化和规范化，体现了德国人所特有的理性化道德特征，但是这种管理方式又比美国式理性化管理方式更重视员工的某些需要的满足，具有一定程度的"人情味"。另外，由于受德国道德文化传统的深刻影响，德国企业及其所属员工具有强烈的而又不同于美国的个人主义色彩，鼓励个人自主、大胆地负责自己的工作，支持员工发挥自己的潜能并为此提供各种机会，如完备的岗位培训制度和考核晋升制度。德国企业内部的等级制度并不像人们惯常所认为的那样严格，上下级之间一般保持着较小的权力距离，因此德国企业虽然很少强调企业内部保持良好人际关系的技巧和对下属的控制，但企业员工之间的关系一般都比较融洽，劳资矛盾和纠纷要比欧洲许多国家都少见，而且有一系列的措施和法规保障以鼓励员工参与企业决策，实行管理者与员工共同参与的"民主化的共同决策"，在很大程度上满足了员工的自我实现和自我肯定的需要，从而极大地调动了员工的工作积极性。

2. 以技术管理作为企业管理的根本基础，以技术创新带动企业管理的飞跃。在德国企业中，技术创新和研究开发工作历年来受到企业和社会的重视，政府和企业始终把它当作一项生死攸关的战略任务来抓，认为只有不断地更新产品和技术才能适应竞争激烈的市场，从而强化自己的生存能力。因此为了技术创新，凡是具备科研条件的企业一般都力图依靠自己的科研力量开发"独创型"技术，努力形成自己专有的"拳头"产品，而中小型企业常常自发联合起来共同开发新产品，或者是委托社会上的科研机构进行技术攻关。当然，德国企业也非常重视引进国外的先进技术，许多企业还保持着经常性的与国外企业、科研机构合作开发新产品的关系。所以，德国企业一般具有较好的经济效益和较强的市场竞争能力。即使与其他欧洲国家比较起来，德国企业的这种对技术创新工作的强调和重视也是非常突出和显著的。

3. 德国企业道德文化富有集权、独裁和直线型管理控制的特征。德国之所以具有这样的企业道德文化特征，这主要是因为：（1）德国是一个不确定性避免程度较高的国家，企业管理者及其下属员工所具有的冒险精神比较低，不允许拿企业的生存能力来冒险。因此，实行正规的、直线型的管理控制系统有利于最大限度地降低生存风险。（2）德国企业中所选拔的管理人员一般必须是具有"整合思想"和"整合能力"的专家，他们有能力胜任集权化的组织机构的管理工作。这种选拔管理人员的制度在一定程度上能够保证管理人员具有较高的科学管理水平，因此实行集权式的直线管理可以最大限度地发挥管理人员的能力和工作积极性。（3）德国企业十分重视产品质量和服务质量的提高，有着强烈的质量意识，把产品质量看作是企业生存的手段和根本。因此，为了保证产品质量并最大限度地降低生存风险，实行直线型的管理控制方式也许是必不可少的。（4）员工一般都具有高度的敬业精神，把工作和职业看得高于一切，甚至把工作置于个人尊严和价值之上。这种工作的道德文化使得企业管理人员可以把注意力完全放在产品质量和劳动生产率的提高上，而不必担心自己的命令不被下属接受，实行集权化的直线控制系统就是顺理成章的事。

4. 德国企业非常重视员工素质的提高，甚至把员工培训看成是企业发展的柱石和民族存亡的基础，形成了特有的员工培训制度。德国企业管理者认为，在所有的企业要素中，人是最重要的要素，它直接决定了企业的兴衰与成败，而培训则是有效提高员工素质的最好方式。德国企业的员工培训一般有三个显著特点：（1）员工培训的"全员性"。从蓝领工人到高层管理人员，凡是企业员工都必须接受有计划的系统的培训。（2）员工培训的"预先性"。凡是青年员工都必须接受为期2~3年的岗前培训，而且实行理论与实践相结合的培训方式。（3）员工培训的"多层次性"。低层员工主要培训内容为文化基础和岗位操作规程，而高层管理人员所接受的培训则主要是决策、经营和市场营销等方面的内容，而且培训的形式也非常多。

第三节 日本的企业道德特征

日本企业道德和企业文化都深受中国传统文化的影响，尤其是儒家道德思想中的"和"的概念对其具有更显著的影响。关于这一点，日本著名学者树山孚就曾经说过，"日本式管理的诀窍恰恰是善于激励，而这种诀窍中有不少是渊源于中国的古典思想的"。

1. 日本道德文化的特征可以概括为：以家族制度为基础的、严格的等级制度是其文化基础；以强烈的民族主义意识为核心的民族精神；以"忠孝"和"报恩"为最高道德准则的价值取向；以中国儒家道德思想、佛教文化和西方文化为基础形成的、具有显著的兼收并蓄特色的移植文化；以强烈的"生存理性、危机理性和人文理性"为核心的"日本式"理性意识。在上述道德文化传统的影响下，日本企业形成了富有自己特征的企业道德文化模式。关于这种模式的具体内容，不同的学者做出了不同的概括。在这里只介绍中国学者在研究日本企业道德文化时的两种典型观点。一种观点认为日本企业道德文化可归纳为"五个特点"：企业一般具有追求经济效益和报效国家的双重目标；信奉家族主义和资历主义；富有集体主义和团队精神；以"和"为本，注重劳资关系的和谐；"经营即教育"的观点深入人心。另一种观点认为，日本企业道德文化可以概括为"一个目标、两种精神、三个观点、四项原则和五项管理措施"。"一个目标"就是追求合理化管理形态这一首要而且唯一的目标；"两种精神"就是既追求卓越成就，加强研究发展的精神，同时又采用终生雇佣制，使员工表现出强烈的敬业精神；"三个观点"就是把握时间观念、整体计划观念和讲求质量的观念；"四项原则"就是企业管理方式如何变化都必须依据低成本、安全、弹性管理和人性管理这四项原则行事；"五项管理"就是目标管理、目视管理、颜色管理、动态管理和自主管理。相比较而言，从根本上说，这两种观点都只是看到了日本企业道德文化的一些表面现象，并没有真正了解其中的奥秘。应该说日本的企业道德文化既不同于欧美，也不同于中国，虽然它们都曾深刻影响过日本企业及其道德文化，但由于日本是一个具有奇特性格的民族，所以它的企业道德文化始终具有不同于自己的"老师"的独特之处。人们都知道，日本具有举世公认的善于吸取别国先进技术和文化的长处，同时又具有美国学者埃德温·赖肖尔所说的那种在自卑感与优越感之间不停"晃动的钟摆"的特征，总是在先进技术和道德文化面前，先是自卑并兢兢业业、专心致志地模仿和学习，当其同化并转化为自己的道德文化时又开始瞧不起以前的良师益友，自卑感为优越感所取代，从而逐渐演变出自己独特的企业道德文化来。这种独特的企业道德文化有哪些特征呢？或许借用日本著名学者松本厚治的概念"企业主义"来概括日本企业道德文化的根本特征，可能是最恰当不过的，所谓的"企业主义"不仅仅指企业制度，而且也是一种新的经济体制和经营体制。在这样一种体制中，有三个最显著而又明显区别于其他国家企业道德文化的特征：（1）劳动与经营的结合；（2）与劳动结合在一起的经营独立于资本和国家的支配；（3）终身雇佣制以及在此基础上形成的年功序列制和企业内工会等一系列制度。下面我们分别予以讨论。

在日本企业中，经营（或体现为组织的企业）和劳动是相结合的，而不是像西方的企业制度那样经营是与劳动完全相分离的，甚至是相互对立的；企业员工已经不再是西方企业意义上的"雇佣工人"，而是一种被企业"内部化"的承担着经营责任的"企业人"；经营的目的在于追求所有从业人员的利益，而不仅仅是资本家的利益，劳动者也承担起了经营的职能；由于劳动者已经承担了经营的风险，再加上技术革新和生产的组织化等经营职能也都由所有从业人员一起承担，所以经营者与劳动者的职能是相互渗透的，而且形成了一个不可分割的整体；这些企业人担负着经营的自律责任，他们与企业的关系本质上是参与而不是支配；这种"自律"和"参与"是出自他们对企业经营所负的责任，这既不是心理上的责任，也不是法律和制度所强加赋予的责任，而是一种自身利益与企业的兴衰密切联系在一起或紧密捆绑在一起的利益责任。用日本企业界人士的话来说就是"企业人不是依靠权利强制性的担负起这种责任，而是为了追求自己集团的利益，因此他们参与经营必然会推动企业前进。在这种体制中，原动力是责任而不是权利"。在这样一种劳动与经营紧密结合在一起的体制中，企业人始终是以整个企业的一分子的身份来开展一切工作的，他们同企业的关系再也不是雇佣或买卖关系，而是一体化的终身关系，而且企业人与企业之间在根本厉害问题上始终是一致的。所以，所有的企业人都会最大限度地发挥自己的主观能动性，为了企业的生存和发展拼命工作。

2. 日本企业的另一个显著特征是经营已经摆脱了资本和国家的控制。（1）就国家与企业的关系而言，人们常常有一种误解，认为日本政府对企业和整个经济活动采取了一种严密管制措施，甚至认为日本企业是由日本政府控制的。例如，美国学者莱斯特·瑟曼在其著作中就认为，"日本的特点是将投资集中计划，由政府集中控制，这使其任何资本家都痛苦得痛哭流涕"。许多学者都提出了类似的看法。然而，实际情况恰恰与此相反，这或许是由于战后经济复兴时期政府曾经实行过的严格管制措施，至今仍然在人们头脑中留有残余印象的结果，实质上日本早在 20 世纪 60 年代中期就已完成了贸易自由化。就多年来的情况分析，日本政府确实很少介入产业活动，例如，制造业方面几乎没有公营企业，除个别产业政府进行十分有限的限制以外，国家对企业实行的控制要比许多西方资本主义国家少得多，因此日本实行的绝不是管制型或计划型经济。当然，有一点必须加以说明，日本企业主动承担了其他国家政府通常所承担的许多社会责任，例如，日本企业实行终身雇佣制，这实际上是替政府承担了避免失业的负担。即使在经济很不景气的情况下，日本企业基本上实行企业内部失业政策，使整个日本的失业率很少超过 2%，这大概也是日本政府很少或者说基本上不干预企业经营活动的一个主要原因。（2）就企业经营与资本家和股东的关系而言，虽然日本的企业大都也实行股份制，但由于企业间相互持股并且尽力保持稳定持久的股东关系，其结果是持股行为对企业的影响被相互平衡和抵消了，再加上经营权与所有权是完全分离的，所以资本家和股东与企业的关系已经同本来意义上的股份制发生了极为显著的变化。这些变化主要包括：资本家和股东几乎根本不关心其持股企业的管理以及能否收到股息，他们一般都会忠实地支持自己拥有股份的企业的经营意愿和经营行为；股份制企业的许多制度已经名存实亡，如董事会制度、公司监察制度以及股东代表大会制度等都成了空洞的概念，董事长仅仅成为企业内部高于所有人的重要职位；企业不是由股东在控制，相反是企业控制着股东。这就使得即使像松下电器公司这样的大型国际企业，作为一种股份制企业其许多与股份制有关的制度也是形同虚设。企业经营与股东意愿完全分离开来了，企业完全从资本家和股东的控制下独立了出来，有了自己真正意义上的经营自主权或经营上的独立性。日本企业的这种持股方式一般称之为"产融结合的交叉持股结构"，其实质是在所有资本总额中，股权资本仅占 30%；其余均为债务资本，而在股权资本中约 70% 以上为法人股权，只有不到 30% 的股权资本为个人股权，而且法人之间相互交叉持股，企业的股权是高度分散的，真正做到了所有权与经营权的完全分离。

仅就企业管理而言，这种持股方式有两大积极意义：一方面，由于法人股在股权资本中占绝对优势，而且相互之间交叉持股，从而大大降低了股东对企业的干预，甚至可以说股东对企业经营的干预是十分微弱或者几乎可以忽略不计，使得日本企业拥有完全独立的经营权。在这种情况下，企业经营者完全可以按照自己的想法管理企业，并通过追求经营的长期效益以实现自己的价值，从而最大限度地避免了经营中的短期行为。另一方面，由于个人股权在整个资本总额中所占比例相当少，再加上法人相互交叉持股，所以企业股东对股票升值、分红等短期利益并不太重视，相反他们更重视从企业发展中获得长期的、持续的利益。这一点可以从多年来日本企业的法人股换手率很低、股票分红率既低且呈下降趋势这个方面得到很好的说明。

如果我们把中美日的股权结构及其经营目标做一番比较，也许更能说明问题。在中国企业中，国家股和法人股虽然在整个资本总额中占有绝对优势，但由于产权不明晰，法人股与国家股实质上相差无几，企业经营行为主要反映的是政府利益而不是企业自身的利益，因为中国的一些企业所追求的实质上是短期经济指标和股票分红这些短期行为目标，相反对诸如技术进步和新产品开发的重视程度相当低，在这方面的投资额度极为可怜。美国企业虽然与中国企业在这方面有很大区别，但由于实行的是高度分散的产权机制，个人股权在整个资本总额中所占比例远大于法人股权，使它在处理近期利润目标与远期成长目标之间的矛盾时，不易获得股东对牺牲近期利益而满足长期利益需要的有力支持，因此美国企业往往明显地倾向于追求高额利润以及大比例的股息分红，而不太重视技术开发和基础研究投资。就企业经营目标和决策基准而言，中国一些企业的短期行为比美国企业有过之而无不及，一点也不像日本企业那样倾向追求发展性的长远目标，而是过分追求短期经济效益和股东利益等短期目标。表7-1和表7-2对日美企业的经营目标做了详细的比较。

表 7-1　　　　　　　　　　　日美企业各自所重视的经营目标

经营目标	日　本		美　国	
	位次	比重（%）	位次	比重（%）
新产品、新事业的扩大	1	60.8	9	11
市场占有率维持、扩大	2	50.6	3	53.4
投资收益率维持、扩大	3	35.6	1	78.1
国际经营战略	4	32.8	8	12.3
销售额最大化	5	27.9	5	15.1
生产流程合理化	6	27.0	6	13.7
自有资本比率的上升	7	21.8	6	13.7
提高企业社会形象	8	18.6	10	6.8
产品性能改进	9	11.5	4	28.8

续表

经营目标	日 本		美 国	
	位次	比重（%）	位次	比重（%）
劳动条件改善	10	7.3	12	0.0
确保雇佣	11	3.8	11	1.4
股票收益	12	2.7	2	63.0

表 7 - 2　　　　　　　日美企业进入新事业领域时决策基准的差异

重视程度	日 本		美 国	
	市场成长性	市场收益性	市场成长性	市场收益性
极为重视	69.4	42.1	56.3	57.7
较为重视	23.5	42.5	32.4	32.4
一般性重视	6.9	14.3	11.3	7.0
较不重视	0.3	1.0	0.0	2.8
不重视	0.0	0.1	0.0	0.0

　　日本企业重视新产品和新事业的扩大，以及市场占有率的维持和扩大等长期性、成长性目标，而美国企业则重视投资收益率、股票收益等短期性的、收益性的目标；在进入新事业领域时，日本企业以市场成长性为基准进行决策，而美国企业则更重视新事业领域的收益性；日本企业不重视股票市值（股东利益），而美国企业很重视股东的利益；相比之下，日本企业比较重视劳动条件的改善，而美国企业就不太重视。同样，中国企业所重视的也是股东收益最大化和市场收益性等短期经营目标。当然，日本企业之所以重视对其发展有至关重要影响的长期经营目标，除去产融结合的交叉持股的企业股权结构这一最重要的因素以外，企业的融资方式和特有的终身雇佣制也是其中两个重要因素。

　　综上所述，日本企业所实行的这种特殊的"产融结合的交叉持股制度"，使得日本企业相当重视长期性的经营战略，从而最大限度地避免了企业的短期行为。这大概也是西方企业道德文化与日本企业道德文化之间的一个很重要的区别之一。

　　3. 日本企业道德文化的第三个特征是实行终生雇佣制，或者说终身雇佣制是日本企业经营方式的又一大重要支柱。所谓的终身雇佣制是指青年员工自进入某个企业之后，如果没有什么特殊的原因，该员工必定要在该企业一直工作到退休为止。这种制度是日本所特有的，而且并不是法律所规定的强制措施，它仅仅是一种长期经营实践中逐渐形成的惯例罢了。

终身雇佣制的形成一般有这样几个原因：（1）日本道德文化传统使然。日本是一个集团意识相当强的国家，不论人们是何种身份、地位和职业，只要共同构成了一个集团，那么他们就会产生十分强烈的集团归属意识。同样，不论是企业的经营者还是普通的劳动者，只要是归属于同一个企业，他们就会产生一种强烈的与企业同命运共呼吸的企业团体意识，除非是出现了什么特殊情况，否则员工是不会轻易离开企业的，而企业经营者也不会轻易解雇员工。（2）日本特有的经济环境在起作用。日本是一个资源缺乏、战争创伤严重、人口密集的国家，除了人一无所有，这种状况使日本国民深刻地意识到，要发展企业只有充分挖掘人力资源，实现劳资协调的制度保证。（3）实行终身雇佣制对企业经营者和劳动者双方都有很大的好处。对于企业经营者来说，这种制度可以最大限度地发挥培训的效用，并减少培训成本；对于劳动者来说，这种制度既能保证就业，同时又可以发挥自己的技术专长。另外，年功序列制也对终身雇佣制的维持起到了强化作用，因为员工一旦变换企业，原有企业积累下来的年资将会完全消失，其工资和职务晋升一切都要从头开始，因此员工一般不会轻易辞职。

终身雇佣制一方面可以使员工终身以企业为家，视企业利益为自身利益，从而极大地增强企业的凝聚力，提高员工的工作积极性；另一方面，这种制度可以保证员工不被解雇，使员工不至于反对技术革新，所以也有利于推动企业的技术进步。同时这种制度由于可以为企业大规模地培养技术骨干，因此也十分有利于推行全面质量管理活动（TQC）。TQC活动之所以在日本能够广泛推行并获得巨大成功，主要应该归功于终身雇佣制。另外，这种制度可以大大降低企业的培训费用等经营成本，并且有利于企业持续稳定地向前发展，所以深受日本企业界的欢迎。正因为终身雇佣制有这么多好处，所以日本企业都在拼命维持这种制度，而这种制度本身也就成为支撑日本企业长期经营战略的重要基础。

第四节　新加坡的企业道德特征

1965年，在英国殖民时代一向以自由转口贸易为主要经济活动的新加坡脱离马来西亚而独立。建国初期，政府乃至企业所秉持的是一种"科技兴国"

的路线，努力吸收西方先进科学技术和管理经验，鼓励个人在技术领域的创新突破，忽略了对人们道德文化领域的建设和引导。20世纪70年代后，随着现代化过程的推进，道德沦丧，风气败坏、信用缺失等消极现象严重侵蚀着社会经济的每一个领域，而新加坡的各个企业更是首当其冲。面临这样的局面，新加坡政府开始将目光从科技进步与经济发展转而投向企业的道德文化世界，而企业也认识到要想立足长远、持续发展，就必须将企业道德文化建设作为第一要务来执行。因此多年来，新加坡的企业道德文化建设所取得的成就是有目共睹的，企业内部严明的纪律，员工普遍较高的道德意识，都成为许多国家企业道德文化建设的典范。

新加坡的企业作为社会的重要组成部分，其道德文化也带有浓厚的中国儒家传统文化色彩，具体表现为：

1. 以民族精神作为企业道德文化的基本内容。民族精神是中国民族传统文化的核心，在中国历史上曾发挥过巨大的影响和作用。在新加坡的企业道德文化中，借鉴与吸收了中国传统道德文化的精华，大力倡导"己欲立而立人，己欲达而达人，己所不欲，勿施于人"的仁爱精神，反对"为富不仁"的企业道德，提倡"天行健，君子自强不息"的进取精神。同时，企业教育员工，培养员工"人定胜天"的信心，以及"知之为知之，不知为不知"，"知耻近于勇"的无畏气概和敢于否定自己的精神。

2. 以爱国主义作为企业道德文化的主旋律。爱国主义是儒家传统文化中的一贯思想，是爱国家、爱民族和爱人民的总称。新加坡企业在对员工进行道德教育的时候，根据历史的发展赋予了爱国主义更新、更加具有时代意义的内涵，即要求每个员工将爱祖国与爱企业、爱岗位结合起来，理解"国家、民族、集体、企业"的利益高于一切个人的私利。从而每个员工满怀爱国之心、报国之志，在管理上精益求精，在岗位上兢兢业业，无论身处何方，永远牢记自己是企业的一员，自己的前途与命运与企业的前途和命运息息相关。

3. 坚持以"仁"为根本。"仁"是中国民族传统道德的中心和最高准则。"仁"德的核心是爱人，"仁"德的基本内容是：爱仁、孝悌、忠恕。新加坡企业很早就认识到，作为现代企业，要想在竞争中取胜，要想在国内外市场享有较高的声誉和知名度，在管理思想上，必须坚持以"仁"德为根本。这其中包含三层意思：（1）以"仁"德爱员工，员工是社会和企业的主人，是企业生存发展之本，他们的劳动和创造，必须受到社会和企业的尊重。（2）以"仁"德爱顾客，顾客是企业生存发展之源，诚信、友爱地对待顾客，企业才能获得长远发展，才能加强对顾客的双向沟通、理解和联系。（3）以"仁"德爱企业，要从企业的特色和顾客的厚望出发塑造企业形象，以良好的企业形象赢得社会和顾客，以良好的企业形象增加企业的无形资本，创造企业发展的潜力和动力。

4. 把依法治国落实到企业道德文化之中。新加坡的企业道德文化中很值得借鉴和学习的是企业如何将依法治国，很好地落实到企业的道德文化观、经营理念与企业制度的建设之中去的。在市场经济高度发达的时代，企业道德文化建设如果只是依托传统文化，而缺乏法制法规的保证，是行不通的。在新加坡，上至国家，下至每个企业内部，都拥有一套完备的法律法规体系。这与新加坡前总理李光耀的治国方略分不开。剑桥著名律师出身的李光耀，深知法律在规范人们行为中的效力，国家、社会、企业只有实行法治，社会才可能有健全的规章制度，才有可能有法必依，才有可能实现公正和平等，才有可能形成井然的秩序。

企业道德与企业核心竞争力

第一节　核心竞争力是企业创新发展的源泉

　　"物竞天择，适者生存"，"胜者为王，败者为寇"是自然界和整个社会竞争的规律，亦是自古以来市场不变的规则。没有竞争就没有市场，没有竞争就没有社会的发展。通过对国际核心竞争力的分析评价反映出，国际竞争力是一个由多种因素综合构成的整体，其核心是一个国家的产业和企业的竞争力，也就是说国际竞争力是以企业竞争力为核心的。这是因为决定一个国家国际竞争力强弱的主要因素，是这个国家创造国民财富的水平，而不断增强创造国民财富和经济增加值能力的任务只有该国的企业来承担。任何一个国家的任何一个企业要在强手如林、规则无情的竞争环境中立于不败之地，保持创新发展、做大做强的生机与活力，不仅要有应对竞争的基本能力，而且要更加具备的是决战于市场、制胜于对手的核心能力。

　　企业的竞争力从经营管理的角度分析是指企业在创新发展中配置和使用市场要素的能力，其表现在多个方面，如获取资源的能力、掌握某种重要技术的能力、创造低成本的能力、开发新产品的能力、构建市场营销网络的能力等。但对于具体企业来说，并非每种竞争力都同等重要，而只是在研发、设计、制造、营销、服务等其中的某一两个环节上能使企业保持长期竞争优势，获取稳定超额利润的，明显优于且不易被竞争对手模仿的，能够不断提高顾客价值并能使企业获得可持续发展的竞争力，才是企业最关键的竞争力，亦即企业核心竞争力，也称核心能力。一般认为，企业核心竞争力具有如下特征：（1）在顾客价值方面，对顾客所看重的价值——顾客的核心利益能做出关键性的贡献。（2）在差异化优势方面，能在竞争中表现出自己的独特之处，而这种独特性竞争对手难以模仿或要付出巨大成本，例如，包括时间成本。（3）在延展性方面，能够不断地开发出新产品和新服务以满足顾客需求，具有旺盛、持久发展的生命力。

根据竞争规则的核心要素分析，企业的核心竞争力包括诸多方面，从创新发展的渊源与动力角度来看，主要是指：

（1）企业技术开发的核心能力。技术开发是指利用从研究和实际经验中获得的现有知识或从外部引进技术，为生产新的产品、装置，建立新的工艺和系统而进行实质性的改进工作。国内外一些大的企业或公司，像IBM、松下、西门子、微软、中石油、中移动、中五矿、中粮等普遍都在很多年前就成立了专门的技术开发机构，在激烈竞争中，抢得先机，形成自己的核心积累，使别人难以模仿和超越，确立企业的竞争优势。（2）企业战略决策的核心能力。企业的战略决策决定了企业核心资源的配置。在产业发展相对稳定的时期保持企业核心能力和积累的一致性，准确预测产业的动态变化，适时进行企业核心能力的调整。每个企业都应从自身的核心能力的培育、成长和积累的角度来考虑企业的战略问题。（3）企业市场营销的核心能力。它涉及企业营销网络及渠道的管理和控制。运用科学的营销方案，培养优秀的营销队伍，科学配置营销网点，有效利用广告效应，将企业的技术优势外化为市场竞争优势。（4）组织协调企业各生产要素，进行高效生产的核心能力。面对不断变化的市场，企业要有优势，必须始终让生产、经营、管理各个环节、各个部门协调、统一、高效，它涉及企业的组织结构、企业战略目标、信息传递、激励机制和企业道德文化等方面。根据生产中不同要素要求，高效组织资源，并使其在各自的位置上正常运转。（5）应对外部环境变化的核心能力。客观环境时时都在发生变化，企业决策者必须具有敏锐的感应能力，保持经营战略适应外部环境的变化。若出现无法预料的事件，如某项技术的发明、政府政策的调整等，企业就必须迅速、准确地拿出一套应变的措施和办法，把可能对企业自身的影响减少到最低程度。

构建企业核心竞争力，就是要将潜在的核心能力转化成现实的核心能力。核心竞争力作为企业能量中最根本的能量，是企业成长最有力、最主要的驱动力，它提供竞争优势的源泉。因此，开发核心竞争力首先要明确战略意图，核心竞争力突出体现着企业的战略意图：（1）企业在全面、深入地分析市场未来发展趋势的基础上，通过特定的发展战略形式的拟定，确定企业的战略目标，明确企业核心能力的技术内涵，明确如何将核心竞争力实现为核心产品。（2）建立合理战略结构，企业根据既定的战略意图，协调内部人员的工作，优化配置企业的各种资源，设立相应的协作组织，平衡内部资源的分配，同时更有效地吸收企业外部的可用资源。（3）组织战略实施，企业根据既定的战略意图和战略结构，具体组织开发核心竞争力，对开发过程进行实时控制。

在当今全球化的竞争格局下，竞争无时不在，竞争无处不在，企业与企业之间的竞争除了以上所述的技术、物态等形式的核心能力竞争外，"功夫在诗外"，已经不断升华到了企业内在的、精神的、文化的、品牌的竞争。含金量高的品牌不仅是企业核心竞争力的主要内容，也是其生存、竞争和持久发展的原动力。那些能长久地持续发展成长的企业，尽管其经营战略和实践活动总是随着外部环境不断地变化，却始终保持着稳定不变的核心价值观。应当说，是否拥有成熟、厚实、先进的道德文化底蕴来架起品牌和核心能力，决定着企业的前途和命运。

增强核心竞争力是企业创新发展的源泉与动力，同时只有不断创新与发展，才能不断提升企业的核心竞争力，二者是相辅相成、相互促进的。创新是一个国家的灵魂，更是企业创造核心竞争力的生命线，企业立足自身，着眼长远，紧盯市场，从实际出发，通过核心能力的提升、不断促进制度创新、管理创新、技术创新。制度创新为企业的发展提供有效的机制保证，为企业带来内在的驱动力；管理创新为企业的发展提供活力的源泉，为企业带来内在的核心力；技术创新为企业的发展提供必要的手段，为企业带来竞争的核心能力。

第二节　企业道德是核心竞争力的内生动力

从现代经济学关于企业的本质属性和组织架构来分析，企业不是纯粹的经济人，也不是纯粹的道德人，而是现实的互利共生的"道德经济人"。企业道德的行为特征对企业生存发展，特别是对企业持续创新发展的核心能力的形成影响很大，是其内生动力与源泉。

企业道德为何对企业核心竞争能力有如此大的作用。从企业运行与竞争中核心能力分析，无论是在企业人、财、物、产、供、销的各个环节中，还是在企业无形的道德文化力量之中，企业道德都无时无刻不贯穿其中，起着内生动力的作用，因此，唯有道德才能阐明企业存在的意义以及企业核心竞争力的价值皈依问题。道德提供的是规范性知识而非技术性知识，它不仅是企业的安身立命之本和"价值灵魂"，而且提供了科技、营销、制度和文化的终极价值，提供了价值导向作用。离开了道德，这些要素势必"茕茕孑立，形影相吊"，一盘散沙、难以整合；离开了道德，这些要素无论如何"加码"投入，都不能保证在市场竞争中取得优于对手的明显优势和最终胜出。这是企业道德区别于其他核心能力要素的特殊性与异质性，也是道德成为企业核心竞争力的关键所在。

在肯定企业核心竞争力其他要素具有重要价值的基础上，从实践经验和理论上进一步厘清企业道德在其中所具有的独特价值很有必要。

1. 企业道德促进科技力的提升。有一个著名学者说过："科学与道德作为人们对世界认识和把握的两种实践精神形式，从认识上看两者无涉，但具体到现实生活过程中，由于人类生活是个有机体，科技和道德不可能相互疏离、相互流放"。科技对人类道德状况发生着重要影响，同时科学同任何其他人类活动的形式一样服从于道德原则。当然，这种影响不只是消极的制约作用，更有积极的导向、激励和引领作用。从企业道德对科技的研发、创新和使用等方面看都是如此。一方面，道德可以凝聚人心、调动员工的积极性和潜能，成为拉动科技研发的内驱力。科技的产生、创新和学习需要道德的协调，因为"道德是整个社会，自然也是经营活动的'润滑剂'与'黏合剂'。"一个道德良好的员工团队，才可能形成合力，促进科技创新，不断挑战科技高峰，研发出新的产品。另一方面，道德对科技的应用具有制约和导向作用，对悖离人性的科技应用必须设置"道德禁区"。诚然，科技本身并无价值属性，"对于自己来说，既没有什么善，也没有什么恶，一切都取决于人。"科技尤其是现代科技是一把"双刃剑"，可以用来为人类造福，也可以毁灭人类，如果我们不能理智地运用它就有可能发展到这个地步，因此道德引领是发挥科技积极功能所必不可少的。正如爱因斯坦曾经告诫道："关心人的本身，应当始终成为一切技术上奋斗的主要目标；关心怎样组织人的劳动和产品分配这样一些尚未解决的重大问题，用以保证我们的科学思想的成果会造福于人类，而不致成为祸害"。

2. 企业道德促进营销力的提高。营销力的关键是要低成本、快速度、大网络，而这些都离不开企业道德的维系。克斯洛夫斯基提出，"当今经济中的非物质性活动比物质性活动增长得快，服务型经济的文化方面的东西比工业经济的物质生产增长得快。评价商品中象征性的和非物质性的价值成分随着经济物质的饱和在向物质性商品价值方面增长。"在现代市场经济条件下，销售实质上是道德文化的销售，其功能在于使消费者认同商品输出的道德文化价值观念。进一步说，企业文化的内核精髓在于道德，在此意义上，真正的营销就是道德营销。一个成功的企业道德营销的前提是必须协调好与内外部所有利益相关者之间的关系。

著名诺贝尔经济学奖获得者肯尼斯·J. 阿罗曾指出，相互信任是社会系统运行的润滑剂。企业必须构建的信任关系包括三个方面：（1）企业和商业伙伴之间通过长期合作建立起的商业信任，对于降低交易成本，提高企业营销绩效都大有裨益。（2）企业通过奉行"消费者第一"的宗旨，为消费者提供适销对路、物美价廉商品或服务，建立与消费者之间的信任关系。（3）企业树立诚实守信的道德形象，保持与政府、社区、社会等其他外部利益相关者的良好信任关系，通过提高企业的"美誉度"来开发潜在的消费者需求。从长远来看，企业与内外部所有利益相关者的关系均以信任关系为支撑，企业的营销活动不仅要让消费者满意，更为重要的是在讲求诚信的基础上，建立起企业与顾客之间的信任关系。正如一位市场营销学专家说的："较高的道德行为水准会减少机会主义和逃避主义的现象，同时逐渐增加顾客和利益相关者对公司的信心。……公司内部较高的道德行为水准，相对于那些由于其雇员和经理的不道德行为造成高昂成本的公司来说，就能形成显著的优势。"这种信任关系不仅维系互利关系的纽带，提高组织绩效，而且有助于企业提高核心竞争力。没有相互信任，没有充分的市场信息和产品信息的适时交流，就更不会有真正的合作。在营销活动中，企业各部门通力合作以保障信息交流的通畅，才能最终实现组织绩效的提升。

3. 企业道德促进制度力的增强。制度有正式和非正式之分。著名制度经济学家诺思认为："制度就是人为设计的各种约束，它建构了人类的交往行为。制度是由正式约束（如规则、法律、宪法）、非正式约束（如行为规范、习俗、自愿遵守的行为准则）以及它们的实施特点构成的。它们共同确定了社会的，尤其是经济的激励结构。"诺思所说的"非正式约束"本身包含道德的约束。道德与制度之间具有互动的作用，道德的运作离不开制度及其担保，因此，过分强调制度环境就失之偏颇。一方面，道德是制度创新的价值灵魂和制度正义的"保险阀"，制度是道德理念、道德精神外化的客观所在。通过具有现实必然性、价值合理性的道德来"软化"制度的"刚性"，形成制度的精神和内容是制度生命力的保障。实际上著名德国经济伦理学家马克斯·韦伯在其《新教伦理与资本主义精神》、《经济通史》、《儒教与道教》、《经济与社会》等著作中，对世界各国的经济与道德比较研究之后指出，支撑在资本主义制度背后的，是渗透在西方文明各方面的某种特殊的理性及独有的经济道德（如诚实、信任、节俭、责任）。同时，制度的合理道德性是制度权威性的一个内在根源，正是由于制度承载了合理的道德价值，就为制度规范提供了必要的担保。如果一种企业制度失去正义之维，失去其合法性根据和合理性基础，对于企业的有序运转和可持续发展是极为不利的。罗尔斯在《正义论》中有一句开宗明义的经典名言："正义是社会制度的首要价值，正像真理是思想体系的首要价值一样。"一项正义的制度安排就是使其最大限度地实现某种平等。基于此，创新企业制度的逻辑前提是要有清晰而合理的道德价值理念，否则，"恶"的制度与无制度的区别正如偏见与无知的区别一样。当然，任何制度的"善"、制度的合理性都是相对的，其完善发展有一个历史过程。制度创新是在制度运作的实践过程进行中，这即是制度学家维特根斯坦所谓的"规则悖论"。他认为："任何行动过程都无法由一条规则制定。"实践是根本性的东西，只有不断实践，提升制度的合理性，方能最终达及制度"至善"。另一方面，道德是制度运行的"润滑剂"。诺思认为："一个社会的健全的道德准则是使社会稳定、经济制度富有活力的'黏合剂'。"但再好的制度，离开了人的道德素质和道德行为，都将成为一纸空文，失去作用，即所谓"道不空行，必依其人"。如果一个国家的人民缺乏一种能赋予这些制度以真实生命力的、广泛的现代心理基础，如果执行和运用着这些现代制度的人，自身还没有从心理、思想、态度和行为方式上都经历一个向现代化的转变，失败和畸形发展的悲剧结局是不可避免的。再完美的现代制度和管理方式，再先进的技术工艺，也会在一群传统人的手中变成废纸一堆。同样道理，对企业来说，不断培养具有良好道德意识的企业员工，打造企业的人力资本和道德资本，成为制度执行力的关键，也是企业经济绩效差距的界标。德鲁克认为，在新型组织中，"传统部门的职责将发生巨大的变化，主要负责标准维护、人员培训和工作分配，而不是具体处理业务"，这种转变要求团队"需要更高程度的自律，并更多地强调个人在人际关系和沟通交流中的责任"。可见，道德的"非制度约束"是企业制度运行不可或缺的润滑剂和整合因素。

4. 企业道德促进文化力的塑造。企业竞争已经由"硬实力"的竞争日益走向"软实力"的竞争，企业文化的重要价值不言而喻，文化的本质内核是道德，打造一种对利益相关者进行道德关切的企业文化，是企业文化力提升的最佳选择。被誉为"领导变革之父"的美国学者怀特教授认为，道德的企业文化对于企业经营绩效和基业长青有着重大作用。"重视所有关键管理要素（消费者要素、股东要素、企业员工要素），重视各级管理人员的领导艺术的公司，其经营业绩远远胜于那些没有这些企业文化特征的公司"。

企业恪守道德，就能够处理好企业内外部所有利益相关者的关系。就企业内部而言：（1）道德有助于形塑柔性化、弹性化的企业管理文化。传统管理学的最大缺陷，是组织的刚性僵化而缺乏活力；现代管理学则认为，通过较大的管理跨度促进组织效率的提高，组织设计应追求"扁平化"，避免部门设计过度的专业化，以灵活的团队组织代替僵化的部门划分。由此，员工的自由空间随着管理跨度的扩大与部门设计的灵活多样化而拓展了，企业内部的人际关系也改善了，从而增强了企业的环境适应能力和危机处理能力。（2）道德有助于现代人性化的企业创新文化的形成，提高企业的综合创新能力。马斯洛关于人的需要层次理论启发我们，要从人的多层次需要出发，激发人的创造性潜能。在传统的企业管理文化中对人的高层次需要却缺乏重视；现代企业管理把较高层次的需要作为人的自我实现的优化选择，从而在更高层次上激发人的创造性潜能，企业能够以人为本，为员工提供自我实现与发展的良好环境和平台，这就能激发企业员工工作积极性和创造潜能，由此企业可以通过道德促进一种人性化的企业创新文化。（3）就企业外部而言，道德有助于形成人性化的企业营销文化。人性化的企业营销文化要求企业必须抛弃企业中心主义道德价值观，遵循互利共赢原则来处理自己与利益相关者之间的关系。从效率与业绩而言，在某种意义上，合作道德是企业团队功能发挥的关键。人性化的营销文化通过团队合作来不断形塑企业的人际合力，助力于团队中良好人际生态的形成，能够极大地降低团队内部"成本"。人性化的营销文化也能够和利益相关者结成稳固的"同盟"关系和信任关系，从而提高企业的效率与业绩。

第三节　企业核心竞争力的道德文化特征

衡量一个企业是否具有独立的核心竞争力，可以从有形和无形资本、内部的基础管理和外部市场的生机与活力等多个方面、多个层次进行评价，**从企业道德及其文化内涵的角度分析、评价，主要考核与衡量以下几个方面：**

1. 是否具有独特的道德文化价值。企业核心竞争力中有没有独特的道德文化价值，首先要看它能否在企业获取市场的过程中做出了贡献。企业道德文化对员工的行为具有极大的约束性。企业道德文化在一定程度上界定了人们的行为能力，具有不同道德文化背景的人，处于相同的环境中会有不同的反应；企业新进的员工也会调整自己的行为以适应周围的环境，这些都是企业道德文化对人们思想和行为约束的表现，而长期的约束则导致了人们行为的惯性。一个习惯，不管是好是坏，都会给人们以熟悉感，长久以来形成的道德文化氛围和行为方式，让人们往往不自觉地拒绝新的、不同的行为方式，而坚持自己已经熟悉、习惯了的"传统"。这是好的企业道德文化之所以能长期起作用，而坏的企业道德文化具有长期破坏性作用的原因。

简而言之，企业道德文化影响员工的行为，而员工的行为则影响利益相关者的感受，对内形成了部门、个人之间的互动方式，对外则影响了企业商业活动互动的方式。这两种互动的方式会直接影响企业的效率和效益，从而对企业的经营业绩产生直接的影响。对于企业道德文化与经营绩效之间的这种假设，许多理论研究者也进行了大量的实证研究。其中最为著名的是一位美国学者约翰·科特在其专著《企业道德文化》中，总结了在 1995～2005 年，全球 20 个行业 100 家公司的企业文化和经营状况的深入研究，列举了强力型、策略合理型和灵动适应型三种类型的企业道德文化对公司长期经营业绩的影响，并用一些著名公司成功与失败的案例，得出以下结论：企业道德文化对企业长期经营业绩有着重大的作用，是企业核心竞争力的关键因素。

2. 是否独有或者稀有。企业道德文化是在长期的经营活动中形成的，是对其成长环境、能力、经验的归纳与变革，伴随企业的历史而生。它不仅与企业所处的国家、地区、行业等有关，而且与企业的创建者、强有力的领导者以及所处的生命阶段有关。企业最初的道德文化大都反映了那些富有远见的创建者的价值观、信仰、喜好以及习性等。如老沃森的影子在 IBM 比起他本人活得更久，从员工的着装到公司的管理体制，无不体现着老沃森的思想，而且他有意识和系统地把那些在他任职期间曾经使 IBM 获得成功的道德价值观制度化。

对于那些具有强烈个性、魅力十足的继任者来说，企业往往是变革的试验田，在这里他们挥洒着智慧与远见，促使企业发生革新性的变化。张瑞敏就是其中一例，在他的带领下，海尔创造了一个又一个辉煌业绩，从而也形成了海尔独特的企业道德文化。他认为海尔之所以能取得今日的成就，建立开放的企业道德文化体系是一个重要的因素，杰出的领导者对企业来说是不可多得的财富，他们对企业道德文化体系影响巨大。

处于不同生命周期的企业，会采用不同的控制系统，着重点不同，自然会带来不同的道德文化体系。初创的企业，创新的意识可能更强，而一家已经成熟的企业，强调的则是人们的做事方式，资源更多应用在控制系统上。创业者、继任者以及发展阶段都是具有历史特征的，是不可以重复的，在这些因素的影响下形成的企业道德文化对企业来说是非常宝贵和稀缺的。

3. 是否难以仿造。企业道德文化从无形入手，它倡导的价值观念、团体意识、行为规范和思维模式都是无形的，所关注的企业中的符号，如语言、规范、惯例和仪式，给人的感觉也是抓不住的。也因为此，许多企业理论者把这一特征描述成影响企业运作的无形的手。无形，就意味着难以复制与仿造。多年来，阿里巴巴在这方面做得比较成功，是一个以道德文化为特征的企业。早些年，众多企业去过阿里巴巴取经，这其中不乏大量网络企业。但浩浩荡荡的参观，回来后的结果却让人尴尬，企业依然保持原来的轨道运行，阿里巴巴的东西就是学不到手，部分原因在于企业的执行力不够，更重要的是固有的企业道德文化在潜移默化起作用，这是无形的东西，无法仿造。

4. 是否不可替代。企业道德文化是企业在长期的经营活动中形成的被全体成员普遍认可和遵循的具有本组织特色的价值观念、团体意识、行为规范和思维模式等，它不是实际的物质，而是以无形的形式存在于企业中，本身就是难以替代的。员工的行为是按照企业规范，通过与其他人的相互作用来满足其个人需要的过程，企业道德文化的持续性让生活在其中的个人心甘情愿地调整自己的行为以适应企业，直到将这些规范内化于心中，成为一种无意识的行为，从本质上说，这种规范也是无法用其他方式来替代的。

第四节　企业核心竞争力推动道德文化革新

虽然企业道德及其文化是企业核心竞争力的动力与源泉，但是任何一家企业过去和现在的成功因素并不能代表未来的成功与发达，甚至这些曾经成功的因素会变成未来成功的绊脚石。

因此，企业在提升核心竞争能力的同时，亦不断推动企业道德文化的更新，不断创造新的竞争优势。重点在以下方面：

1. 促进现有企业道德文化的优化与弘扬。每个企业都会有企业道德文化，但这些自然形成的企业道德文化大多对企业经营没有明显的作用，有的甚至限制和影响着企业发展。主动的导入和塑造才能形成一个深具企业个性的、有竞争力的企业道德文化，这样的企业道德文化才能对企业经营产生积极的影响。

企业道德文化变革是一项全面而系统的工作，在核心竞争力形成过程中，道德文化问题不会自行得到解决，仅仅实施零星的努力，并不足以支持一个全面、长久的道德文化变革，道德文化变革需要时间、耐心和不懈的努力。大量的研究说明，一家企业要真正实现从旧道德文化向新道德文化的转变需要 5~10 年的时间，甚至更长。通用电气公司前总裁杰克·韦尔奇实施的文化变革工程历经12 年，IBM 也花费了 5 年时间才将旧有的道德文化体系打破，建立起新的 IBM 道德文化。道德文化变革不仅历时长久，而且需要一个系统的步骤，必须培养一种意识，意识到道德文化是如何影响自己的行为，别人对这些行为又是如何接受和反应的，这意味着要学习与吸收一些陈规，然后再超越它们。其实这也告诉我们，道德文化变革必须在你了解这个企业的内外部对文化个性的认知，为下一步的努力做准备，一旦调查了解结束，就进入到对调查资料的整理与分析阶段。在调查资料的基础上，执行小组应该本着实事求是的原则，对记录加以归纳、分析、总结，得出访谈和问卷的分析报告。在分析报告中应该将客观的意见列出，包括正面和反面的意见；然后对各种表面现象的深层次的成因进行分析。在这个阶段，对企业内部道德文化的分析可借用企业道德文化工具，了解信仰和设想与组织的习惯、标识以及结构相联系的控制方式。

2. 促进未来道德文化体系的不断提炼与创新。在企业核心竞争力的创造过程中，在对企业道德文化现状认知的基础上，根据内外部环境的要求，构建新的企业道德文化体系。这一阶段，许多企业经常出错，每个企业都有自身的目标，支撑这些目标的实现，需要环境的支持，但很多企业对两者的联系却没有给予足够的关注。它们仅仅从环境的要求出发，制定了一些漂亮但与自身不适应的价值观体系，结果价值观成了摆设，人们仅仅记住了这些口号与标语，实际工作中却依然如故。在日常的生活中，对于那些"我们赖以生存的价值观"的口号，员工们甚至采取一种嘲笑的态度。因此，构建新的企业道德文化体系时一定要与企业战略、企业环境相匹配。

3. 促进不同时期道德文化管理方法的更新。道德文化变革应该是一种事先做出的考虑成熟、计划周密的努力，而不是当问题发生时作为补救措施的些许努力或权宜之计。管理者必须预计和考虑现有制度中哪怕是一个微小的变化将会如何影响企业的其他方面，一旦决定进行企业道德文化变革，就要制定一个标准的变革计划，从而规范和指导变革中人们的行为。同时，变革模式的选择、变革应该牵涉哪些部门、变革的阶段与进度、变革中的计划人员和执行人员安排等都要在计划中明白地列出，以保证整个工程的连贯性，同时也让企业全体员工明了变革所达到的阶段。由于道德文化具有阻碍变革的天然倾向，在制定变革计划的过程中，管理者一定要清楚哪些是支持变革的因素，哪些是阻碍因素。

4. 推动道德文化管理执行力的加强。新系统的实施给企业文化变革带来了新生力量，而文化的形成需要强有力的灌输。仅仅制定一些标语和口号，在企业各种场合甚至员工的 T 恤衫上贴上这些空洞的口号，并不能让企业的文化真正发生改变。想要变革成功，必须付出艰辛的文化方面的努力。

在企业核心能力的建设的同时，执行文化管理计划之所以如此困难，原因在于：（1）仅规模本身就是问题所在，尤其是那些规模比较大的企业，让成千上万的人共享一个价值观、一个标准，本身就是一项艰巨的工作。（2）许多企业并不是首次进行道德文化变革，员工们可能已经参与了太多没有系统规划的道德文化变革活动，对于不断变化的道德文化体系，他们已经疲于去改变。（3）信仰、价值观是非常难以改变的，而这些又是变革企业道德文化时必须改变的。正是这三点原因，占用了企业的大量资源，尤其是时间资源。

除了配合新企业道德文化的一系列推广活动外，企业还要知道道德文化变革是一个全员参与的工程。虽然决策在于管理者，但执行和巩固却在于全体员工，因此一定要注意员工行为和观念上的更新，这就需要系统的培训，包括企业道德文化理念培训、员工行为培训等。培训的目的是让员工尽可能地对新的企业道德文化系统有一个明确的认识，最终达到心理上的认同和行为上的一致。

正因为改变道德文化如此困难，所以必须对变革后的道德文化加以保持和巩固，道德文化的回归性和惯有性有时会破坏掉先前所做出的努力。很多企业都有过以下类似的经历：下定决心改变并制定了完善的变革计划，可是不久就发现兜了一个圈又回到了原点。企业不仅没有变得更好，反而不如从前。

某工厂的生产部经理，在任职的两年里对生产流程进行了重大变革，使产量和生产率都得以提高，这一成就使得他提拔到另外一个工厂工作。但在他离开原岗位6个月之后，生产部门放弃了经他改进的所有流程，重新按照老办法生产，结果当然是产量和生产率都下降了。这个案例说明，道德文化的回归力是如此巨大，它让人们不自觉地拒绝新的行为方式，而沿用习惯了的行为方式。

提升企业核心竞争能力建设，促进企业道德文化系统的革新，需要管理者和员工改变现有的工作方式、程序、习惯和传统，而企业道德文化的转变不仅缓慢而且具有回归性，因此，对新道德文化进行监控和追踪以确保它继续发挥作用并获得预期的成果是至关重要的。整个监控工作可以由一个专门的管理团队负责，也可以动员全体员工互相监督。

企业管理道德与道德管理

第一节　管理道德是员工特别是管理者的必修课

企业管理道德作为一种特别的职业道德，是企业员工特别是企业管理者的行为准则与规范的总和，是特殊的职业道德规范，是对管理者提出的道德要求，对管理者自身而言，可以说是管理者的立身之本、行为之基、发展之源；对企业而言，是对企业进行管理价值导向，是企业健康持续发展所需要的一种重要资源，是企业提高经济效益、提升综合竞争力的源泉，可以说管理道德是管理者与企业的精神财富。

道德是至高无上的，道德超越任何组织层级，也超越任何制度模版，它不仅对被管理者有效，也对管理者自身有效。道德管理是人类社会截至目前所发明的最好的管理模式之一。

企业管理是通过共同的道德观进行的，它是员工以共同的道德观为准则来自觉地监督和调节生产经营等日常活动，从而增强企业的内驱力、向心力和能动性，齐心协力实现企业目标。从某种意义上说，优秀的企业管理模式，象征着企业灵魂的价值导向，反映出一个企业的生机与活力，员工都有一种充满信仰的工作态度和献身事业的生活气质。它是对人的一种尊重，是对人的一种激励，是对人的一种发展。它能激发自我约束力和内在驱动力，对人的心理意识的影响具有持久性。

纵观企业管理学科发展的历史，依次经历了经验管理、科学管理和道德文化管理三个阶段。一般而言，衡量评判企业管理是哪一种方式，关键是要看其中起主导作用的因素是什么。如主要依靠个人经验和凭借个人阅历进行的"拍脑袋"式管理的是经验管理。那种主要建立在对工人动作的构成与时间进行分析计算从而制定出标准操作方法和时间定额，并明确划分管理职能与作业职能，使管理在专业化、科学化基础上的管理，就是管理学家泰罗所描述的科学管理。道德文化管理，则突出强调企业道德文化的主导作用，非常注重管理中的道德文化内涵，它反映了现代企业管理最新的发现及最有潜力的发展趋势和最本质的内容。

现代企业管理的一个突出特点是强调以人为中心的管理。现代科学管理认为，在企业的人、财、物等诸要素中，人是最重要的因素，是企业的主体。管理者在实施经营管理活动中必须注重人与人之间的关系以及个人与企业之间关系。

在企业中起着龙头或核心作用的是企业管理道德，企业管理道德在企业管理中具有举足轻重的作用，关系到企业能否高效运行。在企业管理中，实现决策目标过程中的行为控制不外乎采用两种方式。一是靠管理制度来实行控制，即通过制度和职权关系来确定企业员工的行为规范。这种控制方式是强制性的，往往引起员工的心理失衡，进而产生逆反心理和消极情绪。另一种是通过共同的道德价值观，由道德意识的暗示，强化自我意识来达到员工的自我控制和自我约束。这是一种基于对员工个人价值的尊重和充分信任员工的自觉性为前提的无形控制。这两种行为控制形式在现代企业管理中具有互补性，缺一不可。

管理道德作为企业微观上层建筑中相对独立的因素，在企业经营管理活动中具有不可替代的现实作用。

1. 在企业行为中，管理道德从企业及其员工对社会和他人的义务或利益关系中来认识现实，并借助道德情感、道德观念、道德规范和道德理想等形式来表达认识成果。这种认识作用，实质上就是道德价值导向，它启发和引导员工去创造高尚的社会关系和完善自身人格。自觉遵守企业各种行为的道德规范，把从业人员培养成有理想、有道德、有文化、有纪律的劳动者，促进企业不断发展。

2. 一个合格的企业管理者不仅应该懂得科学决策，懂得系统论，学会对物的管理，而且应该具有较高的职业道德品质和较高的行为选择能力、道德评价能力。此外，还应掌握道德激励方法，善于调节管理过程中的人际关系。管理道德就是提高经营管理者的职业道德素质，使他们学会对人的管理，懂得人际关系的奥妙，增进人与人之间的信任，激励人们去追求共同的目标，使员工能获得全面的发展。

3. 在上述认识和调节的过程中，贯穿渗透教育的作用，这种作用主要表现在企业道德对人心的征服上。这主要通过社会舆论对员工行为的褒与贬，使员工内心深处受到教育，并通过传授管理道德知识、个人示范和集体影响及典型引导等方法，使企业员工的道德意识得到强化，自觉地用企业道德要求来规范自己的行为。

管理道德的作用在于提高管理者的职业道德素质，强化企业员工的道德意识，理顺和改善管理中的人际关系，最大限度地激发和调动员工的积极性、主动性和创造性，以达到既促进劳动生产率的提高，更好地实现企业的经营目标，又使从业者获得全面发展的目的。

从这一意义上说，不管是管理者还是被管理者，都需要用道德的尺度衡量自己，都需要用道德约束自己，都需要自觉提高职业道德水平，管理道德在本质上也同属于道德管理范畴。倡导管理道德和推行道德管理，其实质就是将人从机器部件的可悲身份中解放出来，还他们以人的尊严和主体地位，一旦如此，其工作的正能量将会不断地释放出来。

管理就像是一部精确而呆板的机器，每个员工都是这个机器上的一颗固定的螺钉，这种方式是伴随着西方工业化大生产和企业文明的出现而诞生的，又在工厂中永不停止的流水作业线上长大，因此它不可避免地束缚了人的自由和创造的天性。随着社会的发展和人性的觉醒，这种生产方式日益随之夕阳西下，不断有新的管理方式诞生，现代人本管理思想业已成为管理学的主流，如果从人本管理阶段再进一步上升，就应该进入道德管理阶段了。

第二节 企业道德管理是整个组织的中枢神经

企业道德管理是一种无形的管理方式，它是从非计划、非理性的感情因素出发来协调和控制人的行为，它既充分发挥每一个人的自主性和创新精神，又使他们的行为自觉地趋向一致，构成团结协作的整体。它有利于尊重个人感情、实现自我控制，既是通过管理系统制度来进行控制，又通过人们共同拥有的道德价值观来进行自我控制；有利于培养集体意识，增强凝聚力；有利于改善人际关系，促进道德型企业的建设。因为在任何一个企业的内外部都有着十分复杂的人际关系，要理顺种种关系，并非简单的行政干预所能奏效，若一个企业处理不好这种关系，就会影响企业的发展。道德的力量就在于它能消除人际关系中的分力因素，而凝聚起一种和谐力量，这种力量能使企业成为有纪律、有自由、有原则、有情爱的生机盎然的有机体，这样便为发挥员工的潜能提供了必要条件。

道德管理是一种重要的社会意识形态，是具有丰富内涵的社会价值评价工具。它是关于人们思想和行为的善恶、美丑、正义与非正义、公正与偏私、诚实与虚伪、荣誉与耻辱等观念、规范、原则和标准的总和。具有规范性、舆论性、社会性、谴责性、指引性等属性。对于道德的功能，如果从个人与社会的关系角度看，道德的工具性价值在于其社会性，即道德是促进社会政治、经济、文化良性发展的重要工具。日常经验告诉我们，人们往往受到道德的限制，在想到非正义时就阻止我们不去做某些行为，而在想到义务时，就推动我们去做某些行为。实现道德的这一目标，一个重要职能是发挥自我自律。自律使人的行为在于理、利于人、合于情、守于法，通过自我规范来协调人与人之间的行为，解决人与人在交往中的利人利己、公共利益与个人利益之间的冲突，做到"与人为善、与邻为善"，践行"人与人，人与自然和谐相处"的科学发展观。所以，卢梭说："在由自然状态转入到公民国家状态的过程中，人类的生存状态发生了醒目的变化——正义代替了本能——他们的行动也就具有了从未有过的一种道德性。"

多年以来，国内外都出现了不少企业由于其管理者道德沦丧而被社会不齿或轰然倒下，或陷于危机的事件，从美国的"安然事件"、韩国的"现代汽车事件"以及我国的"三鹿奶粉"、"中石油窝案"等案例分析，这些残酷的事实，都见证了这样一个道理：企业管理者是组织的中枢与脊梁，一旦出现问题，必将企业带入困境和危机之中。这些事件中的主要始作俑者们都是大企业集团掌门人，掌舵知名企业多年，各自在业界都是威名远扬，他们是集智慧、名声、地位、利益等为一体的社会宠儿和智者。但他们中有的置他人生命而不顾，有的置国家法律而不管，有的置传统道德而不闻，等等。他们的这些行为是与自己的定位和职责不相符合的，于国际影响、国家利益、行业形象、企业发展、员工感受、家人安宁、个人得失都是不利的，与自身的职业道德是不相容的。

在以人为本的现代企业管理中，企业组织是一个庞大的道德平衡体，建立起在充分自由、双向沟通基础上的企业人际关系中的人与人之间互相信任、亲密、尊重、默契是企业发展壮大的关键，企业员工特别是企业管理者应把握管理道德这一企业组织的中枢神经，处理好企业内外部的管理道德问题。

1. 个人利益与集体利益如何结合的问题。个人利益总是多种多样的，不可能与企业的集体利益、社会利益完全吻合。企业管理的任务，就是要使各种各样的个人利益与企业集体利益、社会利益在企业道德的轨道上和谐地运行，使个人利益的实现促进企业集体利益和社会利益的实现，使企业集体利益和个人利益相互包容与和谐。

2. 个体的任务、职责和个人的主动性如何结合的问题。企业管理一方面必须通过严格的管理制度和科学的管理手段，为个体提供清楚而明确的工作任务或岗位职责；另一方面必须为个体在工作岗位上创造性地履行职责和完成任务给予宽松的环境和适宜的机制。管理也是一种服务，只有充分尊重人、关心人，工作任务和岗位职责才会成为个体发挥道德主体性或生命活力的场所，这样的企业管理才是一种管理道德。

3. 制度、法规和程序的普遍性如何与个人需求的特殊性相结合的问题。企业的制度、法规、程序是固定化的、方向化的，个人需求是活生生的、多样化的。把两者结合起来，使企业的制度、法规、程序符合和促进正当的个人需求，并在个人需求活动中实现，这亦是企业道德管理和管理道德的一个重要方面。

第三节　人性管理是企业管理道德的根本

企业管理道德与企业道德管理是一个问题的两个方面，二者是相辅相成、互相促进、辩证统一的，都是建立在以人性为根本的管理上。企业管理道德来自于管理者自身的道德管理，也来自于对被管理者心理的揣摩和把握，来自于对被管理者行为机动的尊重和行为效果的规范，被尊重的人性必然会回归到管理者所推动的管理秩序之中。

现代企业中以人性为本，突出人性管理的理念不断创新，越来越被业界所重视。当今职场中很多拥有骄人学历的人士之所以没有获得成功，并非是"硬件"出了问题，而是"软件"出了问题。他们认为自己太优秀，或喜欢单打独斗，缺乏团队合作精神；或不肯主动付出，没有奉献精神；或希望工作环境好，缺少吃苦耐劳精神；或遇到挫折就退却，缺少恒心。一个人身上的"软实力"比"硬实力"其实更重要。"硬实力"中的学历专业技能，通过一定时间的学习，是能够掌握的。但是，"软实力"的弹性却很大，绝非一朝一夕就能学会的，而且人的性格很难改变，企业管理者必须用"心"做好"自我修炼"。

多年来，一些企业界和理论界专家建议和倡导在企业管理道德和道德管理之中，企业的管理者应以人性为根本，注重强化多方面的修养与管理素质。

1. 注重管理者的企业职业化修养能力。许多职业管理者在职场的沉浮起伏，有的笑傲江湖，成为职场的常青树；有的曲折坎坷，在职场上郁郁不得志。为何会如此呢？究其原因，归纳起来，终究有三点原因，硬实力不够硬，软实力不够软，巧实力不够巧——当今时代，现代人在职场中的竞争力既包括"硬实力"（学历、资格证书、专业技能、办公室自动化运用能力、外语能力），又包括"软实力"（态度、经验、人脉、个人形象、获取情报能力），这两年又兴起了巧实力，但遗憾的是，职场的发展并没有引起职业经理人的足够重视。

《大学》中有"格物、致知、正心、诚意、修身、齐家、治国、平天下"的古训，这其实就是古人对个人修养和生涯的规划。首先了解事物存在、发展的规律，然后专心于修炼个人品行，最后才谈得到"齐家、治国、平天下"。职业经理人的职业生涯又何尝不是如此？个人想在事业上取得成功，就必须了解所从事的行业的特点，同时，强化职业经理人的职业化规范，"每日三省吾身"，不断思考，不断改进，这样，个人修养和管理水平才会有真正的提高。

何为现实职业化？就是你的所作所为能让上司不禁竖起大拇指，并且暗自庆幸你是他的下属；就是你的一言一行透着专业的"范儿"，成为别人暗自模仿的样板；就是你已经成为猎头争相挖角的对象；……一句话，现实职业化就是你的表现符合人们对你的期待。如何实现职业化？不要认为心态好就能职业化，比起脑袋空空走路带风的"阳光傻蛋"，企业更希望看到一丝不苟的专业人士。不要认为职业化需要多么高深的学问和专业的训练，其实职业化更多地体现在细节上，只要比别人多想一点，多做一点，你就能比别人更接近职业化。

记得国内知名的一名大师说：职业化就是做什么要像什么样子——在初级竞争的阶段也许适用；目前的市场中，职业化，就要把各自行业的东西读懂并研究透彻，做到极致——才能称得上职业化。一些卖鞋子的商人，他的墙上挂满了皮鞋、舞鞋、凉鞋；一些卖袜子的商人，办公桌上边上挂满了长筒袜、连裤袜、混纺袜。他们把各自行业的东西都研究透彻，这样的企业一定不会差到哪里去。

但一般来说，培养职业化行为的习惯，对员工来说或许是一件非常苛刻的事情，因为在步入职场之前，他们已经或多或少积累了一些习惯，这样的习惯也许会时刻干扰和左右着他们。这就要求企业管理者矢志不移地坚持自己的信念与选择，把职业化的高标准行为纳入日常管理行为，通过日积月累的职业化行为训练，从而达到最好效果，就一定能够成就企业的职业化行为习惯。

职业化是企业经营者成功的代名词，也是职场人士的竞争力，是生存的硬道理，拥有职业化精神，能让你在激烈竞争的职场中脱颖而出。职业化的员工才是真正的"人才"，员工职业化是全面提升团队执行力的核心动力，几乎每个人都渴望获得别人由衷的赞美，员工更是渴望上司由衷的认同。身为职场中人，企业对之最高的赞美应该是——你这个员工工作非常"职业"！因此，职业不仅是每个人的谋生之道，也是每个人享受人生的一个重要方面。评价一个人很"职业"，就等于说这个人"工作非常职业化"，"职业化道德高"。

2. 注重企业整体团队力量的培育和凝聚能力。在不断创新、日新月异的全球化背景下，企业的改革和管理单打独斗方式的时代早已无法存在了，诺贝尔奖设立的前 25 年，合作获奖的只有 41%，现在合作获奖的已占到 80%。"篮球之神"迈克尔·乔丹率领公牛队获得 6 次 NBA 总冠军的奇迹，也是要靠团队才能创超的！在国内，IT 巨头联想集团为了应对强大的国际竞争对手，提出要打造一支如狼似虎的团队，简称"打造虎狼之师"。

大到全球 500 强企业 CEO，小到一个企业部门的管理者，如何造就一支具有竞争力和卓越力的高效团队，是每个企业人都渴望知道的答案。没有完美的个人，但却可能有完美的团队，要做得更好，团队一定要好。团队成员并不需要每个人都是完美的，实际上没有一个团队成员是完美的，但只要能够互相团结、互相信任，就会产生超级的能量和力量，把个人的弱势变成集体的优势。

其实，人是非常复杂的动物，是文化与意识了的动物道德管理或经营管理无论从哪一方面来看，都离不开人的作用；有人说企业管理只要把人管好了就可以解决大部分问题，这是有道理的，因为人是万物之首，离开了人，一切无从谈起。所以，道德管理之中，团队管理无疑是处于非常重要的位置，可以说排在道德管理之首。

从高空洒落一把散沙，与掉下一块水泥块，其威力之差不言而明，真正有效的高绩效管理则是能将沙粒变成水泥块的团队管理。一流团队的必备条件是什么，怎样为团队选到合适的兵将，怎样打造团队精神，怎样做好团队的领头羊，怎样塑造团队优秀员工，怎样激起团队的工作热情，怎样对团队进行绩效考评，怎样构建学习型团队等，这些都是困扰不少企业管理者的难题，所以，团队管理能力是企业管理者必备的、必要的职业能力。

3. 注重企业管理中人性化的沟通和技巧能力。正如歌德所言，高超的沟通与技巧最终实现的是"按照人们应该成为的样子去对待他们，并且帮助他们变成他们能够成为的样子"，管理者在团队管理中，扮演的正是这样一种集号召、沟通、指导于一身的领导角色。沟通无处不在，无时不有，伴随着市场发展的风起云涌，人际关系也日益复杂多变。对于搏击市场的企业管理者来说，要应对自如，就必须要学会以人性为本的道德管理方法，以此提升人与人之间的有效沟通和技巧能力，为企业的发展创造良好的环境。有时候，在企业管理中，一些管理者与员工之间常出现这样的情况，双方说了半天也没有抓住沟通的本质；为何已经布置了的工作，下属却连个反应也没有。出现这些"沟"而不"通"的情况，主要是因为你没有用心与他们沟通。只有在沟通之前排除双方的沟通障碍，在沟通过程中抓住沟通的本质并根据说话内容及时做出反馈，才能实现完美沟通。根据相关机构对中国近500家企业的员工培训管理现状的调查发现，有超过80%的员工有沟通课程的培训需求，有60%以上的员工表示在与上级、同事、客户等日常沟通中出现困扰，也有的看过不少沟通书籍，但不知如何实际运用。

企业每天都会面对种种不同的沟通挑战，你的企业拒绝给你升职加薪，你的孩子是否应该接受名校教育，你的爱人梦想去异地发展更好的仕途。如果这些问题处理不当，我们就会陷入"我是对的，你是错的"这样一种无效的沟通模式之中，而这往往会让谈判陷入僵局，最终导致两败俱伤。

两点之间最短的距离是直线，但在人和人之间，最短的距离是曲线，有些话就是不能直接说，这就是职场沟通的潜规则。一位中国著名的企业领袖说过一句话：企业80%的矛盾和误会都来自于沟通不畅。一家企业的发展20%靠战略，80%靠执行，执行的80%在于充分的沟通，而企业80%的矛盾和误会也基本来自于沟通不畅。怎样才能达到一个充分沟通的效果？

例如，"悟"字，竖心旁，五个口，那就是告诉人们要经常跟人沟通，用心跟五个人交流，这五个人也用心跟你交流。如果你能找到五个跟你用心交流的朋友，那你这样可能真的就会悟出道理了。了解对方想听和不想听的、喜欢和不喜欢的，以及对方的担心、顾虑等，如此便打开了人与人之间沟通的大门。高品质沟通，应把注意力放在结果上，而不是情绪上，沟通从心开始，沟通能力是评价一个企业职业管理者素质高低的重要指标。

4. 注重企业管理者以人性为本的高效工作方式的培养能力。工作效率提升，体现执行能力，体现职业素养，不少事业失意的人士，人到中年，一无所获，穷其原因，凡事都晚了一步；同时，很多职场成功人士比别人只是工作早一步，比别人早想一步、早创新一步、早行动一步，早一步计划，早一步督导，早一步创出效益，早一步收获成就。行动早一步是一种智慧，是获得成就的钥匙。

在日常工作中，有的人整日忙碌，但却难以完成工作任务；有的人喜爱闲谈，时常因此耽搁正事；有的人面对复杂的工作，不知从何处着手……这些情况都是不注重工作效率的结果。只有提高工作效率，才能用最短的时间和最少的投入，出色地完成各项工作。在激烈的竞争条件下，提高工作效率，是提升个人竞争力的最有力的武器。人与人、企业与企业之间的竞争，就是工作效率的竞争。一个人或一个企业的工作效率高，必然会占得先机，领先他人一步，成功的几率就大。

你是不是每天从早忙到晚，感觉自己一直被工作追着跑？但你的忙乱不是因为工作太多，而是因为没有重点，目标不清楚，所以才让工作变得越来越复杂，时间越来越不够用。一天只有 1440 分钟，在信息庞杂、速度加快的职场环境里，我们必须在越来越少的时间内，完成越来越多的事情。

在职场中，效率高，就能快速出成绩，就能不断地提升自己的位置！时间重于金钱，效率决定成败。提高工作效率，技巧比努力更重要。因此，掌握提高工作效率的技巧和方法，将成为企业管理者和员工的必备技能。为什么很多人感觉自己的工作很尽力，却没有达到预期的效果或者收效甚微？原因是工作效率低。为什么有的人工作很轻松，而且能保质保量地完成工作？原因是工作效率高。

中国首富李嘉诚先生曾经在汕头大学一场报告中畅谈了对于职业经理人的看法："想当好职业经理人，首要的任务是知道自我管理是一重大责任，在流动与变化万千的世界中发现自己是谁，了解自己要成为什么模样，是建立尊严的基础，自我管理是一种静态管理，是培养理性力量的基本功，是人把知识和经验转化为能力的催化剂。"现实生活中，那些很成功的经理人——韦尔奇、艾科卡、松下幸之助、张瑞敏、柳传志、比尔·盖茨……他们都是自我管理成功的典范。

佛堂里的一块大理石地面，有一天抬起头来对佛像说："我们原本来自于同一块石头，可现在我躺在这里，灰头土脸，受万人踩踏，而你却站在那里，高高在上，受万人膜拜，世道为什么如此不公平呢？"佛像说："是的，我们来自深山同一块石头，但我经过了一些工匠数十年的打磨，才站在这里，而你只接受了简单的加工，所以你就只能铺在地上给人垫脚了。"

同样的事发生在企业，为什么有些人薪资高，获得企业的青睐和重用，而有些人却永远没有起色，得不到认可？为什么许多人有才学，具备成就事业的种种能力，但成功总远离他们？问题何在？关键区别在于你是否经过"打磨"。佛像的打磨要靠石匠的外力来实现，企业员工的"打磨"却只能靠自身的内在力量，那就是企业以人性为本的自我道德与能力管理。

第四节　道德管理的关键在于开发人的正能量

有这样一个故事，一位老人从城里搬到农村住。小孩子们逗他，往他的屋顶上扔石头。老人威胁他们，可孩子们越扔越起劲。老人换了种方式，找孩子的领头商量也没有用，还是搞恶作剧。老人想了个主意，每次扔石头，给 5 元钱，买糖分给其他孩子吃，小孩子们的积极性一时被激发了起来。后来，老人说给 3 块钱，分的糖就少了，小孩子们积极性减弱了很多。后来，老人只给 1 元，就没有人愿意扔石头了

这个故事的启示是这样的，原始动机是找快乐，用钱来激励，激励到最后，钱少就不够了，用钱修改了他们原始的动机。人的真实需求容易被修改和淹没，用什么方法来阻止其本源动机呢，就是修改动机为奔着钱去。找乐变成找钱。延伸到文化，引导到深刻的层面，在一个企业中，员工构成一个人群，这个人群的本源动机是不是被修改了？这是一个深刻的命题。就是员工本能的需求，真实的动机在不同的阶段是什么，是不是被修改了，是怎样被修改的？是人的正能量还是负能量？

有一个测试表明世界 500 强的企业家普遍有道德自恋的倾向，他们认为员工在企业中工作的真实需求排序为：工资—快乐—事业—梦想，认为员工大多数是为了经济收入而工作。当问到他本身的真实动机是什么时，企业家们大多数选择的是为了实现人生梦想和实现自我。也就是说：认为员工为了钱，自己为了梦想。

实际上，企业管理者在判断员工心理导向是为了钱还是为了事业的时候，一个主要依据是建立企业的制度和道德文化的时候要判断企业所处的阶段。假设最有效的手段是利益的时候，一定形成的是利益导向。这没有正确和错误之分，其功效是有实用性的，对特定阶段和特定人群是有意义的。在早期，员工生活比较困难，过多强调人生追求、道德导向影响不见得好，这种道德文化的功效是有阶段性的。同样，对不同地域和人群来说，也有所不同。比如成都人，讲究闲适的生活，时间被占用，给多少奖金也无所谓。当一个企业形成了利益导向的企业道德文化时候，员工最美好的动机也可能已经被修改了。当一个企业形成以利益导向为主的企业管理道德时，比如说，奖励机制一旦形成，如果连一线员工都有 10 万元年薪，给 2 万元奖金都没有用，这时会发现工资很多，但是各种内部矛盾亦很多，管理者就得思考原因了。有一则资料介绍，日本索尼公司当年陷入困境的时候，一些老员工撰文称："绩效主义毁了索尼，工作的理想主义没有了，老干部都怀念创业时候的精神，创业者和老员工都认为，工作的最大报酬就是工作，工资奖金是工作的附带成果，为工业的崛起而奋斗是很自豪的"。有一些企业随着时间的延续，慢慢引进各种管理方式，推崇绩效考核至上，工作的原始动机没有了，少发一点钱都不行，人人心目中都有英雄主义情结，但这种动机长期被主导，各种制度体系都会围绕利益进行设计，就会强行修改本源的动机，道德管理的正能量就难以发挥。

相形之下，有的企业可以建立一种世外桃源的企业道德文化，证明了作为牟利的组织，企业也可以把员工的主要动机修改为非利益动机，更多地释放出道德管理的正能量。马云和阿里巴巴是一个典型的故事。马云是理想人格，当年，日本软银孙正义社长见了马云6分钟，就决定投资。软银每年考察700个项目，只投资其中的70个，孙本人只谈一个。马云回来后，后悔了，对孙正义说同样给这么多比例，不要你的3000万美元只要2000万美元就足够了，马云说明这次融资不是为了钱，而是借助资本力量能够成为中国电子商务的领袖。孙正义被感动了，决定阿里巴巴需要多少资金，软银都会支持。于是软银帮助阿里巴巴收购雅虎中国，抗衡美国eBay，建立了全球影响力。再分析一下阿里巴巴当年的企业道德文化，现在看来虽有一些理想主义，但当年是很有潜力的正能量，吸引和留住员工的独特招数是对员工薪酬不按市场定价，要比原来公司减一半。有个香港资深经理人想加入，但他说每月500元的工资，给女朋友打电话都不够。马云说你不是理想主义不要加盟这里，这个人却下定决心加入了，当年一段时间有理想、有激情的仁人志士像奔赴延安一样，奔赴阿里巴巴，很多行业内人士感到奇怪，杭州有个说法：你看一眼，就知道街上哪个人是阿里巴巴人：有幸福感，充满阳光。百安居的副总跳槽到阿里巴巴当副总，说这是一个笑容最多的公司。有挫折的人到了这个企业，面貌改变，说正在为中国电子商务创造历史。如果把职场视为交易系统，阿里巴巴的做法降低了交易成本，这种道德文化是管理成本的极大节省。不适应这种企业道德文化的人，会被自然淘汰，这就是一个企业特有的正能量。这种正能量是企业核心竞争力的关键要素，无论面对什么困难，员工都能理解与同心协力，什么是企业走向未来的、安身立命的核心能力，就是企业这种特有的正能量文化，这种道德文化是一个优秀企业任何时候都不能缺少的。

一个企业，文化的东西是可以选择的，可以以物质为基础，也可以选择以精神为基础。以物质为基础，可能是高速增长的，也可能是非常虚弱的。虚弱就在于，很可能行而不远，经不起商业周期的冲击，树倒猢狲散；经不起更大的利益诱惑，这是由于把员工真实的动机，被道德文化定义一切只为了钱。由于经济大势的增长，企业会高速增长，可能使整体上缺乏发展的动力。如果以精神为基础，可能是高速增长的，也可能是非常虚弱的。虚弱在哪里，比如一直引导大家追求理想，可能还没有来得及建立理想，企业已经失败了，理想是没有经过现实的理想。企业道德文化的正能量，在一个缺乏物质的时代，应该以物质为基础；大家温饱没有解决的时候，要踏踏实实地解决基本需要。在缺乏精神的时代，应该以一种时代精神为基础。

从物质激励手段走向精神激励，激励手段的有效性呈递减趋势，收入越高，越要往精神方面偏移。哲学家罗吉斯说：给我们造成麻烦的东西，不是我们不知道的东西，而是我们已知的，但实际上不是那样的东西。企业真正虚弱在哪里，可能是动机与发展阶段不符。企业管理者需要进行动态的调整和有效的权衡，从而达到企业道德管理和管理道德的最高境界。

第 十 章

企业道德与市场竞争

第一节　市场竞争的道德因素

市场竞争学早期又叫市场营销学，产生于 20 世纪初的美国。那时，市场营销作为一种新兴的企业管理方法，逐步为许多企业作为道德管理的工具，以满足企业发展的需要。实际上从那时起人们就认识到，一个企业若要成功，必须吸引那些能给企业带来效益的客户，但是在具体实践中，一些企业并没有能够做到真正依照这个观点，进而设计出完美的目标方案。

在市场营销早期，企业总是优先考虑生产问题。企业经营效益是由技术计划作为标准衡量的，企业更关心工程师们是否有足够的创造能力，发现新的方法，开发新的产品或改进现有产品的性能？工程师们是否有能力，在保证产品质量的前提下，减少不必要功能的成本，使得产品的价格更具有竞争力？很显然，这完全颠倒了市场营销战略步骤。那个时期的经营理念是：面对"所有顾客"，生产"所有产品"。著名的管理大师德鲁克认为，市场推销是企业的中心职能，"从顾客的观点来看，市场推销就是整个企业，"因为只有依靠市场推销和创新，才能创造顾客，才能取得经济成效。在现代企业管理中，市场营销占有越来越重要的地位，它对于企业发展是至关重要的，它远远先于产品开发、制造等环节。实际上，市场营销开始于企业对市场的研究与分析，怎样生产出最好的产品，怎样挖掘销售该产品的最大市场，怎样完善产品的售后服务，怎样提高消费者购买产品的满意度，都与市场营销有关。对于一个具体的企业来说，既要牢牢遵循一般规律，又要根据社会市场、本行业、本企业具体情况制定特殊的营销战略。

企业在推出产品的同时注重消费者的心理满足，通过创造价值观来满足顾客的心理需求，也即是在营销过程注入符合社会道德文化价值观的文化内涵，引导消费者进行消费，这是现代企业进行市场营销所必须突出的特色。

古代中国，商业就讲究营销活动中的文化趣味和道德情感。古代店铺的牌匾、幌子、旗帜、楹联中，道德文化意蕴在一定历史条件下多姿多彩。古时杜康酒店的楹联如是书："猛虎一杯山中醉，蛟龙两盏海底眠"；药铺的楹联为："但愿世间人长寿，不惜架上药生尘"。借助诗、赋、文、画等文化形式促销者，更是不乏其例。唐代诗人杜牧咏山西汾酒的诗篇脍炙人口："清明时节雨纷纷，路上行人欲断魂；借问酒家何处有，牧童遥指杏花村。"一首诗把杏花村的酒提升到道德文化高度，从而家喻户晓，滴酒不沾者也津津乐道，千古流传，名扬四海。清代儒生陈弘谋搜集的《五种遗归》中提倡："兴教化、郭风俗，以身作则、正己正人"。中国古代营销文化中一般都包含着价值判断和道德情感，如"诚交天下客、誉从信中来"，"公平交易、童叟无欺"，"和气生财、以义取利"，"黄金有价、店誉无价"。这些价值判断和道德情感都成了从事营销的商贾们的行为规范和信条。

有这么几个故事，说明市场营销中注重道德情感的重要性。

清代乾隆年间，南昌城有一点心店主李沙庚，以货真价实，周到服务，赢得了顾客满门。但赚钱后便掺杂使假，对顾客也怠慢起来，生意日渐冷落。一日，书画名家郑板桥来店进餐，李沙庚惊喜万分，恭请题写店名，寄望于名人效应，以红火生意。郑板桥挥毫题写"李沙庚点心店"六字。墨宝苍劲有力，引来众人观看，但还是无人进餐。原来是"心"字少写了"一点"。李沙庚请求补写这"一点"，而郑板桥却说：没有错啊，你以前生意兴隆，是因为你的"心"有了这"一点"，而今你生意冷淡，正是因为你的"心"少了"一点"。李沙庚感悟，后悔莫及。

早些年一些酒店推出"客史档案"的个性服务，住客来自何处、生活习惯、喜爱的菜肴等都有记载，只要客人到酒店住宿一次，即可签名下次入住，得到优惠，给顾客营造了一个熟悉的空间，感到宾至如归，酒店生意日益红火。

水果市场上一老农高喊："雪梨有点蜂窝眼巴，五折出卖"，一下子全卖光了，老农并未学过促销术，但以诚信经营人心，这比那些醉翁之意不在酒，高喊"跳楼价"、"亏血本"、"大甩卖"之类强得多。

李沙庚"心"上少了"一点"，失去顾客；酒店"心"上有了"一点"，赢得了"回头客";老农以诚信换取人心,卖出了蜂窝眼巴梨子;这些不给人以有益的启示?商家的经营实质是经营人心,经营人品。得人心者得顾客,得顾客者得市场。

现代商场,是提供人们相互间进行商品交换的经营活动场所,在这个场所,物的联系在一定程度上排斥了人与人之间的感情联系和精神联系,排斥了人性的联系。在商品经济高度发达的当代,人们很自然希望通过人际间的联系强化物的联系,进一步稳定物的联系,并充分实现和满足人们进行交往的情感、心理需要,进而实现物的交换关系的人格化。现代市场营销便着眼于此,它力图使商品交换显示出一种盎然的生机和绵绵的情趣。

现代市场营销把商品作为文化和道德的载体,通过交换进入消费者的情感和意识。它在一定程度上反映了消费者对物质和精神追求的各种文化和道德要素,对营销活动的价值评价、审美评价和道德评价。如果一个企业就产品而卖产品,可以说是还没有超出低级的竞争意识,在竞争激烈的现代市场中,企业销售的不再只是那些看得见的产品,更多的是那些看不见的市场营销道德与理念。不同的企业会有不同的营销道德和理念。奔驰公司认为市场营销是创造名牌,麦当劳认为市场营销就是质量、服务、清洁,而松下公司认为市场营销就是服务,这里服务就在很大程度上体现为道德服务。

再比如香港人做生意独特之处:从大处着眼,从小处着手,不怕"吃亏",最终财源不断,滚滚而来。在香港很少有公共厕所,但并未使路人"方便"不便。因为附近的各家酒店都敞开大门,任你光顾,且分毫不收,如此,看似"吃亏"或"麻烦",但这正是酒店管理者的"生意经",也许这时你肚子正好饿了,也许你觉得麻烦了人家不好意思,也许正到了进餐的时候,于是坐下来用餐顺理成章。同样,香港是很少有收费的公用电话的,可是路人要打电话也很方便,路边任何一家商店电话你都可以用,且分文不取,有些店家还特意把电话放在明显之处,吸引你去免费使用,就在你打电话时,也许会看到该店正有你所寻找或需要的商品,也许你会发现这家商店的商品有特色且价格便宜,也许……一笔笔生意也许就在这"也许"之中成交了。香港商人与人方便,得到了聚集人气的回报,最后自然生意日益旺盛。

经营企业要有战略眼光,账要算,但不能算死账,或仅算"出账"不算"进账"。其实,企业效益都来自社会,若企业有口皆碑,道德信誉良好,一定会有好的市场;若你的商场、酒店装潢得再豪华、档次再高,如果门槛高筑,形象欠佳,则必将"门庭冷落车马稀。"只有自觉放低门槛,敢于吃亏,注重人气,创树良好形象,无私帮助顾客解决日常容易碰到的诸如打电话、"方便"之类的实际问题等,才能使企业赢得顾客、赢得市场。

第二节　道德促销和情感营销

一提到营销，人们习惯性地以为就是销售，其实销售只是营销的职能之一。营销是一个企业生存与发展的关键因素，企业的成功在很大程度上取决于营销的成功。多年来，市场营销已经开始从早期的粗放型向现代的集约型过渡，营销的手法越来越精细，社会对营销人员的素质要求也越来越高。

营销不仅仅是卖东西，还要卖交情、卖理解、卖服务。设想一下，如果你在和潜在的客户打交道时"直勾勾"地盯着人家，"火辣辣"地希望同对方签下合同，换了你自己当消费者也是不会很舒服的。所以说必须要跳出营销这个圈子来做营销。一些知名企业注重文化和道德促销，显示出市场营销的强大魅力。

电视剧《大宅门》里有这么一个情节：一个已经干了50年的同仁堂的老掌柜，一次给顾客抓药时，用个什么参替代了一味药料，老板发现了这件事后，毫不犹豫地把这个掌柜给开除了，一个老掌柜，就为了那一味药料而被开除，这是很需要市场道德境界的。

在德国小城海德堡，人们不光可以看到古代德国人酿造啤酒用的大型木制发酵桶和储酒桶，以及1516年巴伐利亚公爵威廉四世颁布的啤酒纯度命令，还可以品尝到古代酿酒文化延续至今的高质量、高品位的德国"史柏登"牌啤酒。据悉，"史柏登"啤酒在多变的国际啤酒市场上独具特色，魅力无穷，保持盛销不衰，其原因就是这家啤酒生产厂家，宣布并至今严格遵守巴伐利亚公爵威廉四世颁布的酿酒命令：只用麦芽、酵母、啤酒花和水4种原料制酒，不添加任何其他成分。所不同的是，随着科技的进步，"史柏登"啤酒的生产厂商不断延续和创新制造工艺，使啤酒品牌提高与企业文化和道德促销保持在高水准上。因此，应看到文化和道德促销的巨大魅力，企业应该加强对世界文化进行研究，有针对性地采取文化和道德促销方略，不断创新产品，才能提高国际竞争力。

市场营销一定要充分考虑目标市场消费群体的文化背景、知识背景、语言环境、民情习俗、宗教禁忌、审美情趣等。这往往成为克敌制胜的关键。一种新理念认为，市场营销是个人和群体通过创造并同他人交换产品和价值以满足需求和欲望的一种社会和管理过程，要圆满地实现这一过程，企业首先要确立全方位的顾客满意新理念。

研究表明，企业盈利的关键在于了解顾客需求并以富有竞争力的营销战略和富有竞争力的优质产品来满足目标顾客需要，并制定全方位质量营销战略。

世界 500 强企业中的中国建筑总公司在质量营销战略经营方面属于做得成功的企业，该企业要求每一个员工都要以使顾客满意为目标，坚持"追求完美品质，超越顾客期望"的质量方针，以质量求信誉，以信誉求市场，以市场求发展；牢固树立了"业主就是上帝"的观念，做到一切从业主出发，一切为业主着想，一切对业主负责，一切让业主满意，努力构筑了一个上下参与、全员认可、持续发展的质量道德文化和营销道德文化，从而真正做到了干一项工程、创一项精品、拓一方市场，使企业不断充满生机与活力。

英国有一家计算机公司，在它的广告中引入了一个术语"顾客化"，并且对此作了如下解释："使一家公司对其顾客更富有责任感，而且能更好地吸引新顾客"。该公司认为这可以扩展信息系统的能力，开发顾客接触与支持的网点和其他场所。但公司要实现"顾客化"所要求的工作远不止为顾客和公司员工的接触提供良好的信息，最终它还要求公司全体员工齐心协力为使顾客满意而努力，公司的员工必须转变到强烈的顾客导向的实践中去。

企业要想在当今的市场上赢得胜利，就必须不断追踪了解顾客的期望、顾客的满意度。许多著名企业，如松下、惠普、中五矿、中粮、中移动等，它们成功的一条重要经验，就是建立了追踪系统，建立了一种各自不同形式的、称之为"顾客热线"的、免费且十分方便的沟通渠道，如开通总裁信箱，公开高管手机号码，24 小时接听电话等，从而最大限度地方便顾客咨询、建议或抱怨，这些信息流为这些成功企业提供了及时改进管理的途径，并使他们更迅速地解决了顾客与市场问题。

有一个研究显示，一个满意的消费者，大概可以帮一个企业带来至少 26 个其他消费者。同样的，一个对你非常不满的消费者，至少可以帮你赶走 10 多个消费者。营销人员还应该懂得营销产品只是我们为了完成这个目标而采取的手段而已。只有想办法让你的产品符合消费者内心的要求，你的产品才能销售出去，因此必须注意分析和研究顾客的心里。也就是说在产品自身的有形价值之外，还要能发掘出其无形的、心理学上的价值。如果能够找到这种隐藏价值并将它们运用到营销实践中去，无疑是十分有益的。

多年来，国内外的营销专家很注意这方面的研究，概括与总结出以下七种"推销"产品隐藏价值的表现形式。

1. 消费者的情感需要。冰箱在很多年以前就普及了，但从经济学角度上讲，算上电费和把虽然未坏但已不新鲜的食品扔掉这样的"额外"损失，买冰箱其实并不太合算。但心理分析表明，这个时期的人们对于生活没有安全感，他们渴望过上以前那种稳定的日子，经常下意识地回忆起童年时期妈妈从来不让自己失望的那种感觉——"想要吃的就有吃的，多好。"冰箱在这个意义上就代表家里总是有吃的东西，代表着温暖和安全，而当时的营销人员在做策划时就把这个情感宣传因素很好地用上了。

2. 消费者的价值确认。深入了解消费者的价值观有助于理解他们对产品的选择。随着社会的发展，消费者会有更多地了解、认知社会的价值观，而且在行动上会适应这种价值观。消费心理学研究表明，自我价值观是影响人们消费行为的强大力量，是个人的一种长久信念，体现在个人为之而努力奋斗的行为上。

3. 消费者自尊的满足。有这样一个案例，早几年广东一家起重机械企业的市场销售额一直上不去，于是请来咨询公司帮助诊断，策划人员经过调查后发现是产品广告上的照片出了问题。原来购买起重设备的厂家在选购产品时一般要先听取使用者的意见，当司机们看到在照片中是那个庞然大物般的机器正在装载物料，而操作者只是缩在驾驶室中的一个影子时，觉得自己的重要性受到藐视，于是纷纷反对采用这个品牌。后来经过重新设计的广告照片改变了拍摄角度，从司机的肩膀向下拍摄，突出了司机是这台机器的主人，敌视随即消除，产品自然也热销起来。

4. 消费者创造性的释放。为什么种植花草对于上了岁数的人特别有吸引力，研究表明，当一个人超过了生育年龄之后，为了以某种方式继续延续自己的创造性，他们会把精力付诸种植上面，将培育花草视为一种"生殖"活动。对于家庭主妇来说，她们甚至会把制作糕点也当成类似的行为，假如方便食品公司把一切都配制好了，只需将产品拿回家中热一下就行了，反而不会受到主妇的青睐，因为她们觉得自己的"创造性"能力又被剥夺了。这个时候，精明的商人会故意遗留下一些项目或配料不去做，让主人回到家里自己去发挥，反而市场效果很好。

5. 消费者的欲望支配。汽车制造商在推出新款型号时一般总是不忘记渲染新车的马力又提高了多少，这一招屡试屡爽，因为它的潜台词是能使男性车主获得更强壮的男子汉气概（即便是女性买主也能唤起其征服的欲望），而这种情感需要是旧车无法提供的。

6. 消费者的怀旧情结。北京曾有一家名不见经传的葡萄酒经营企业，起初为了把它们尚不知名的牌子推广出去，事先对消费者进行大量的调查，发现在饮酒的时候，许多人的谈话话题是同怀旧情结联系在一起的，于是它们在销售策划中将"家庭、儿童、母亲和酒"串在宣传形象中，果然成效很好，1年之内销售额翻了几倍。

7. 消费者的渴望不朽。虽然明知不可能，但人的内心里还是渴望能够永恒，这是人之常情。在保险产品方面，当被问及为什么买保险时，客户经常会说万一遇到不测时可以保护自己真爱的人们，但专家指出这只是一层理由，更深层次的原因可能是：他们觉得在自己一旦"光荣"之后仍然能够对这个家庭产生影响和控制。根据这样的分析，保险公司在做人寿保险广告时，画面就不应该只是渲染家庭成员幸存者的生活如何美满，而是要设法让投保者直接或间接地成为其中不可分割的一部分，也就是说他（她）的身后是不孤独的，自己仍然在保护着家庭、在给家庭提供福利。

今天的营销必须跳出单一推销的格局，也就是说要做复合型营销，必须考虑到市场环境、企业环境、营销环境的变化，特别是消费者的心理要求。只有把这些脉搏都号准了，我们的工作做起来才可能顺当。

"专为您设计"是许多企业的创意和服务理念。20世纪90年代初有一个"喷淋手"的故事，一次，一家电器公司的总裁与妻子逛商场，在洗衣机展柜前听到一位妇女的抱怨，因为她担心洗衣机漂洗的衣物残留着洗衣粉渣，经常用一个水龙喷头来喷淋洗衣机桶内的衣服。这个不经意的抱怨引起了这位总裁的注意。他想，为什么不能设计一种特殊的程序和装置，达到彻底漂洗干净的效果呢？于是，"喷淋手"的构思设计就这样酝酿产生了。这个站在顾客角度、为顾客着想、符合企业道德要求的新创意，使当时设计生产出的杀菌型健康洗衣机，很受消费者欢迎，市场销量不断增加。

不论广告也好，促销也好，产品的说明、介绍也好，许多企业在具体运作时，大都是站在自己的角度说顾客的话，而不是站在顾客的角度说顾客的感觉。角度不一样，得到的效果就不一样，企业站在自己的角度说产品如何如何，往往难以捕捉顾客的真实想法，顾客也不会接受。只有站在顾客的角度体验顾客的感觉，说出来的语言才能打动顾客。宝洁公司的洗发用品为什么会吸引那么多的顾客：（1）它挑选的演员是让许多人喜欢的人，空姐也好，沐浴中的女士也好。（2）它告诉了我们它的产品是干啥的，能达到啥效果：即是头发柔顺、飘逸、洗发、护发等，而且是通过一个一个画面让你感觉到的。（3）它的整个创意自然、紧凑、恰到好处，适可而止，决不过多地浪费感情。所以，宝洁的整个创意都是钻到顾客的潜意识中诱导顾客的，不怕你拒绝！

企业要想让顾客接受其产品，就应该替顾客多着想，要想让顾客买你的产品，你就要多站在顾客的角度亲身体验一下顾客的感觉。海尔的"真诚到永远"，金利来的"金利来，男人的世界，男人中的男人"都是富有道德情感的经典创意。

情感营销，这种充满人情的道德营销方式，在当今瞬息万变的信息时代，更加受到企业经营者的青睐和社会公众的认同。企业的生产经营行为如能都从

"情"切入，寻求产品对应人的情感枢纽相应的部位与层次，进行定向准确而又有分寸的"切入"，在借助一定的艺术形式，使"情"的透射穿过消费者的情感障碍，赋予在包装、广告、促销、设计等精神方面的内涵和灵性，消费者就能强烈受到感染或被冲击，从而激发消费者潜在的购买意识。

第三节　市场竞争必须遵守道德规范

市场的竞争和竞争能力的形成与其他领域的竞争相比较有其鲜明的特征：（1）追求的目标和相互关系不同。一般竞争追求的目标是打败、杀伤甚至消灭对方，竞争双方是对立的、"水火不相容"的；而市场竞争追求的是发展壮大自己超过或削弱竞争者，是"田径运动"，而不是"拳击运动"。如果与竞争对手有利益的一致性，与竞争对手合作对企业更有利，则会在竞争中求合作。（2）竞争时限和较量关系不同。一般竞争是间断性的，而且往往采取"短兵相接"的直接对抗方式，而市场竞争总是连续的、长期的，是通过顾客进行的、间接的竞争。

由于市场竞争具有以上两个鲜明的特点，市场竞争除了要讲究基本的竞赛规则外，还必须遵循一定的道德规范。这就是：（1）自愿。自愿是商品交易的首要原则，是商品经济的首要基础。只有在自愿原则下，才能保证市场竞争的有效、公平和效率等。如买卖公平，反对欺诈、胁迫、强买强卖等，都是自愿原则的具体体现。（2）平等。平等是自愿的基础。只有处于平等地位，买卖双方才能谈论自愿、公平等原则。如果地位不平等、权利不平等、机会不平等，就难实现真正有效的商品交易。平等原则体现在反对特权、反对以大欺小、不等价交换以及"童叟无欺"等方面。（3）公平。公平是市场交易原则的核心标准。只有公平，才能真正体现出自愿的意志和平等的地位；失掉公平，就失去了自愿和平等的意义，公平，要求货真价实、严格执行质量保障和承诺、计量准确，反对假冒伪劣或质次价高、欺诈性服务、强制交易等行为。（4）诚实信用。诚实信用是自愿、平等、公平原则的保证和思想基础。在市场交易中，诚实守信是买卖双方实行公平交易最起码的要求，诚信原则要求企业不做虚假宣传广告，不欺骗、不蓄意坑害他人；不哄抬物价或者压价倾销；不掺杂使假，不搞假冒伪劣。

竞争道德首先是指那些符合法律制度及有关规定的、用于指导竞争行为的思想观念和行为规范。它体现为企业在产品质量、价格、销售、促销、服务等方面要符合国家法律规定和行业要求，依法从事生产经营和市场竞争。其次，竞争道德还应包括超出法律要求的道德标准。法律只是最低限度的道德要求，企业必须以高于法律要求的道德准则来要求自己，考虑社会和公众的长远利益，本着互利互惠、平等、公正等原则，与竞争对手公平竞争，以获得持久的竞争优势，使企业持续、稳定、健康发展。

市场竞争为什么必须讲究道德呢？

在经济领域，竞争表现为各个企业为维持或提高自己的经济利益而以较小的投入获得较大的产出。激烈的竞争促使各个企业要不断提高生产力，增加产品品种，提高产品质量，降低成本，提高服务水平，不断革新，不断进步。同时通过市场竞争能实现社会资源的合理配置，保障市场竞争的顺利运行。但是，又必须看到，竞争一定要有序，要正当，不正当竞争，无序竞争和恶性竞争，只会断送市场经济。尽管市场竞争也不是"和风细雨"的，但绝不是不讲规则的。不讲规则的不正当竞争，会使守法之人吃亏，正直之士遭损，阴险狡诈之辈得利，凶狠歹毒之徒获胜。这样的竞争不仅不能激发起人们积极进取、奋发向上的积极性，不能使社会有秩序地、健康地发展，而且会导致人的道德沦丧、治安混乱，阻碍社会进步。无序和不正当竞争还会扰乱经济秩序。例如，在业务交往中，如果不讲诚信原则，维系社会经济、人际关系的信用不再存在了，整个社会经济就会极大地退步，甚至崩溃。如果不讲公正平等的原则，每个人为达到自己的目的不择手段，为所欲为，就会导致社会经济的分崩离析。

竞争是国内外市场的竞争，它是市场经济的生命线、动力和活力。竞争是市场规范的秩序中的竞争，但一些破坏有序竞争的不规范竞争，如行贿收买、内幕交易、假冒伪劣、暴力、蒙骗、地方保护主义等，如果不亮红牌将之罚下场，那这场球赛就无法进行了。

市场体系中有不少企业违背竞争规则、破坏竞争环境，它们即使讲竞争，也往往不择手段，采取非正常的竞争，产生问题的关键在于体制。因为采取非正常的竞争手段，既轻松，又获利多，一本万利，它们自然就不会在管理、技术、服务和质量上下工夫。因此，竞争要规范，首先要法制规范，市场经济是法制经济，同样也是道德经济。法律无疑是维护正常经济秩序的重要工具和手段，但市场经济是以个人自律为基础的，它离不开道德规范的约束。

从历史上看，在西方市场经济形成的早期，法制、规则极不健全，人们相互之间的交往完全依靠个人自律，如在经济往来中坚持诚信、公正、平等、礼让等基本准则。但是，随着经济的发展，仅仅依靠个人自律就显得苍白无力，出现了大量的不正当竞争行为，造成社会经济的混乱。因此，在资产阶级掌握政权以后，才基于最起码的规则要求以国家强制力为后盾，制定了法律，从而有效地保证市场经济的存在和发展。然而由于社会经济的发展和法律本身的特点，单独依靠法律并不能完全解决问题，而作为保证和协调市场经济正常运行的另一支重要力量——道德，一直在发挥着重要作用。

随着市场经济法律规范的完善和人们对竞争道德意识的重视，任何一个企业要想靠不正当手段，打败其竞争对手并同时赢得消费者，变得越来越困难。只有坚持竞争道德，坚持用道德标准要求自己，企业才能获得长久的发展和雄厚的竞争优势。

在日本近代资本主义经济发展史上，被称为"企业之王"的绍泽荣一，提出了"论语加算盘"的理论，反对使用"商战"这一说法。在他看来，"战争必有胜败，一方若战胜而得益，另一方则肯定受损"，而"商卖非商战"，商卖则是在交易中双方均得利而悦。"商卖的道德是使卖者与买者共得利益"。他认为，"竞争是学习与进步之母"，但竞争有善意竞争与恶意竞争之别。善意竞争靠提高产品质量，而恶意竞争则是妨碍他人获得利益的竞争。

市场经济是竞争经济，也是合作经济或协作经济。在市场经济条件下企业的运作，竞争与合作是不可分割地联系在一起的。多年来，在企业理论研究中，国内外学者提出了"合作竞争"（简称"合竞"）与"竞争合作"（简称"竞合"）的概念，是值得重视的。有的学者讲到，提出"竞合"的概念，"旨在说明企业内部以及企业之间不仅存在竞争关系，而且存在合作关系，特别是在现代经济条件下的企业，只有倡导竞合精神，企业才能求得最佳的生存与发展，才能在市场中争取到最大的市场份额或利益。"在很早以前有的学者就认为，企业变革的一个重要方面，"是组织之间以团结合作、合力创造价值的方法来产生变化；共同开发出新的合作经营方法，协助彼此企业取得前所未有的获利与竞争力。"由此，提出了企业发展中的"双赢模式"。这种"双赢模式"，要求从传统销售关系中的非赢即输、针锋相对的关系，改变成更具合作性、共同为谋求更大利益而努力的关系。从企业开拓市场来说，不仅营销商与客户、用户之间，可以建立伙伴协作关系，实现"双赢"；而且，竞争对手之间，也可以改变传统的你死我活的竞争观，在"双赢观念"支配下，共同开发广阔的市场，实现"利益共享"。多年的实践证明这是一种很实用的市场竞争方式。

早在2500多年前，老子就提出了"德者，得也"的论断，说明"德"与"得"在本质上是相通的。企业在市场竞争中讲究道德，实现有序竞争，就能既在企业内部形成良好的风气，使企业更具战斗力；又在外部树立良好的企业形象，建立良好的商誉，这样会给企业带来巨大的、持久的经济效益，最终保证企业的经济目标和长远目标得以实现。

第四节　市场竞争的不道德行为及后果

为了实现企业目标，企业必须通过产品或服务、价格、促销手段、分销渠道、售后服务等方面与竞争对手角逐市场。而在这方方面面，都有个市场道德问题存在。

1. 产品竞争中的道德问题。这里讲的产品，是广义的产品，它包括企业向市场提供的、能满足人们某种需要和某种利益的物质产品和非物质形态的服务。物质产品主要包括产品的实体及其品质、特色、品牌和包装装潢等，它们能够满足顾客对使用价值的需要。非物质形态的服务主要包括售后服务和保证、产品形象等，能给顾客带来利益和心理上的满足。

不同的企业同时向市场提供相同或类似的产品，往往由于它们之间存在着这样那样的差异，其市场地位、前途和命运是不同的。如何看待产品在市场中的地位？如何正确对待自己的产品和他人的产品？这就需要作道德的思考和判断了。

产品竞争中的不道德问题，常有以下几种表现：（1）利用虚假宣传，压低别人，抬高自己。例如，早些年某报曾用整版篇幅刊登了一幅广告——安徽省公证处公正宣布："黄山"第一，"中华"第二，"红塔山"第三。人们不难看出这则广告的用心。广告客户——蚌埠卷烟厂的厂长曾直言不讳地对别人说，就是要和中外名烟一决雌雄，在中国，"我"只有把"红塔山"打下去，才能使我的"黄山"烟名扬天下。这种虚假宣传，显然是不道德的。这样做，也许一时可以"蒙"住一些人，但不能长时间地混淆视听，也不能把所有人都"蒙"住。这种损害别人商业信誉的行为，违反国家《反不正当竞争法》，是迟早要被揭露出来的。压低别人，抬高自己的不轨行为，有时又表现为在竞争对手的固定客户面前制造谣言，对竞争对手进行诬蔑，或者编造虚伪事实当众对竞争对手进行诋毁和攻击。这样的例子在现实生活中屡见不鲜。（2）仿冒竞争对手，冲乱市场，浑水摸鱼。例如，假冒竞争对手的注册商标就是其中的一种。商标是区别商品来源的重要标志，也是一种知识产权，它是企业或产品商誉的重要载体。它是一种重要的无形资产，商标一经注册，商标注册人或合法持有人即拥有商品专用权，受法律保护。由于假冒他人注册商标，不仅侵害了注册商标持有人的合法权益，而且损害了消费者和公众的利益。又如，仿冒知名商品特有的名称、包装、装潢，也是一种。企业名称是经营者区别商品或服务来源的营业标志，是显示经营者的营业或服务活动的外在特征，也体现经营者通过付出努力和资本投入而获得的无形资产。而在仿冒他人的企业名称的行为中，被仿冒的企业名称一般都是具有一定知名度或信誉较好的，仿冒的目的也常常是盗用他人的商业信誉和知名度，推销伪劣质次商品。仿冒行为不仅损害了正当经营者的合法权益，打击了经营者创造品牌、商誉的积极性，而且有可能损害消费者的利益，这显然是一种不道德的行为。

2. 价格竞争中的道德问题。价格是企业参与市场竞争的重要手段，它与企业的生存和发展休戚相关。企业在制定价格的时候，除了考虑产品本身的成本外，还要综合考虑市场特性、供求状况、消费者的需求状况和竞争对手的情况，以及国家或行业的政策法规等因素；不仅要考虑企业自身利益，而且要遵守基本的价格竞争道德，考虑到消费者和竞争对手的利益。

价格竞争道德，也是要讲究公平、公正、诚实信用的基本原则。一方面要求企业不能任意定价，哄抬物价，牟取暴利，要制定与市场需求和产品质量相符的价格，尽量为顾客提供物美价廉的产品；另一方面，要求企业不能故意以低价倾销，排挤竞争对手，大打价格战。

压价排挤竞争对手，就是经营者在一定的市场上和一定时期内，以低于成本的价格销售商品，以此来排挤竞争对手。这种行为，在国外称之为"掠夺性定价"。这种行为的目的只有一个，就是宁可自己亏本，也要把竞争对手挤出去，最终达到控制市场，攫取超额利润的目的。

实施这种不正当竞争行为的，一般是具有市场竞争优势的企业，如某大型企业，依仗其资金雄厚、技术先进等优势，在采购原料时，其价格往往高于其他企业，而在出售产品时，又以低于其成本出售，使该企业产品在其所处的市场上极其畅销。而其他中小型企业则无力支撑这种亏损，或被关闭，或被大企业兼并。于是，这个大企业利用自己的绝对优势又将原材料价格压低，同时提高产品价格，从而获得比以往更大的利润。

在跨国经营中，有的企业为了打入国外市场或挤占部分市场份额，也往往用低价倾销的策略，这一现象已受到世界各国的广泛重视，很多国家都制定了"反倾销法"加以惩治。如早在10多年前，韩国三星公司收购苏州"香雪海"冰箱后，为了扩大在华市场份额，声言准许3年亏损2.5亿元；一家彩电合资企业更是制定了"亏损几亿元，也要挤垮长虹"的战略目标。好在这些年来，面对跨国公司咄咄逼人的态势，中国许多企业都在不断自强，国家也在加强对倾销的查处，制止不正当竞争，创造健康的竞争秩序。

价格竞争中的道德问题，另一种表现是限制价格。即同一个地方的几家商店，联合向社会宣布，某一种商品价格都相同。对此行为，有褒有贬。赞同者认为，此举能方便消费者，也能避免打"价格战"而"两败俱伤"。但反对者认为，商家联合限制价格，不仅使消费者失去选择的权利，而且不利于各商家根据各自的进货成本、经营条件、管理水平和战略布局而自行定价，制约了企业的自主经营权，并限制了正常的竞争，使各商家轻而易举就可获得相当的利润，助长了"懒气"，妨碍其采用改进服务、树立特色等非价格竞争方式。因此，限制价格实际上一定程度相当于保护、纵容落后。

3. 销售途径竞争中的道德问题。企业的产品和服务到达消费者手中，这之间的途径，也充满着竞争，也存在着很多道德问题，这里主要讲一下拿回扣和滥用行政权力限制竞争这两方面。

所谓回扣，是指市场交易一方当事人为争取交易机会和交易条件，在账外暗中向交易对方及其雇员等有关人员支付的金钱、有价证券或其他形式的财物，如多年来医疗企业采购盛行的回扣问题。按照中国《反不正当竞争法》有关条款之规定，这属于商业贿赂中的一种，它在世界大多数国家都是受到明令禁止的。

实践证明，回扣的确是公平竞争的"腐蚀剂"，它能侵蚀人的心灵，败坏社会风气。只有彻底反对回扣，才能有助于形成健康正常的竞争秩序和社会环境。

滥用行政权力限制竞争，就是地方政府为了自己的利益和一部分人的利益而滥用手中权力来实行地方保护主义。它有悖于公平竞争的基本准则，会阻碍统一市场的形成，使市场自身的运行规则屈从于行政干预，使消费者的正当权益受到损害，妨碍了正当竞争，其危害很大。

4. 信息竞争中的道德问题。现代社会越来越成为信息社会。信息之于企业，实质是一种重要资源，是企业竞争力的重要内容。有远见的企业总是十分重视企业的情报信息工作。如不惜耗费重金，并运用最新技术和最现代化的设备来建立高效快捷的信息网络，培养专业信息人员，同时通过各种方式各种渠道搜集信息，对之进行分析、整理、加工，使之作为正确决策的依据。

企业获取信息，有多种渠道和方法。如通过企业年鉴、报纸剪报、产品介绍、咨询研究、专利档案、供应商报告、顾客报告等公开方法；通过报纸、杂志、广播、电视、新闻图片、学术会议、咨询机构、情报网等获取第二手资料；通过会谈、问卷调查、展示、信函或电话访谈等方式获取第一手资料。很多方式都是合法的、有效的。但也有一些不道德不正当的信息竞争行为发生。主要有以下几种表现：（1）采取不正当的手段获取、披露、使用或允许他人使用权利人投入一定的时间、精力和资金开发出来的技术信息、经济信息，而这些信息是不为公众知悉、能为权利人带来经济效益和具有实用性的，是经权利人采取了保密措施的商业机密。（2）用散布虚假信息的方式来诱惑乃至坑害竞争对手。如早些年，中国一家小公司生产的一种新型洗涤用品在武汉卖得很好，此时洗涤业巨头宝洁中国公司也生产出了这种产品，并决定在武汉试销。该公司知悉后，不动声色，就在宝洁公司将产品投放市场的头一天，将其产品悄悄从货架上撤下，宝洁并未发觉。于是宝洁试销大获成功。试销的成功使宝洁制定了庞大的推广计划，大张旗鼓地展开了促销、销售活动。而该家小公司却回马一枪，不仅抢回了武汉大部分市场，也使宝洁的很多努力无功而返，损失惨重。(3) 盗版行为，即非法复制 CD、VCD 或灌制录音带、录像带和其他软件制品。在现代电子信息业中生产制造电子软件的成本只是其价值的很小一部分，而凝结在软件中的资金、劳动与知识是庞大的，必须靠出售大批量的正版软件才能回收。盗版行为会使软件公司辛辛苦苦开发出来的知识成果"血本无回"，这不仅大大挫伤了软件开发商的积极性，而且不利于信息产业的发展，严重破坏了公平、正义的竞争秩序。

5. 尤其可怕的是当今时代一些特别严重的市场道德缺失行为，如街头小贩用假羊肉，路边小馆用地沟油，大型超市卖染色馒头，国际连锁店用苏丹红。一串羊肉、一根油条、一个馒头、一个汉堡，挣不了大钱，但就有人为蝇头小利丧尽天良，更有人钻营出一条造假链，牟取暴利，祸害更多人的生命安全；污水排向河流，有毒气体排向空中，砍掉树木造纸、造筷子，占用农田盖楼修广场，打着"发展经济、造福百姓"的旗号，实则以 GDP 换升迁；跑项目得找关系，谈合作得送礼，卖产品得给回扣……别说国企民企，就连外企也熟知这套"一切向钱看"的商业潜规则。2013 年 7 月，全球最大的药剂集团、英国葛兰素史克公司被披露"与中国多家医院存在不正当交易行为"，等等。

诚然，一个只认识钱的人是得不到尊重的人；同样，一个只认识钱的企业，也是得不到社会尊重的企业。"通情方可大义"，追求利益必须要有道德底线与边界，当今企业和市场竞争中严重的道德缺失行为，极大地危害了社会，破坏了社会公平正义，增加了许多社会成本，扰乱了市场竞争秩序，已经引起全社会广泛、深入的关注，国家亦在不断采取相应的对策进行治理和规范，让这些企业和市场的行为受到严重的惩治，让道德的行为回归社会，不断发扬光大。

企业道德危机及危机管理

第一节　企业道德危机的成因

　　企业道德危机是指由于企业行为违背道德规范并引发严重后果或造成极大社会负面影响，引发公众对道德存在性的质疑或对道德标准的重新判断的事件。企业道德危机一旦发生，将会引发人们对于整个社会和企业的道德重新认识和审视，人们的价值取向受到质疑，人与人之间的信任感削弱，社会的不安全因素增加，危害很大。一个社会一般有社会公认的道德规范，这些规范主要依靠人们自觉的内心观念来维持，人们的行为必须遵守这些规范，一旦违背将受到道德的惩罚。如果人们的行为严重违背了道德规范将会引发道德危机。

　　企业作为市场经济中最重要的市场主体，社会中的重要一员，遵守社会道德规范是企业实现正常持续经营的保证。一旦企业违背道德，造成社会危害，将会引发企业道德危机。企业道德危机是企业为了追求商业利益，采用了有悖于道德的经营做法和手段，其行为违反了市场经济的经营准则，导致其利益相关者和整个社会受损的情况。当前企业存在的道德危机事件主要有损害消费者的利益、违法经营、不正当竞争、污染环境、偷税漏税、还可持续发展等。企业道德的危机实质是为了避免淘汰或保住既有利益或获得额外利益，以不惜牺牲他人利益而满足企业或个人利益、不惜牺牲社会利益而满足自我利益、不惜牺牲长远利益而满足短期利益的一种短视行为。

　　企业道德的缺失，在一定程度上表现为企业为了追求个体利益而牺牲他人和社会利益，采取非正常的牟利手段危害社会，这与整个社会的道德规范是相悖的，是一种违反社会公德的恶性行为。企业道德危机一旦发生，一方面违反了人们的道德底线，使人们对道德规范的权威性产生怀疑，社会道德规范被践踏，必然诱发人们蔑视道德规范产生和对行为约束的公众现象，原有的道德规范失去效力，新的道德规范尚未形成，长期持续下去必然引发社会秩序混乱，造成严重的社会危机；另一方面企业道德危机不仅对本企业的生产经营产生不可估量的影响，严重时甚至会危害企业的生存，有时还会对本行业甚至社会全行业都产生深刻的影响。

由于全行业企业经营特征的共性和关联性会引发人们由一个企业到另一个企业的联想，一旦一个企业发生道德危机，人们自然联想到其他企业是否也是这样的，当人们对所有企业都缺乏信任的时候，全行业的道德危机也就发生了，这种企业道德危机的后果将不堪设想。相对于单个企业经营方面的危机，这种企业道德危机的危害更大，影响面更广、更深远。无论是企业或是行业和政府，都有责任减少或避免企业道德危机的发生，将企业道德危机的损失降到最低限度之内。

第二节　当代企业道德危机的社会现象

作为社会公众的每一个消费者，每天都要通过各种行为与市场直接或间接与产品及产品生产的企业打交道，多年来，一些企业的诚信道德危机已极其严重的影响到社会公众的消费安全，有些道德危机和缺失事件已使许多消费者目不暇接，难以置信，出现了公众极其担心的"道德滑坡命题"。摘录一些如下。

1. 劣质奶粉及小杯装果冻致死婴儿事件，让消费者深恶痛绝。近几年来，从相关机构组织每年的公众"最深恶痛绝事件"调查结果来看，劣质奶粉及小杯装果冻致死婴儿事件排在第一位，比例高达70%；排在第二位的是"上市公司造假及高管、资金失踪"事件，比例接近5成；从排在前两位来看，具有明显的"谋财害命"的特点，"小杯装果冻致死婴儿及劣质奶粉事件"由于涉及公民最基本的"生存权"而备受关注。"金光集团毁林案件"反映的是生态环保问题。由于环保问题立法滞后，普通公众对于环保事件的普遍关注程度也不是很高；亨氏、肯德基苏丹红事件，涉及的是食品安全问题；耐克"血汗工厂"事件反映出两个层面的问题，第一是中国缺乏保护普通劳动者的相关法律，第二是中国劳动力的过剩和过于廉价让跨国公司在压榨劳工时"有恃无恐"。

2. "体制上监管不到位"和"企业缺乏公众安全意识"是存在安全隐患产品上市的主要原因。对于导致各种安全隐患产品上市的原因主要在于："政府监管不到位，管理体制滞后"和"企业缺乏公众安全意识"，"政府监管不到位，管理体制滞后"已经是一个非常老的话题了，我们经常看到类似事件一而再，再而三地发生，更多的是执行的问题了，是否按照统一标准一贯坚持了，持之以恒了，这是关键，而不是做做治标不治本的表面文章。"企业安全意识"的培养首先需要大的安全意识气候，大到国家的立法，行业的规范，企业和人一样，不可能一开始就有很好的安全意识，更多的靠教育，而教育的实施者就是国家的相关管理机构。当然也存在国家标准缺陷的问题，比如上面提到的"小杯果冻致死婴儿"事件，就是典型的国家标准滞后，企业按照国家标准生产而导致安全事故，这种标准如果不及时更新的话，毁掉的可能是一个行业。针对此类事件，制定标准的相关部门也应该承担相关责任。

3. 一些企业"利欲熏心"并"缺乏社会责任感"是生产劣质奶粉的最根本原因。企业从本质上讲是"追逐利润的"，"不盈利的企业"是无法生存的，从公众对"劣质奶粉事件"产生的根源来看，企业"利欲熏心"并"缺乏社会责任感"是生产劣质奶粉的最根本原因。每个行业都有自己的平均利润和合理利润，如果利润率过高，肯定存在问题。"劣质奶粉"在原料、工艺过程等方面无法和正规奶粉相比，但是价格基本持平，其间的利润空间比正常奶粉肯定高多了。

4. 事前的严格检测和事后的主动召回是企业处理隐患产品的根本措施。导致隐患产品上市，无非两种可能，其一是故意行为，厂商明明知道自己的产品存在隐患，还听之任之；其二是无意行为，厂商事先并不知道存在隐患。显然前者"罪孽深重"，而后者"尚可宽容"，但问题是"无意"和"故意"并不容易区分，所以往往只能看隐患发生后的举动了。目前最通常的措施是"停止生产、停止销售"，收回相关商品，也就是"召回"。"召回制度"在中国实施的时间还不长，10 年前很多厂商还没有听说过这个名词，但"召回制度"慢慢会成为中国厂商处理隐患必须遵守的"基本规则"。

5. 跨国公司在中国频频出现问题，其根本原因在于"中国缺乏相应的产品规范标准和监管细则"。中国市场经济和发达国家比较起来，时间还非常短暂，很多问题对于管理者而言，也都是新鲜事物，对于国外的跨国公司而言，也就有很多漏洞可钻了，或者说人家没有刻意要钻漏洞，而是你给了人家钻漏洞的机会。如何完善市场经济的规范和监管细节，管理者们还有很长一段路要走。

6. 耐克"血汗工厂"存在的主要原因在于"劳动力过剩"和"劳动保护法规不健全"。耐克"血汗工厂"事件的发生应该说有中国自身的特殊背景和根源,"血汗工厂"的实质是"付出远远高于回报",按照供求理论,当供给远远大于需求的时候,成交的价格就比较低,表现为资本支付人工成本非常低。所以,导致耐克"血汗工厂"存在的主要原因之一是"中国劳动力过剩"。但是不是在劳动力过剩的地方都会出现类似的问题呢?不尽然。"劳动保护法规不健全"给了耐克"可乘之机",在国外发达国家,作为工人自己的组织"工会"经常会同"资方"进行"薪酬方面的谈判",但类似事件在中国似乎很少发生,原因在于政府管理部门没有从制度上为广大"劳动者授权",没有制度的保障,相信随着制度建设的日益完善,类似事件不再发生。

7. 肯德基被认为是"最诚恳及时也最负责任"处理危机事件的公司。不同国度文化的差异,不同企业文化的差异,导致了应对危机事件的不同。聪明的企业会努力将事件挽回,同时变不利为有利,做一次大范围的危机公关和广告,也是重新建立企业形象的大好机会。肯德基虽然是第一个被暴光和"苏丹红事件"有关的企业,但肯德基没有回避,而是认真配合调查并最终彻底解决了问题。公众的眼睛总是雪亮的,有关机构组织的道德诚信调查中,大部分的消费者将"最诚恳及时也最负责任处理危机事件的公司"的票投给了肯德基。

8. 上市公司造假存在制度性因素,同时造假使得上市公司的"公信力正在丧失"。"上市"是很多企业经营管理者的梦想,但越来越多的企业上市以后的表现,实在让广大投资者"大跌眼镜",造假已经成为中国股市的一个"恶疾",不花大力气不动大手术恐怕很难根治,可以说上市公司造假已经毁了中国的资本市场,一些人对中国的股市心存恐惧,有关机构组织的道德诚信调查中,4成公众认为,中国上市公司之所以经常造假,其根本原因在于违规成本比较低,另有3成多的公众认为"中国上市公司已经产生整体公众形象危机"。

9. 生产安全事件的道德危机。2013年8月31日,上海翁牌冷藏实业有限公司发生氨泄漏事故,造成15人死亡,7人重伤,18人轻伤。事故发生的直接原因是:作业人员严重违规采用热氨融霜方式,导致发生液锤现象,压力瞬间升高,致使存有严重焊接缺陷的单冻机回气集管管帽脱落,造成氨泄漏。管理原因是:上海翁牌冷藏实业有限公司违规设计、施工和生产,主体建筑竣工验收后擅自改变功能布局,水融霜设备缺失,相关安全生产规章制度和操作规程不健全,岗位安全培训缺失,特种作业人员未取证上岗等。宝山区政府、宝山城市工业园区管委会、区质量技监局、区安全监管局、区规划国土局以及区公安消防支队履职不力。

10. 2013 年 6 月 8 日《第一财经日报》报道一家年销售额上百亿元的制药业巨头，为何宁愿一年花 5 亿元巨资做广告，也迟迟不根除困扰周边居民多年的环保问题？6 月 5 日"世界环境日"，哈药集团制药总厂废水、废气和废渣违规排放因此被曝光，相关报道中甚至指出，哈药总厂产生的"废渣直排河流，硫化氢废气超标千倍"。在业内，以黄金时段广告投放为显著特色的"哈药模式"至今仍是医药营销的典型范例。一时间，哈药六厂的广告轰炸模式使其他产品竞相模仿，医疗保健品领域迅速刮起"哈药模式"。哈药"烧钱"营销却称无力治污，其广告投入是环保的 27 倍。

11. "人道主义"、"高度社会责任感"、"以人为本"、"勇于承担责任"、企业领导人的廉洁自律是企业获得尊重的主要原因。当今社会仅仅依靠所谓的"高品质产品"已经不足以获得消费者尊重的目光了，就如同一个人一样，如果人品出了问题，其他方面再优秀恐怕也说明不了问题。

第三节　企业道德危机的病理作用

企业道德危机的发生是企业经营管理者对风险和危害估计不足或对危机事件处理不当的结果，就其"病理作用"，主要有以下几种情况：

1. 当发生与本企业相关的危机事件时，企业经营管理者无视或忽视危机事件的危害，当危机事件引发他人利益受损时，企业未加重视或处理不及时，直接导致危害事件重复发生，危害范围扩大，由独立的个别层面扩散到整个社会层面，企业道德危机也就发生了。

2. 当发生与本企业相关的危机事件时，企业经营管理者虽然重视危机事件的危害，但对危机事件处理不当，未能满足受害人的利益诉求，导致公众对企业处理危害事件的态度产生怀疑，并对企业失去信任，企业道德危机也就发生了。

3. 当发生与本企业相关的危机事件时，企业经营管理者虽然重视危机事件的危害，并对危机事件处理得当，但未能将事件处理的具体情况以及企业具体的整改措施向公众公开，在相关信息披露方面未能及时全面公布，使公众对企业失去耐心，并对企业失去信任，企业道德危机也就发生了。

4. 当发生与本企业不相关但与本行业相关的危机事件时，由于危机事件涉及公众对整个行业的认识和态度，该事件虽与本企业无直接关联，但在一定程度上影响了公众对全行业产品的信任，企业经营管理者无视或忽视危机事件的对本企业的危害，未加重视或未采取对策，企业道德危机也就发生了。

第四节　企业道德危机管理的方法

1. 在道德危机发生初期的管理方法。危机事件一般都是在企业很难预知且毫无准备的情况下瞬间发生，令人措手不及，危机事件一旦发生将会给企业带来混乱和惊恐，严重的将直接影响企业现有的生产经营活动。危机事件发生初期，企业应把握两个原则：（1）处理危机速度要快。危机事件的解决，速度是关键。企业必须迅速做出反应，将危机事件负面影响降至最低，以防随着时间延长小事件变成大事故，引发企业道德危机。（2）危机事件处理要得当，考虑要全面周到。危机事件发生后的危害和处理结果是受害人和公众最关注也最关心的，企业处理危害时一定要充分考虑到受害人的想法、受害人的需求，物质损失可以弥补，精神伤害很难补偿，企业一定要让受害人在精神上和情感上获得满足，这对于危机事件的顺利解决将会更有利，目的是使危机事件的影响降到最小，将危机影响消除在萌芽状态，并消除后续影响。

企业处理危机事件时要做好以下几点：（1）当危机事件发生时，企业经营管理者及相关人员要以最快的速度确认危机事件，确定危机事件是否与本企业有关，确认危害是本企业直接造成的，还是与本企业无关的。（2）主动承担责任，向受害者主动道歉承认错误，并承诺对受害者进行补偿，对受害者在精神上进行安慰。（3）表明发生危害的原因，特别是危害的根源，这是受害者和公众关注的焦点，将危害发生的原因向受害者和公众解释清楚，以防止公众不知情带来的怀疑引发更大的负面影响。（4）根据危害情况，向受害者提供物质补偿后，并与受害者达成协议，借助受害者来表达企业对危机的处理态度，以获得公众对企业的认可。

在事件发生初期，企业处理危机的关键就是做好与各方面的沟通工作，如受害人、企业员工、媒体、政府、消费者以及其他利益相关者，有效的沟通可以将危机的负面影响降到最低，拒绝沟通才是企业最大的危机。在危机事件发生之初，企业必须树立强烈的沟通意识，及时将事件发生的真相、处理进展传达给公众，以正视听，杜绝谣言、流言，稳定公众情绪，争取社会公众舆论的支持。

2. 发生企业道德危机时的管理方法。当企业处理危机事件不当，或是企业无视危机事件的发生，危机事件的危害进一步扩大，进而引发社会和公众对企业道德的质疑时，企业也就发生道德危机了。企业道德危机的危害要远远大于危机事件本身的危害，道德危机一旦发生，由于公众和社会对企业的不满，导致企业很难再进行正常的生产经营活动，这时企业应将经营管理的重点转移到如何解决道德危机上来，企业处理道德危机应该及时做到如下几点：（1）主动承担责任，主动承认错误。道德危机的根源就是企业失去了公众的信任，要想重获信任，企业首先要以坦诚的态度与公众沟通，主动承认错误，主动承担责任是真诚面对公众的一个非常有效的办法。当企业真诚面对公众时，一般情况下，大多数公众也会以原谅的态度面对企业。（2）补偿受害者和公众，惩罚相关责任人。企业不仅要在语言上表现出真诚，更要在行动上做出表率，目的是让受害者和公众感受到企业的变化及企业进行变化的决心，让公众看到企业面对受害人和公众的要求是绝对真诚和认真的。通过这一做法，让公众将现在的企业和过去的企业划清界限，对企业进行重新认识。（3）完善预防危害发生的各项措施，向公众公开并接受公众监督，同时向公众做出承诺，保证同样事件或危害永远不会再次发生。这一做法目的是希望得到公众的重新认可，重新找回原有的消费者和潜在的消费者，以保证企业正常和持续的生产经营。

3. 发生行业道德危机时的管理方法。由于某一企业或多个企业的危机行为处理不当或危害过大引发公众对整个行业产生不信任时，就引发了行业道德危机。虽然不是由于本企业参与了危机行为，但一旦发生行业道德危机，本企业的经营同样受到影响。当发生行业道德危机时，企业应做好以下工作：（1）澄清本企业与危机事件的关系，向公众说明本企业未参与到危机事件中去。目的是消除公众对本企业的误解，同时向公众表示本企业是负责任的，提升消费者对本企业产品的信心，并将竞争对手的顾客争取过来。（2）公开本企业针对危机事件的预防措施，让公众对本企业产品和服务放心。如借助权威机构和人士发布信息，亲自使用本企业产品，消除公众疑虑，提升公众消费信心，并通过一系列促销措施将公众的注意力向本企业产品转移，目的是借助于竞争对手无暇顾及市场的时机，迅速占领市场，争取更多的发展机遇。

第五节　企业道德危机管理长效机制的构建

企业道德危机一旦发生，对企业可能是致命的。企业应尽可能地减少或避免道德危机的发生，企业可以通过危机管理把一些潜在的危机消灭在萌芽状态，**通过建立企业道德危机处理的长效机制，把必然发生的危机损失减少到最小的程度。**

1. 加强道德教育和激励，规范企业道德行为。企业正确的经营道德观决定了企业从事生产经营时的行为取向。在企业中，企业管理者的道德观最为重要，其道德观念不仅决定了他们自身的行为，还在很大程度上影响着下属和其他员工，甚至对与企业有业务联系的相关企业和个人都会产生重要影响。"三鹿"道德危机事件的发生其本源就在于企业经营管理者的道德意识缺乏或道德缺位。在企业经营管理中，一定要重视对企业员工特别是企业经营管理者的道德观的培育。通过道德观教育，企业所有员工都要树立正确的经营道德观，合法经营，正当经营，公平竞争，不道德的行为必然将减少。在道德观教育的过程中，一定要增加对企业有关社会责任的教育内容，使企业全体员工明确企业的行为不是单纯逐利的行为，企业除了获得正当的经济利益之外，还要承担防止污染、保护环境、保护群众利益、依法纳税、公平竞争等社会责任。

除了更多地使用教育与激励对企业员工的道德行为进行软性约束之外，适当的硬性约束更容易取得规范道德行为的效果。企业可以通过制定一系列内部规章制度，分别对不同层次、不同岗位、不同工作内容的人员的行为进行约束，通过奖善罚恶的方式积极强化那些道德高尚的行为，惩罚那些道德败坏的行为，以使整个企业的员工行为向正确的方向发展。

2. 树立危机意识，建立危机监测与预警机制。危机的预防与控制是危机管理过程中成本最低、最简便的方法之一。危机管理的重点应放在危机发生前的预防与控制中。比尔·盖茨曾经说过，微软距离破产始终只有 18 个月；奇瑞公司的总裁也曾经说过，奇瑞离破产只有 18 天。居安思危，企业应该树立一种危机意识。全员的危机意识能提高企业抵御危机的能力，有效地防止危机发生。树立危机理念，营造危机氛围，让员工掌握危机管理知识，提高危机处理技能和面对危机的心理素质，从而提高整个企业的危机管理水平与能力。

建立一套全面规范的危机监测与预警系统是预防危机的重要手段。危机监测与预警系统主要包括：信息收集与监测、信息分析与处理、风险识别与确定、应急预案等。快速、准确的信息收集与监测系统是危机预警的首要环节，通过信息监测，随时搜集各方面的信息，为下一步信息分析与处理做好准备。然后，对监测到的信息进行鉴别、分类和分析，通过对信息的分析识别，发现可能对企业造成不利影响的行为或后果，并进一步进行风险确定，对危机发生可能性较大的行为发出危机警报，通知相关部门停止其行为以杜绝危机事件的发生，或者做好应急预案以防危机事件发生时迅速做出反应。

3. 提高决策速度，在企业内部形成科学的危机应急管理系统。现代市场经济中，市场情况瞬息万变，这就要求企业经营管理者在决策中要快速决断，反应迅速。将"速度就是竞争力，速度就是财富"的观念深入人心，当企业面临各类市场情况时，单纯依赖企业一线人员无法把握市场完全信息，也就无法做出高质量的决策。应对市场变化，必须依靠高层管理者的高效率高质量的决策。因此，要想提高决策速度，必须在企业内部创建和形成科学的应急管理系统。危机处理工作对内涉及后勤、生产、营销、财务、法律、人事等各个部门，对外不仅需要与政府与媒体打交道，还要与客户、供应商、渠道商、股东、债权人、社区等进行沟通。没有企业科学的统一指挥协调，企业各个部门很难能做到口径一致、步调一致、协作支持并快速行动。当危机降临时，要求企业管理者独立并全权负责处理危机事件，能够在第一时间查出原因，找准危机根源，以最快的速度启动危机应变计划并立刻制定相应的对策，迅速有效地解决企业危机。

危机发生并稳妥处理后，企业管理者要全面评价危机管理工作，包括对预警系统的组织和工作程序、危机处理计划、危机决策等各方面的评价，危机管理工作中存在的各种问题，通过总结评估提出改正措施，责成有关部门逐项落实，完善危机管理应急系统。同时，企业管理者要善于在危机处理和机制重建的过程中利用机会，通过改革，把不利转化为有利，合理利用危机可能会给企业带来的商机。

4. 做好物质资源保障，加强与提升管理基础。企业的任何活动都需要一定的物资、设备和设施等物质资源条件，危机管理也不例外。特别是在危机发生时，企业对这些资源的需要更加强烈，也更加迫切。因此，适当的物质准备是企业应付危机发生必不可少的。这些资源条件主要包括：危机管理部门日常运作的资金和设施、危机事件处置中可能发生的费用、危机发生后恢复生产经营的费用、足够的警务资源、消防资源、医疗资源、救灾资源等储备，否则一旦进入应急处置状态，会因缺乏应急资源而无法有效开展应急工作。未雨绸缪，防患于未然永远是危机管理最基本和最重要的要求。这就要求企业必须加强和提升基础管理。基础管理是企业管理的最底层也是最基本的管理活动，这些活动的重要性往往也最容易受到管理者忽略。基础管理工作涉及企业生产经营的各个领域，包括采购、制造、物流、销售等，基础管理的工作质量直接决定了企业在这些环节的原材料质量、产品质量、生产和物流成本、生产安全状况、销售收入等，影响着企业的生产经营效果。"三鹿危机"、"哈药事件"正是由于企业的基础管理者对采购环节、生产环节质量控制不重视而导致的。另外，企业还要重视售后反馈和服务保证工作，通过售后反馈和服务保证工作，企业可以收集与企业有关的全面信息，获得顾客和社会对企业的及时、全面信息反馈，既可以作为预防危机的一种手段，又可以使企业明确自己在公众中的形象，进行合理准确的市场定位。

道德型企业的建设与培育

第一节　塑造良好的企业道德形象

　　企业道德形象是企业整体形象的核心组成部分之一，一般是指企业员工和社会公众对企业道德行为的概括、认识与评价。从主观上分析，它是一种视觉、看法与认知，属于观念形态；从客观上分析，它反映的内容是企业内在的本质、特征与责任，是一种客观现实的形态。现代企业理论上把反映企业道德形象的特征分为三个方面，即物质特征、社会特征与精神特征。

　　物质特征是企业道德形象构成要素中可见的物质形式及客观实在所代表的形象特征。这是具体的、实在的客观对象，通过公众的感受，印入其记忆系统成为表象，又经过认识加工，就形成了公众的形象概念和评价。如建筑群落、产品实体、工具设备等。

　　社会特征是指通过企业道德文化建设和企业管理过程所表现出来的企业素质和文化特征，它反映了企业的经营管理水平、企业的经营方针和文化蕴含，体现了企业在市场竞争中所独有的社会地位。企业形象的社会特征是企业道德形象塑造成果的折射，它通过管理艺术、设计艺术、经营艺术给公众以强烈、独特的形象感受。能作为企业社会特征的有企业的产品包装、广告设计、宣传品设计、环境布置与造型、人才和技术阵容等。社会特征正是从外显性和隐含性两个方面向公众传达了企业道德形象特征。

　　精神特征是指企业道德形象所表现出来的内存的精神和价值观。企业内在精神是企业道德形象的灵魂和精髓，是企业生存、奋斗、发展的全部价值观念和信念的体现，涵盖在企业宗旨、企业目标、经营方针等各方面，反映在厂风、厂纪、厂容、厂誉上。价值观是企业获得成功的哲学精髓，它为企业全体员工提供努力方向和行为准则。企业精神特征具体地体现在企业凝聚力、企业员工的精神风貌和企业内部群体社会心理气氛中，公众据此把握一个企业的内存形象，即是企业的道德形象。

加强企业道德形象的塑造，造就道德型企业，营造良好的道德环境，从现代社会对企业的要求来看，越来越显得重要。企业要适应社会公众这种"白热化的道德压力"（摘自托夫勒《第三次浪潮》），在竞争日益激烈的市场中，恪守企业道德，让企业在社会公众的心目中越来越具有良好的道德形象，真正成为一个现代全球化经济环境下的"道德型"企业，是任何一个企业追求的道德目标。

企业是各种权利和义务的道德实体。企业的行为必须是负责任的，即企业的行为要顾及消费者和其他社会成员的权利。随着消费水平和消费观念的变化，人们对企业的要求越来越高，不仅仅满足于企业提供优良的产品和服务，而且希望企业能承担一定的社会责任，如环境保护，对员工、竞争对手、所在社区负责等。这些都要求企业要加强道德形象塑造，提高自身层次，这样才能适应环境变化，把握市场竞争的主动权。在世界500强企业中，除了先进的技术、严格的管理、旺盛的创新意识、崭新的人才观念外，无一例外，都拥有企业自身的道德行为规范，而且都对企业道德形象塑造和实施非常重视。如索尼公司提出："以提高索尼公司的企业价值为经营的根本，把自觉性和自律性的道德标准作为企业的重要组成部分。"一些成功的企业都向我们展示了道德形象塑造是企业发展的重要途径。

企业作为市场主体和社会经济实体，必须以生产经营为中心任务，即要追求经济和利润的最大化。为了实现企业目标，需要对员工在生产经营活动中的行为进行约束，企业制度以其强制性、严格性对人的心理产生震慑作用，影响员工的行为。但如果仅以制度进行约束，势必造成生产经营和资源配置的扭曲、僵化，使企业走上畸形的发展道路。而企业道德形象具有柔和性，能在企业制度触及不到的地方发挥作用，调节不同成员在企业活动中的非正式关系，影响员工的行为。所以，道德形象塑造能弥补制度控制的不足，提高控制的有效性。事实上，道德形象塑造也是一种事前控制的手段，由于环境的变化，企业的层级之间、工作团队之间的关系要发生相应的变化，企业已不可能对每个工作单元每一时刻进行全面控制。在这种情况下，员工的行为在一定程度上取决于个人道德素质的高低，加强道德形象塑造有利于提高员工的个人道德素质，可以起到事前控制的作用。

对于企业竞争力，我们经常提到的是企业核心技术、内部管理、营销能力、企业文化等，这些都是企业外在竞争力。支撑这些外在竞争力的是企业的道德形象竞争能力。企业规模越发展，道德形象对外在竞争力的影响越大。一个没有道德形象的企业，它的外在竞争力也不会持久。这是因为：一方面，企业竞争最终是对消费者的竞争。消费者不仅对产品质量、适用性很注重，而且会更愿意购买那些诚实经营、有社会责任感的企业生产的产品和服务，加强道德形象塑造可以为企业赢得更多的消费者。另一方面，企业员工在充满信任、责任感和抱负的环境中能够取得最富创造性的成果，而这样的环境只有在诚实、信赖、公平、尊重价值观的基础上才能建成，加强道德形象塑造有利于开发企业的潜能，增强企业对社会的服务和供给能力。所以，从某种程度上说，企业的竞争就是道德形象的竞争。

塑造企业道德形象是一项创造性的工作，必须依据企业道德形象的特点和规律，结合企业的实际进行。

塑造企业道德形象，必须以服务社会为出发点，把为社会大众服务放在第一位。以社会大众的利益为最高利益，以社会效益为最高效益，切不可只考虑企业自身利益而置社会和大众于不顾。

企业在社会大众心目中树立的形象，必须是真实的形象，尽可能避免由于主观和客观原因引起的形象失真。向社会和大众说真话、讲实情，是企业塑造良好形象的基础。切不可自吹"行业第一"、"誉满全球"，而实际"金玉其外，败絮其中"。

不同的行业、不同的企业必定是不同的形象。因此，企业道德形象必须要结合本行业、本企业的实际情况，针对不同地区的不同要求，有针对性地塑造本企业的道德形象。

塑造企业道德形象不仅需要理论指导，更需要实践，在实践中设计和塑造企业道德形象，在实践中检验企业道德形象的效果，并在实践中不断总结经验，深化和发展企业道德形象。

塑造企业道德形象是一项长期、艰巨、复杂、规范的系统与整体工程，内容复杂，不是一朝一夕之功，不可能一蹴而就，是一项长期任务，需要花很长时间，投入较大的精力和一定的费用，有计划、有步骤地开展，从树立企业目标、确立企业价值观、规范道德行为、提高产品质量和服务质量等方面，扎扎实实地下工夫，持之以恒。

企业道德形象的形成是一个动态过程，虽然一经树立，具有相对的稳定性，但随着经济环境和消费趋向的变化以及企业发展的需要，企业道德形象必然存在一个重新塑造与发展的问题。另外，企业道德形象也是非常容易变化的，因为企业的任何不良行为，都会直接影响企业道德形象。所以，塑造企业道德形象也不能一劳永逸，要持续努力。

企业道德形象的塑造要注重全员参与，从企业最高层管理者到一线普通员工，每一个部门、每一个岗位的所作所为，都与企业道德形象不无关系。因此，要倡导企业上上下下全员负责的精神，真正做到对企业道德形象"人人有责"、"个个负责"。

第二节　企业道德形象塑造的基本路径

对企业道德形象塑造的整体规划、沟通策略、实施方法、投入费用等进行规划引导，以避免认识不清、目的不明，增加塑造的困难，或边塑造边修改，浪费时间，浪费精力，浪费资金。

1. 企业道德理念是企业精神的提炼和概括，是对企业特定环境分析判断后确定的多层次的价值系统，是企业发展过程中形成的特殊的企业道德文化。它不仅能鼓舞和凝聚全体员工的热情和智慧，极大地释放人的潜能，而且有助于获得广泛的社会认同与支持。因此，塑造企业道德形象，必须重视理念定位，以强化企业道德形象的支撑。

2. 企业个性越突出，企业道德形象越鲜明。所谓企业个性，就是从本企业的实际情况出发，创造出来的最适合本企业的一套有效的企业道德文化模式。在当代的市场竞争中，企业如果没有独特的形象，很难引起社会大众的注意和兴趣，也无法在竞争中获胜，更难进一步发展。因此，企业和企业管理者一定要具备创新意识，敢于标新立异，勇于突出企业个性。

3. 塑造企业道德形象，牵涉人、事、时、地、物等多种相关对象的融合作业。因此，要针对形象目标，科学地制订出完整的计划方案、作业流程、实施措施，以完整周密的塑造方法完成形象塑造。切忌分散力量、单点作业、局部思考、顾此失彼，增加工作难度，造成无谓的拖延、返工和浪费。

4. 企业道德形象的塑造，从本质上讲是优化企业要素，主要包括：（1）快速的市场反应机制。尽量满足消费者的需求，善于把握机遇，这是塑造企业道德形象的体制保证。（2）具有吸引力的用人环境。人才是事业成败的关键，是塑造企业道德形象的人才保证。（3）严格的质量保证体系。使质量问题产品无从生产，这是塑造企业道德形象的信誉保证。（4）规模和效益的统一。没有规模就没有优势，效益主要是能以较少的投入取得较大的产出，这是塑造企业道德形象的实力保证。

"千里之行，始于足下"，塑造企业道德形象，不仅需要良好的运行措施、企业全体员工所寄予的愿望，更重要的是塑造的实践。塑造企业道德形象必须要铆足全力、投注心血，切忌高谈阔论，只有目标没有行动，只有理论没有实践。

5. 重视信息媒介的作用，也是塑造企业道德形象的重要一环。因为企业道德形象的树立，必须要有良好形象的输出工作。要通过亲情传播，使企业道德形象贴近消费者的感情和生活。要把企业道德形象寓于产品宣传之中，增加产品的道德文化品位和美的内涵。要在特定的环境下，搞一些不同凡响的宣传活动，把企业道德形象大张旗鼓地宣传出去。良好的企业道德形象一方面来自于企业团队行为塑造，一方面来自于企业的经营活动，但这些都是受时空的局限，更广泛、更持续的手段，是通过大众媒体，企业自己的媒体传播企业道德形象。

成功的企业道德形象不是闪耀一时的，需要成功地进行运营。通过正确的战略制定，可以规划企业道德形象健康发展的轨迹，使企业始终保持一个良好的持续发展形象：产品不断创新，商誉总有新内容，企业效益总有新提高，市场总有新拓展，尤其是不断地管理创新成为企业道德形象最生动和最具活力的表达。

6. 处于全球性结构大调整时代，企业的经营环境已经与以往有很大不同，只保持原有的业绩，若只"守业"已难以为继，自下而上发展的唯一机遇存在于变革之中，尤其要主动地推进变革。这就要对企业的发展战略重新定位，从企业道德形象这个战略的前沿，正确变革，使企业内外奏效，这就要求采取立足现在创造未来的相关战略与措施，塑造好企业道德形象，为明天发展打好基础，创造条件。企业决策者不仅要自己破除安于现状、满足现状的保守思想，形成新的 CIS 战略，更要带动全体员工把变革看成机遇，使之成为奋斗的目标，要在企业里形成一套与创新相适应的内存动力机制和外在感召的企业新形象。

作为现代企业道德形象的塑造，不能墨守成规地照搬别人东西，步别人的后尘，而应从市场发展的大趋势中，引入新的方法，灌输新的东西，才是企业道德形象塑造的真正内容。

谁都无法否认，企业道德形象在现代企业经营活动中日益发挥着重要作用，毫无疑问，具有良好形象的企业将会获得更大的发展机遇。

7. 企业文化是企业多年沉淀积累、提炼升华的、弥足珍贵的精华，传播这些精华，是塑造企业道德形象的最佳途径。企业文化贫乏，企业道德形象就会空洞无物；企业文化丰富，企业道德形象就会生动；企业文化优秀，企业道德形象就会出类拔萃。

第三节　企业职业道德的培养与教育

企业的生存和发展离不开各种规章制度的保障，也离不开职业道德这种特殊意识形态的作用。企业职业道德是指企业员工在生产活动中所应遵循的、依靠人的内心信念和社会舆论与传统习俗等非强制性手段维系的、以善恶评价为标准的规范、意识和行为活动的总和。随着现代市场经济的发展，职业道德以其独特的功能越来越广泛地被移植和融合于企业管理之中，在企业发展中扮演着越来越重要的角色，发挥着越来越重大的作用。**企业职业管理道德化已成为当代企业发展的一种必然趋势和选择。**

1. 职业道德以体现整体利益的原则和规范为至善理念。倡导共同价值观和集体主义原则，有助于形成企业凝聚力，以调整人与人、人与社会的关系而存在，实质是调节人们相互之间的利益关系，利益关系的调节是道德核心价值之所在。如何正确看待"利益"，怎样区分正当的个人利益与不正当的个人利益，怎样处理集体利益同个人利益的关系，这是企业职业道德所要解决的基本问题。

社会主义企业职业道德调节利益关系的突出特点是坚持集体主义道德原则，强调集体利益至上，一切以体现整体利益的原则和规范来判断人们行为善恶。它要求人们主动地为他人、为集体的利益着想，以个人做出必要的节制和或多或少的自我牺牲为前提来处理个人利益和集体利益的关系。当然，职业道德提倡集体主义意识，并不反对人们对个人利益的追求，相反，它尊重个人的正当利益，鼓励人们通过正当途径获取一定的物质利益。把道德调解这种集体主义超功利性的特点融进企业管理，就能培养员工高尚的道德情操，培育企业牢固的团队精神，形成企业强大的凝聚力。集体主义原则是企业的最高理念，"厂兴我富，厂衰我耻"是企业员工的基本信念。企业所有员工和管理者为了共同的价值目标和价值观念，就能与企业形成稳固的"责任关系同盟"，想企业所想，急企业所急，即使企业处于困境，也能与企业和衷共济，群策群力，共渡难关；很难设想，一个没有共同价值信念和价值目标，人心涣散，关系紧张的企业能在激烈的市场竞争中生存下来。

2. 职业道德以善恶评价的方式规范人的行为，为人们提供了普遍应遵守的基本行为准则。有助于建立企业内部良好的运转秩序，职业道德作为一种特殊的意识形态，其不同凡响之处，就是通过善恶评价的方式来推动企业发展。凡是与一定道德规范相符合的行为，则被认为是善的、正义的、道德的，从而受到舆论的鼓励和赞扬；凡是与一定的道德规范相违背的行为，则被看作是恶的、非正义的、不道德的，从而受到舆论的批评和指责。职业道德通过这种肯定或否定评价，对企业生产活动进行价值性梳理，把体现企业共同利益要求的行为加以肯定，把危及或有损他人和企业利益的行为加以否定，从而为员工道德生活提供了一个普遍统一的范式和准则。什么应当做、什么不应当做，应该怎么做、不应该怎么做，职业道德规范设定着员工的义务和责任，规范着员工的行为模式，禁止危害企业共同利益和他人正当利益的行为发生。企业员工据此规范和准则，自觉执行和维护企业的各项制度，爱岗敬业，从而保持员工与企业生产秩序的和谐稳定，保证企业工作高效运转。

职业道德依靠人的内心信念、社会舆论和传统习俗来维系，道德具有一定的稳定性和持久性，为企业发展注入了恒久的内在驱动力。企业道德规范虽然和企业的其他规章制度一样，都是保证企业处于正常运行状态的手段，但在具体的运作方式上，它们却并不相同，所起的作用和发生的效力自然也不一样。规章制度依靠行政制裁的力量来维持，违反了规章制度，就要受到行政制裁，是企业运行的一种硬约束或叫制度约束；职业道德规范则是通过人的内心信念和社会舆论来完成其使命的，是一种软的约束或者叫意识约束，这种软约束却具有比规章制度硬约束更大的威力和强令性。对企业规章制度的遵守是基于对行政制裁的惧怕，对道德规范的服从则是基于舆论的压力和良心的谴责。任何不道德的行为都难以逃脱道德的"审判"，这种审判往往使人坐卧不安，无地自容，对企业员工来说，不管你知不知道道德规范，也不管你愿不愿意接受道德约束，道德都毫无例外地要求其执行，否则会招致强大的道德压力。在此意义上可以说，对道德的认同和遵守同对规章制度的遵守一样都是出于强制，只不过道德还增加了一种内在意识强制性而已。这种内在意识强制往往更能直入人心，震撼灵魂，心悦诚服，道德魅力亦系于此。

不仅如此，企业职业道德除了具有这种他律性的强令性特点外，更主要地或最终地还是靠人的内心信念的自律来发挥作用。道德规范一旦上升为员工的理性意识，就会变成员工的自觉行为，长久发生影响，乃至伴随人的一生。道德的自律性特点构成了企业职业道德的本质特征，它使企业职业道德的效力更持久、更稳定，为企业输入了绵绵不尽的内在发展的动力。

因此，概括起来讲，企业职业道德的特点和作用就是以集体主义道德观念凝聚人，以体现整体利益的道德原则规范人，以社会舆论和内心信念的方式约束人。职业道德正是从企业行为理念、企业行为规则和企业行为方式等几个方面在企业管理中全方位地发挥着基础性的作用。

3. 良好的企业职业道德修养是现代企业每个员工必备的基本品质与素质，是现代企业对员工最基本的规范和要求。良好的企业职业道德首先是要求员工要有良好的职业习惯，职业习惯亦是每一个企业员工根据工作需要，为了很好地完成工作任务主动或被动的在工作过程中养成的工作习惯，也是保证工作任务和工作质量必须具备的品质。良好的职业习惯，是出色地完成工作任务的必要前提，如果不具备良好的职业习惯就不能按照要求完成自己的工作。所以，现代企业要求每一个人都需要一个良好的职业习惯。职业习惯的内容包括遵章守纪、时间观念、清洁卫生、工作目标、工作方式等诸多工作生活细节方面的要求，它是企业职业道德对员工的基本要求，也是企业职业道德的基本内容之一。

从现代企业的运营规范与要求来看，企业职业道德的培育主要包括爱岗敬业、诚实守信、办事公道、服务大众、奉献社会及管理者与员工素质修养等方面，它要求现代企业从实际出发、从多方面加强企业职业道德的培养和教育。

怎样用企业职业道德的力量实现企业管理的高效率和如何加强企业职业道德的培养和教育，促进企业稳步发展。显然，传统的持之以恒的灌输教育方式十分重要，但将职业道德教育引入硬约束机制，实行职业道德教育制度化、管理化，则更为关键，可以说，它是把职业道德建设落在实处的最根本的有效途径。因为只有把职业道德教育纳入企业管理之中，使之成为企业管理不可缺少的环节和要素，成为与职业生活时时相伴的常规性部分，才能克服重生产管理，轻职业道德建设的"两张皮"现象，才能避免职业道德建设流于形式，也才能真正发挥职业道德在企业发展中的凝聚力、控制力、内驱力和协调功能。职业道德教育的法规化、制度化不仅提高了道德的制裁力、约束力，而且还使职业道德规范本身的内容更加具体，对象更加明确，范围更加确定，从而增加了职业道德的可操作性。因此，职业道德建设必须完成使企业管理道德化和使企业职业道德管理化的目标。

4. 职业道德建设还必须注意教育对象的层次问题。道德作为一种价值体系，包含着由高到低的不同层次的道德标准和要求。企业职业道德规范系统至少应该包括这样三个层次：（1）最基本的层次，即体现国家和企业整体利益的、全体员工共同遵守的道德规范原则。（2）某一职业的共同道德规范层次。（3）某一职业内部不同岗位的特殊道德规范或具体道德细则层次。职业道德规范只有如此层层分解开来，才能因人施教，有的放矢，对不同层次的群体施以不同内容的道德规范和要求，从而具体化为企业员工的行为标准，成为他们进行道德修养、道德选择和道德评价的切实依据。

第四节　道德型职业化管理者的造就

当今，我们正处在一个高速发展、日益创新的时代，未来的企业相比过去和现在，会越来越具有一些不可阻挡的特征和变化，市场的竞争会更加充分，充满生机和活力的企业职业化管理者群体，会越来越受到社会的重视与关注；企业创新驱动能力及核心竞争力会越来越重要，在此基础上的多重价值创造能力，资本与资源的集聚整合能力，企业与员工、与社会的和谐能力会越来越强，所有这些都是可以预见的未来企业的特征与变化。除了时代发展的推动和企业内部的变革因素外，一个非常重要的关注点是必须努力造就大批道德型现代企业职业化管理者阶层。

现代职业化管理者是现代企业经营管理的基础与核心，一个优秀的现代企业一定是有一个非常优秀的现代化职业经营管理团队。国内外历史上基业长青的"百年老店"和当代兴旺发达的企业集团，无一例外都拥有一批职业化的经营管理精英，即现代人称之为"企业领袖人物"的管理者阶层。综合分析这些"企业领袖人物"的个人特质、成长经历、创业过程及其社会背景和企业责任等各方面的情况，除了在产、供、销、人、财、物等企业基本要素和经营过程中的特征外，在道德型企业的建设和道德型企业领袖的特质的造就方面有许多共性和规律性。这里重点归纳分析他们的个人素质和职业道德两方面的特性。

现代企业职业化管理者的个人特征主要体现在以下方面：

1. 具有系统的、丰富的知识能力。现代企业管理者的核心要素是充足的知识能力，面对日新月异、不断更新的市场变化，优秀企业管理者都具有系统的、丰富的知识能力，包括专业知识，现代企业经营管理知识，应对各种危机与风险知识，不断创新和适应企业内外环境的知识等。其拥有的知识能力能娴熟地驾驭自身企业这艘大船，在波涛汹涌的市场大海中稳健地航行。

2. 具有时代特征的个人综合素质和领导能力。道德型的现代企业职业化管理者，不仅只是"经济人"，而是具有高品质修养的现代人、社会人。他们除了具有一般社会人应有的基本综合素质外，还具有与众不同的个人人格魅力和特征品质，具备有别于社会其他职业而针对企业经营管理独特的领导能力与经营管理能力。

3. 具有独立的人才观念。一个优秀的企业不是一个企业领袖人物能经营好的，它一定是在职业化的企业领袖的凝聚下，具有一个优秀的职业化经营管理团队，他们都特别重视人才，以人为本，把人才的培养与竞争作为企业市场竞争的第一要素，用个人的人格魅力感召员工、感召社会、关心人才、爱护人才、善用人才，能把企业人才的力量发挥到最大限度。

4. 具有强烈的创新意识。创新是一种否定之否定、否定旧我、创新旧我，是成功经验的总体提高，是企业发展的动力与源泉。优秀的职业化管理者都是一定具有很强烈的创新意识，他们能把创新贯穿于整个企业的各个体系，以创新为动力和手段，把企业经营好、发展好。

5. 具有敏锐的国际化经营能力。在全球化经济状况下，以资源和核心能力为基础的竞争环境日益明显，谁拥有资源和核心能力，谁就拥有未来，成功的企业都有同样的经验，失败的企业各有不同，优秀的职业化企业管理者都有非常敏感的、独特的面对国际市场的经营能力。

以上只是从职业化企业管理者的个人特质分析他们具有的特征。其实与人要有道德一样，企业作为一种社会细胞和社会行业就像做人一样，必须要有企业道德和企业职业道德。成功的企业管理者都非常清楚这一特点，任何企业都是以人为根本的，都必须用人性化管理才是根本的经营战略。

"打铁还需自身硬"，从以人为本、市场竞争方面对道德型企业的职业化管理者的特征分析，优秀的职业化企业管理者阶层都应该具有以下特征：

1. 具有强烈的社会责任感。这是作为现代职业化企业管理者最应该具备的职业道德，听起来似乎很高尚，但在现在的环境下，或许只需要做到基本的那部分，高尚的那部分还要尽力而为。企业社会责任所包含的内容是十分广泛的，产品安全、环境保护、公众安全、依法纳税、公益事业等都属于其范畴，如产品安全是超级重要的，那些生产有毒大米、黑心月饼、瘦肉精猪肉、有毒玩具、有毒奶粉、有毒疫苗等的企业是失去了良心与道德的，但在公众的周围这样的产品并不少。又如环境保护也是很重要的，一家企业将整个河流里的水都污染成黑水死水，影响了无数百姓的饮水健康。再如一家企业所冒的烟所放的气将方圆几公里的人们都严重地伤害了，即使是纳税大户，那一样是无良无德。因此，企业应该责无旁贷地向社会提供有责任感、安全放心、性能优越的产品，亦是企业职业管理者的责无旁贷的责任。

2. 遵循市场经济规律，以诚信起家，以产品与服务立业，这亦是职业企业管理者的基本特征。诚信是企业职业管理者应该做得到的，就好像做人一样，现代企业应该以产品与服务立业的，产品及其营销是企业的生命线，服务是企业持续健康发展的根本。

3. 在企业内创造公平、公开、公正的环境。企业内部的公平环境，涉及员工的心理、情绪以及稳定性等多方面。公平能激励人，能留住人。员工能否得到激励，有时不仅是由他们得到了什么报酬来决定的，而是由他们看到别人或以为别人所得到的报酬与自己所得到的报酬是否公平来决定的。因此企业应该尽最大努力做到公平，包括员工激励、工资增降制度、奖金分配制度，员工升降职制度等与员工福利紧密相关的规章制度与执行情况。企业内部公开，是指企业在运营过程中尽可能地将一些信息与决策向员工透明化，如企业发展规划、重大决策、重要项目安排、大额资金使用情况、各种管理制度及执行情况、员工工资分配方案、产品销售情况、业务招待费等诸多项目，特别是那些与员工息息相关的，如加薪制度、考勤情况、福利制度及各种奖励制度，有条件的企业争取都做到信息化，使得各种信息在最快的时间让员工知道。企业内部公正，员工应该都喜欢那种大公无私、坚持原则、勤政廉洁，维护员工利益的管理者，厌恶那种自私自利、唯利是图、办事不公的管理者。因此，企业的各级管理者必须十分注重自己行为意识的公正化，只有行为、意识端正了，其日常决策、办事准则，才能符合员工的心态，员工才能去无私奉献。

4. 有高尚的奉献道德和民族精神。现代职业化管理者尤其是社会主义制度的现代企业管理者，应该具有宽阔的胸怀和无私的情操，公正无私，廉洁从业，以企业为家，把企业的命运同国家的命、民族的命运紧紧相连，以产业报国、实业兴邦的志向来经营管理企业，具有高尚的奉献道德和民族精神。

第五节　营造现代企业道德的修炼体系

现代道德型企业的修炼与培育，越来越被企业界和社会公众看重，吸取传统文化生生不息、治企报国的美德，取其精华，去其糟粕，与当代文明和环境相适应，体现时代特征，已成为现代企业追求的目标。"人人都是生活在道德体系中，个个都是道德体系的建设者"，建立基本的现代企业道德修炼体系，越来越显得重要，越来越具有生机和活力。主要包括以下方面：

1. 持续学习与创新的求知道德。现代企业传承和发扬了传统文化的美德，对员工在不断探索未知领域、更新思维方式、改变思想境界、提升自身技能方面的道德修养越来越重视。《大学》语："欲正其心者，先诚其意。欲诚其意者，先致其知。致知在格物。"这就是说，要想端正自己的心思，先要使自己的意念真诚；要想使自己的意念真诚，先要使自己获得知识；而获得知识的途径在于认识、研究万事万物，也就是要善于学习、勤于学习。佛家也特别强调学习，强调要"渐修顿悟"，就是要通过不断修炼得到智慧的大彻大悟。道家指出要"厚积薄发"。只有懂得学习重要性的人，才会愿意去积极学习，也才能逐渐做到善于学习，也才能以学习来砥砺品行、优化思维、提升技能，并把学习看作是终身的事业。作为企业而言，其员工的知识和能力既是个人的资本，也是企业的资产，对员工来说，企业给的最大福利不是票子、房子、车子，而是成长；对企业来说，培训、教育、塑造员工，不是成本，而是企业重要的投资，是使人力资源不断保值增值，是实现企业和员工之间"价值双赢"的切入点。因此，从意识形态领域着手强化员工的学习技能，营造持续学习与创新的道德环境，是企业道德修炼体系建立的选择之一。

2. 胸怀大志的心性道德。这是现代企业员工作为一个具有独立人格的自然人所应遵从的道德要求，是道德的最基础最重要的决定性要素，反映了现代企业人修身养性的标准。心性品德严格来说属于"私德"范畴，但它是公德的基础。儒家将"诚意、正心、修身"这些心性品德内涵作为"齐家、治国、平天下"等公德的基础；佛家认为，护念修心是"涅槃"的手段，认为"三界唯心，万法唯识"；道家也把修身养性作为超脱时世、融入自然的切入点。西方人也重视心性品德的基础作用。拿破仑·希尔也说，人与人之间没有太多区别，只有心态上的细微的区别，但正是这一点区别决定了20年后两种人生活的巨大差异。对企业而言，为提升员工素养，心性品德的要求应不可或缺。对个人而言，加强自身品德修养也是加强自我调适，保持个体心理平衡的内在要求。

3. 和谐与厚道的人际道德。这是现代企业员工作为企业人在处理人企关系和人人关系方面所必须具备的道德要求。有人说，中国的整个社会关系，核心就是人际关系，人际关系处理好坏甚至成为一个人、一个团队能否成功的关键。更有人说，一部中国政治史，就是一部人际关系史。对于重人际、轻规则的文化传统下中国企业而言，人际道德是极其重要的。因为，先有个人在交往中的诚实守信，才有良好的人际交往，才能在企业内部建立一种简单、健康的工作氛围。融洽的人际关系、健康的人企关系有利于团队内部的信任和默契；也有助于个人潜能的最有效发挥。人，从汉字结构上看就是"一撇一捺"，人与人之间，只有互相支撑，才能立起来，成为一个众体。所以人生有两个世界：一是个人世界；二是个人与外界相处的世界。作为企业人，个人要诚实守信，这是从第一个世界能动适应到第二个世界的基础。人与人之间关系要健康、简单，不划"小圈子"、不站"派别队"，不阳奉阴违；也不把老乡关系、"战友"关系、"校友"关系、亲情关系带到工作中。如此，个人是愉悦的，集体是健康的。

4. 良好的职业道德。这是现代企业员工力求成为合格职业人所必须具备的安身立命的道德要求。强调职业道德，是现代企业员工追求职业化的内在要求。

5. 忠孝与情感相融的家庭道德。这是现代企业员工作为家庭人应具备的道德标准。强调家庭美德，是现代企业员工对家庭和社会的承诺，有利于引导现代企业员工科学处理好家庭与职业关系，消除家庭后顾之忧，提高员工生活质量，从而以满腔热情投身工作。对父母不孝，难谈对企业之忠；对子女不慈，难谈对员工之仁；对兄弟不悌，难谈对朋友之义。因此，重视家庭美德建设不仅是企业社会责任，也是企业发展的必然需求。

6. 极具责任感的社会道德。这是现代企业员工作为社会人在参加社会公共活动时，在处理人与社会、企业与社会方面所强调的道德风尚。爱因斯坦曾说，人只有献身于社会，才能找出那短暂而有风险的生命的意义。傅雷说："一个人对人民的服务不一定要站在大会上讲演或是做出惊天动地的大事业。随时随地，点点滴滴地把自己知道的、想到的有益的话告诉他人，无形中就是替社会播种、垦殖。"因此，强调负重任的社会道德，有利于维护企业的良好形象，也有利于维护社会稳定、社区文明。

7. 科学发展的环境道德。这是现代企业员工作为社会人在处理人与自然、企业与生态等方面所需要具备的道德标准。关爱环境是一种有道德教养的体现，懂得与自然协调相处，懂得爱护无言的植物的人，推而广之，他多半也可能会爱护更多的动物，爱护自己的同类。因此，道家提出"天人合一"理念，就是讲人类要同万物一样，尊重自然，与自然和谐共处，不可违背和抗拒客观规律。随着中国经济的发展，"可持续发展"这个字眼越来越引起人们的重视，作为现代企业，通过强化环境公德，建立科学的环境体系，有利于培育企业的环境道德，更有利于生态环境和谐。

第六节　现代道德型企业建设与培育的途径

现代道德型企业建设与培育是企业自身和社会的一项复杂而广泛的系统工程，其途径和方法都有许多方面和许多因素，这里从企业内外部两方面做一些重点的、主要的分析。

企业内部加强现代道德型企业建设的主要途径。

1. 注重道德型企业道德文化的建设与培育。每个企业都有自己的企业道德文化，先进的企业道德文化可以指导企业在市场竞争中占有立足之地。企业道德文化作为企业的无形资产，是一种生产力，是企业发展理念和战略的指导思想。优秀的企业道德文化作为企业软实力，帮助企业在市场竞争中立于不败之地。企业道德文化还是使企业经营管理凝聚力的"黏合剂"，有利于企业人际关系的和谐，进而为企业留住人才。

道德型企业建设离不开企业员工的价值观念和道德观念。道德文化是以无形的意识形态潜移默化地影响着员工的行为，是有效的企业管理手段。把责任和诚信作为核心理念，使企业员工认可这种价值观。作为企业价值观的受益者和传播者，企业通过培训和教育，把企业文化的价值观念传递给每位员工，渗透到每位员工的思想中，提高员工的综合素质，从而提高企业的综合实力。每个企业独特的企业文化都存在着独特的道德内涵，这影响着企业道德观念的形成和企业道德价值的实现，从根本上左右着企业的发展。

2. 注重现代道德型企业基本原则与规范的建设。制度不是创造出来的，制度的形成要经过长时间的，从风俗习惯到规章制度的反复较量，这种在长时间积累下来的条文才能形成规则，它在一定范围内具有广泛性和支配性。道德是精神领域的产物，但如果只让道德存在于精神中，就不能发挥道德的作用。如果把道德以条文的形式展示出来并加以规范，为企业的管理服务，就可以达到预期的效果。道德规范和道德价值都是抽象性的意识形态，要让这种意识形态为实际所用，就要运用具体的手段和方式，而制度作为这样的一种手段可以成为其中的媒介。

企业道德基本原则约束着企业生产经营的行为，对企业道德建设有着重要的现实意义，企业道德的制度与规范是由合理正确的企业道德基本原则展现出来的，对企业道德建设的发展完善有重要作用。没有文化积累的企业就缺乏道德意识的觉醒，或者忽略应尽道德的义务，需要以具体的原则与形式存在市场环境中，就会有助于企业的道德意识的培育。

道德型企业的建设想要取得预期的结果，就要通过道德培训、评价机制和道德奖惩机制三种方式相辅相成来发展和促进道德型企业的建设与培育。（1）道德培训机制。理解与认知的能力影响着对意识形态的认识，所以培训作为一种有效的手段可用来解决这一问题。认识的过程就是把企业发展策略、企业发展目的、企业的道德价值物化的过程等，运用道德培训机制手段来让企业成员了解和掌握，知道本人的行为思想，向有利于企业发展的方向努力。道德培训通过培训师讲座，道德榜样报告，舆论宣传等方式开展。所以，作为共识教育的企业道德培训，是完善道德型企业体系建设的途径之一。（2）道德评价机制。企业道德评价机制，就是通过对行为主体道德评价的方式，实现其明确是非善恶的目的。道德评价就是通过舆论的形式使道德主题反观自己行为是否符合善的还是恶的，是反思的主要依据。除此，导向性特征也是道德评价的基本特征，有利于企业形成正确的道德价值观念。

企业的所有员工都是道德评价的对象，上至管理者下到生产一线员工都要受到检查和评价。道德评价拟定评价道德细则和规范，包括奖罚结果等手段进行评价。这可以督促企业成员都参与在内，使企业形成良好的道德氛围，这也就保证了道德型企业建设的制度化稳定进行。（3）道德奖惩机制。道德奖惩机制是指企业通过制定的规章制度和社会的政策措施，约束员工的工作行为制定的机制。这对道德素质高的员工起到积极的促进作用，还有助于规范道德素质欠缺的员工，实现自觉性和主动性在道德行为中发挥作用。这是一种道德情感体验，旨在唤起道德行为主题的荣辱感和责任感，通过对道德的奖励或失德的鄙视，有利于企业道德得到员工的认知并转化为行动。这种奖励机制可以通过多样手段实现，通过经济奖励、精神奖励、行政优待、名誉给予都可以达到预期效果，并做到标准化、规范化，使结果有理有据，这是道德型企业建设与培育的有效方式之一。

3. 注重现代企业道德型管理者的素质培养。企业管理者具有支配权和经营权，对企业财产和人力资源进行管理，影响着企业的凝聚力和向心力，企业道德与管理者的道德思想观念和价值观念息息相关，所以管理者的道德水平很大程度上影响着其所管理企业的道德水平。一位优秀的企业管理者对企业员工具有凝聚力和向心力，能够在企业道德建设中发挥带头示范作用。一个成功的企业必然拥有一批很高道德水平和经营能力的企业管理者。

加强道德型企业建设的关键，就是要提高企业管理者的道德文化修养，以及其道德意识的自觉性。企业管理者的道德意识支配着他的道德行为，企业管理者只有在道德的前提下，处理好短期利益和长远利益，物质和意识，企业与市场，员工与企业等的经济关系，企业才能实现道德与利益共同发展。管理者通过不断的学习才会充分了解道德型企业带来的优势，懂得企业的道德属性是企业作为社会人的必要标志。

4. 注重对现代道德型企业建设的物资及资金投入。企业道德建设虽然作用于人的意识，但它也是需要企业投入资金的，企业良好声誉的传播、企业优秀道德文化的宣传，企业对公益事业的投入都依靠企业的资金支持，没有足够的资金支持，企业道德建设只是虚无空白的口号。虽然，企业道德有益于企业的生产经营活动，但是因为企业道德所能获得的利益并不能直接而迅速地转化为利润，许多企业就以为企业道德建设不重要，他们将资金投入到改进技术、更新设备、广告营销等能立竿见影获得利润的渠道，而不顾企业道德建设所需的资金需求。甚至有的企业因为财力不够，没有多余的流动资金给企业道德建设，在企业道德建设领域的投入仍是一张白纸。

企业道德建设需要物质基础，资金就是在道德建设中最重要的物质基础。

投入相应的资金在道德建设方面是企业道德建设的内部环境的重要部分，企业在管理中应该进行合理运算，取得的利润要拿出一部分支持道德建设，将道德建设作为企业生存发展的一项重点工作而投入资金，为企业道德建设提供发展空间和发展条件。

5. 注重对企业内部民主监督机制的培育。企业道德建设的真正实现，需要合理的监督制度作为保障，可以理解为"自律"与"他律"的结合。例如，使企业的投资顾问、策划顾问、法律顾问等加入企业道德建设过程，结合各自侧重的工作，对企业的道德建设随时提出合理的建议，保持对企业道德建设的关注。企业内部需要营造出良好的以信任为纽带的团队机制，疏通全方位的沟通渠道；企业需要了解其员工、顾客、股东和公众的各种需求，以及他们对企业法定责任的认识，所以企业需要建立自上而下全方位的责任渠道与程序，以保证各种渠道信息的有效输入，从而使企业对利益相关者及社会公众的需求有清晰的认识，帮助企业做出合理有效的判断。上市公司独立董事制度被认为是监督企业道德情况优劣的有效监督制度之一，独立的董事区别于企业的出资人或管理者往往带有利益性的观点，可以站在相对客观和公正的角度衡量企业的经济行为。企业道德审计也不失为企业内部监督的有效机制，一些学者认为企业道德审计十分重要，它能够系统地对企业道德的各个方面进行描述、分析和评价。实际的投资者以及潜在的投资者都有权了解企业的道德状况以及企业的财务状况和活动业绩，尤其是把道德审计的结果公开，这样会更有效地促使企业从事有道德的活动。企业道德审计主要有两个来源：一是企业外部机构，二是企业自身。企业主要应该强调的是在自身层面通过开展道德审计工作，加强企业的内部监督。

营造良好的道德型企业建设的社会大环境。

1. 构建切实有效的法律体系。道德和法律是对主体行为并行的两种约束手段，两者互相补充。道德依靠社会舆论、传统习惯和内心信念起作用，作为一种行为规范在管理国家事务和社会事务中发挥着重要作用，体现了自觉性和内在性。法律则是依靠国家机器等强制力量执行的，提供的是一种企业行为合法与非法的标准，体现了强制性和外在性。法律只对触犯了"最起码的行为规范"的行为予以追究，对一般不道德行为不追究，而道德比法律有更广泛的渗透性。道德是不成文的法律，法律是最低程度的道德。加强法制建设不仅有利于全社会的和谐稳定，更是企业道德建设的强有力保障。

道德可以引导人们尊重和守信法律，而法律可以作为维护道德的威慑力量。因此，加强企业道德建设应注重"法德共举"。多年来在中国实施的《消费者权益保护法》、《食品卫生法》、《反不正当竞争法》、《合同法》、《广告法》、《环境资源保护法》等，对企业形成了一个强约束，增强了企业的道德意识。

但整体上看，中国目前法律环境仍不乐观，法律体系还需要不断健全，在现在的法律环境下，中国一些企业仍然不能守法经营。以食品行业为例，违法的事件已屡见不鲜，一些食品企业的道德则更无从谈起。只有首先完善必要的法律法规，为企业设定法律这一道德底线，在此基础上才有必要进一步探讨更高的道德建设。为了加强食品企业相关法律法规的建设，完善和细化食品企业安全生产相关法律法规，做到有法可依，国家应逐步在《企业法》、《公司法》等法律法规中融入企业道德责任的因素，让道德伴随着法律的执行渗透到企业的日常经营行为中，让社会公认的道德最终成为法律。中国于2009年2月28日发布了新的《食品安全法》。总的来说，食品安全法是适应新形势发展的需要，为了从制度上解决现实生活中存在的食品安全问题，更好地保证食品安全而制定的，其中确立了以食品安全风险监测和评估为基础的科学管理制度，明确食品安全风险评估结果作为制定、修改食品安全标准和对食品安全实施监督管理的科学颁布的。同时，食品安全法责任认定还不明确，监管尚不能完全到位，欠缺一定的可操作性。对此，有必要将责任更加细化，该企业承担就是企业的，该政府承担的政府也不应回避。食品行业的特殊性，以及中国食品企业众多，监管力量相对不足的现状，决定了法律应该加强对违法企业的惩罚力度，"重典"之下出秩序，让企业意识到违法的高额代价，使其不敢抱有侥幸心理。

当前，在我国企业道德建设的理论架构和法律体系都初具规模的情况下，政府可以根据实际需要制定并颁布促使企业道德经营的有关信用方面的专门法律、法规，推进信用体系的建立和完善。

2. 完善和健全行政和金融政策的激励机制。不管我们把道德理解的有多么崇高和必要，不管我们的企业道德评价体系有多么完善，道德都不会主动地成为企业发展的动力和目标，因为利益仍旧是企业发展的原始动力。把道德与企业利益联系在一起的最有效、最直接的方法就是物质激励。政府可以为企业提供一种制度化的道德激励机制，既能够约束企业不道德行为的发生，又可以奖励遵守社会道德的企业，保护其合法利益不受侵犯。通过打击不道德企业，建立公平的竞争环境，保护遵守道德的企业正常发展。

3. 用好社会、公众合力推动道德型企业建设。外部监督是完善道德型企业建设的重要途径。仅仅依靠道德自觉，而缺乏有效的监督机制，企业很难自觉承担道德责任，只有充分发挥消费者、社会舆论与政府"三位一体"的监督力量。外部环境的监管与约束也是企业道德建设实现不可缺少的条件，一方面，消费者作为市场主体，应该积极主动参与企业的监督，这是保护自身的合法权益的直接途径；另一方面，政府作为社会管理者，应该主要负担起对企业道德是否实施的监督。同时，要充分发挥和引导社会力量对企业履行道德责任进行监督，尤其要发挥舆论媒介和行业协会、工会等社团组织的作用，形成多层次、多渠道的监督体系，建立全社会监督的良好环境，让失德企业无处藏身，促使企业形成良好的道德意识，固化为其自身的道德信念，最终由一种道德他律走向道德自律：（1）强化消费者的监督意识。在市场经济条件下，消费者具有监督意识是一种客观必然。从商品经济来看，商品交换过程就是生产者、经营者、消费者之间的复杂的经济关系组合的过程，这种关系组合可能出现协调一致的过程，也可能出现矛盾冲突的过程。从社会化大生产来分析，科学技术的进步使许多消费品的生产、销售、服务的原理和过程不被一般消费者了解，这就使消费者往往处于不利地位。由于消费者是企业产品的终极服务对象，消费者对企业生产的商品质量好坏、售后服务及企业信誉具有最直接的了解。随着社会经济的发展，人们提高了对产品的要求和自身的维权意识，公众的消费意识、法制意识、知情权和话语权意识愈加强烈，因此，消费者有权利对企业行为进行必要的监督。这就需要消费者积极主动地维护自己合法权益，对企业产品、服务做出及时反馈，这不仅是对自身利益的保护，而且，消费者具有对企业道德的监督意识是社会与市场经济的必然要求。由于当今世界的信息更加透明和传播速度的加快，消费者对企业经营行为监督的力量也越来越大，消费者的口碑已经成为企业成功的关键要素。从交易行为产生之初，消费者就通过抱怨、称赞、交口相传等手段来维护自己在市场上购买的产品和服务时的利益。但是随着市场体制的逐步完善，企业对于顾客购买行为的影响也逐渐加强，企业可以通过广告诱导消费者选择一种产品和服务，而不购买另一种产品和服务；首先，要有维权意识，当消费者自身的利益受到侵害时要主动诉求于法律，勇于拿起法律的武器，严惩企业的不道德行为。其次，武装自身，就是要自觉用法律知识武装自己，了解和自身相关的法律知识和法规与国家政策，当面对商家的产品、介绍、服务时可以通过对比，进行理性的判断，降低受骗风险。现代社会应该尽快建全独立的消费者联盟，根据相关的标准对整个企业进行全面评测，不仅包括企业提供的产品和服务，还包括企业的公众形象等，定期公布评估报告，增强消费者群体对企业经营行为的监督力量。（2）加强政府主管部门的监督。政府作为国家行政机关，在市场经济社会发挥着独有的作用，既不同于企业的生产行为，也不同于消费者的消费行为，这是由政府的职能决定的，政府作为经济运行的调控者，对企业的道德建设发挥着独特作用。政府相关部门通过行政干预、法律建设、舆论宣传等途径依法监督企业经济活动，通过这些途径监督和指导企业行为，帮助企业健康发展。首先，政府监督作为监督体系的主体，为企业道德建设起到推动作用。企业应该怎样承担道德责任，政府相关部门可以利用行政手段出台道德建设认证标准，把企业道德建设发展程度根据标准来断定。政府可以根据需要建立道德评价机关，把企业道德建设纳入对企业考核项目，以此来监督和督促企业的经济活动。其次，一些企业频频出现失德行为与政府的一些行为分不开。尤其是一些地方政府只顾地区经济的发展，纵容企业的失德行为。针对这样的情况，执法部门应加大对违法经济活动的惩罚力度。相关行政部门要互相合作，建立全国性的、公开的社会信用信息网络，为社会提供企业信息，提高行政部门的办事效率。社会信用信息网络不仅可以为交易双方提供信息，还能为监管部门提供企业情况并对失德企业做出惩罚。再次，要提高行政人员的道德素养。良好的道德素养是政府行政人员行使政府权力的前提，一般而言，政府工作人员的道德修养越高，其行使权利就越合理，树立正确的道德观就成了行政人员的必然要求。在行使权利的过程中，行政人员要以更高的道德观念来约束自己，提高行政人员的道德素养，要求行政人员用道德约束自己、指导行为、监督自身。政府还要在行政人员的培训中注重道德教育，增强其判断力和意志力，培养其时刻心怀大众、服务大众的道德理念。（3）利用新闻媒体的舆论监督作用。舆论是发挥道德监督力的一个重要的手段。全国人大常委会原副委员长成思危在讲到遏制资本无道德的方式中曾提道："要形成一种社会道德舆论，对不负社会责任的企业进行谴责，对勇于践行社会责任的企业进行赞扬、鼓励。"媒体在当今时代发挥传递信息的功能，它通过快捷的速度和广大的覆盖面，在对企业的道德监督发挥着不可忽视的作用。大众传媒作为当今社会舆论传播的有效手段，利用自身的特点及优势把企业的信息传递给大众，使大众能够了解企业的经济活动。企业出现失德行为，大众传媒就可以利用大众共享的资源使企业曝光于大众视野，对加强道德建设的企业加大正面报道，也对企业失德行为时刻监督，在社会上形成良好的言论氛围，从而有效地对企业进行监督，利用舆论的强大力量让失德企业无处藏身。媒体向大众传播信息，也包含着社会的价值标准，所以舆论不仅能传播信息还能影响消费者的行为。当然，媒体在监督的同时要遵守职业道德，力求报道实事求是，因此，舆论监督也是企业加强道德建设的主要手段之一。

要使外部监督达到预期的效果，就要充分发挥消费者、政府和新闻媒体的联合作用。使信息在三者之间能共通共享，消费者在经济活动中因企业的失德行为受到伤害，就应该及时地传递给另外两者，媒体以其广泛的传播作用将信息分享给其他消费者，同时政府要对事件进行调查，如情况属实，就应依据法律对企业进行处罚。在当今社会，仅有优质服务意识已经满足不了企业的发展壮大，良好的企业道德形象作为企业无形资产，影响着消费者的选择。所以，以政府为主，以消费者为辅，运用舆论手段监督企业行为，既能帮助企业树立企业道德形象，更能促进现代道德型企业建设。

企业道德的评价体系

第一节　企业道德评价的意义

　　随着整个社会和企业的不断发展，人们对企业道德的管理与要求越来越科学化、规范化，一些理论界和企业界的权威机构不断推出了许多企业道德的有效建设方式和客观的评价体系，从而使当今的企业界在市场竞争中释放出极具活力的道德管理和管理道德的正能量，对未来企业的发展具有重大的理论和实践意义。同时，应该看到，企业道德评价是整个社会道德评价的重要组织部分，对推动社会的变革与发展起到了很重要的作用。企业道德评价是企业道德规范向企业员工内心信念转化的重要杠杆，是企业道德意识转化为企业道德行为的重要推动力量和手段。它对于企业员工个体道德的形成，对于企业道德规范的形成，对于企业内部人际关系的和谐乃至社会风气的改善，都能取得很关键的作用。

　　从企业道德评价的对象来看，一般说来，在企业行为中所出现的道德现象都是企业道德评价的对象。因为道德评价行为中具体的评价，它是针对具体人的道德行为，依据某种标准予以道义上的褒扬和贬斥，借以达到扬善罚恶的目的。也就是说，道德评价的对象是具体的道德主体，道德评价必须针对一定的道德主体才能施以影响。企业行为过程中的道德主体便是企业道德评价的对象。

　　什么是道德主体？道德主体就是道德和道德评价的载体，是道德义务的承担者。道德主体是否履行其应负的道德义务，是道德评价发生的前提，而道德主体所负的道德义务的内容直接决定着道德评价的标准。

一个企业里的道德主体包括企业管理者和被管理者两方面。企业管理者的活动如决策、预测、组织和控制等管理活动中都负有确定无疑的道德义务。因为这一切活动不仅涉及管理者的智慧技巧、能力水平，而且涉及管理者与被管理者之间的接触和人际交往。不仅如此，企业管理者的活动不仅关系到该企业的秩序和效益，而且对社会的利益和社会道德风尚也会产生重大影响。这意味着企业管理者的行为及其后果，都已包含了道德的意义和道德的后果。因此他们的行为就要受到企业道德的裁定，他们也因此而成为企业道德评价的对象之一。另外，企业里的被管理者如普通员工，也是企业道德评价的对象。企业的管理者与被管理者都是社会的主人，也是企业的主人。尽管两者处在不同的位置，像被管理者处在服从和被领导、被组织的客体地位，但是作为主人，被管理者对企业的所有工作包括管理工作持有建议、批评和监督的权力。还有对社会的进步和发展，对本企业本行业效益的提高和企业的发展负有责任。这样，企业里的被管理者的行为就同样成为企业道德评价的对象，他们是企业道德评价的主体。

企业主体和个人主体的区别影响道德评价。

我国的道德渊源古代，不可能要求古代的圣贤预见到现代生活中出现的种种困惑，并提出完美的解答。显然企业需要仁爱精神，但需要怎样的仁爱精神？这就需要我们现实取舍这些影响具体道德的评价。

中国道德孝悌忠恕的仁爱主要源于天地（父母）给予生命的感恩，当这种感恩应用到企业中时，就缺乏相似点。个人与父母有血缘关系，父母养育自己，应该报恩。企业与员工是契约关系，企业员工离开时赔偿企业培养成本，没有人责怪其行为不道德。但如果某人将父母养育自己的成本赔偿给父母，脱离亲子关系，人们就会马上感觉其行为不道德。

企业相关方具体行为的收益与代价模糊，影响道德的客观性。企业作为经济运行主体，其相关方复杂，包括股东、消费者、交易伙伴、政府、媒介、雇员等。由于信息不对称，相关方不可能了解所有信息。在运作行为过程中，谁受益、谁受损失，具体的数据大小难以具体估计，如果知道得越具体，越容易做出符合企业道德评价的决策。

受功利主义支配的人首先考虑可供选择的行动会对受到影响的人的潜在后果，然后选择大多数人受益的行动方案。功利主义者接受这样的事实，即此方案可能会伤害他人，但是只要潜在的积极后果超过潜在的消极后果，他会认为此决定既有好处，又符合道德。

有时现实是如此复杂，难以以善恶评价为标准，难以用道德的准绳来判断行为，不是不重视企业道德，而是当准备用道德进行衡量时，其复杂性让人们止步，在犹豫的过程中容易滑入功利主义旋涡。

确定个体和企业权利的界限模糊，影响企业道德。古人云"士可杀，不可辱"，表明了人们对名誉的重视程度。除名誉之外，人们对自己的生命、健康、身体、姓名、肖像、隐私等与人身相关的利益也给予了同样的重视。企业有自己的法律责任与义务，没有通行的企业道德进行约束，企业的道德最终由企业中的个体实现。当个人的权利与企业道德矛盾时，如企业认为拥有雇员个人的信息是为了工作方便，但雇员认为企业不道德，违反了个人隐私权等，该如何鼓励个人坚持企业道德？这种权利界限的模糊，严重影响了企业道德评价的发展。

第二节　企业道德评价的根据

企业行为是一个包含动机、意图、手段和效果的复杂系统，企业道德评价究竟是根据什么呢？是根据动机还是根据手段和效果？这里直接关系到企业道德评价的客观性和公正性。

道德评价是对人和事的价值评价，然而，无论什么事都是人做的，所以，对事的评价最终仍将回到对人的评价上。可是，人做某事所得的结果与他做该事前的出发点或目的之间，往往会有差别或不一致。因为人做某事是以行为主体的道德意志或道德愿望出发的，一旦付诸实践，就会受到行为人主观愿望之外的社会各种因素的影响，以致事情的结果可能与做事人的原先的道德要求相去甚远。这就给道德评价带来了困难，是根据人的道德愿望还是根据行为的结果来进行评价呢？企业道德评价同样会碰到这个困难。例如，某企业决策人在做出某种决策时，其动机可能是善良的，然而其产生的效果则可能令人失望，甚至还会给本企业带来某种不良后果，在这种情况下，决策人或许会以自我动机善良而自我安慰和望人谅解，而其他人包括他的同事和下属，却可能会单纯从效果上看待这个问题，而谴责决策人的决策错误。这样，两者的评价也即是自我评价和社会评价就会产生矛盾和冲突。就是说，自我评价的根据是行为的动机，社会评价的根据是行为的效果。由于道德评价的根据不同而造成对同一行为的不同的善恶评价，结果将会混淆善恶界限，模糊人们的善恶观念，产生不恰当或不公正的道德评价，从而使道德评价失去其对社会的积极作用。这就告诉我们，在对企业道德进行道德评价时，首先必须弄清楚道德评价的根据。

道德评价根据的科学性，在于要坚持三个"统一性"，即：

1. 动机和效果的统一性。就是对企业活动中人们行为的道德评价，既要考察人们行为的动机如何，也要看其行为的效果如何。像前面说的企业决策人的决策行为，就既要看其决策的动机，也要看其决策后所产生的效果。如果其决策的动机好，但是却没有产生良好的效果，就不能简单地以动机好而肯定其行为的道德价值。这样不仅不利于培养大家的道德责任感，当事人也不会对自己的行为的过失进行反省和自责。对动机好而效果差的行为，也不能简单地予以否定的道德评价，而要具体分析整个行为的过程，分析主观因素和客观因素在结果中的主次地位。因为人们的行为从动机到结果有一个过程，其中有主观努力，同时也介入了很多人们未发现的或不以人的意志为转移的客观因素，而这客观因素的力量又很大，足以破坏人的主观意愿和努力，使事物发展到与愿望相反的方面去。当然，对客观因素的介入，行为人应有所了解，并能采取积极的对策和措施，变不利为有利。假如明知道有客观因素的干扰，却不作努力而招致失败后果的，行为者应负道德责任，舆论对其行为也应作否定的道德评价。但如果客观干扰十分严重，或突如其来的外在干扰使人无法以自己的努力去改变而导致不良后果的，道德评价则要公正、恰当，既不能抬高该行为的道德价值，也不能简单地把行为贬低得一无是处。正确的做法就是要根据行为的动机和效果两方面的具体情况，经过辩证分析以后，再做出符合实际的科学判断。

2. 目的和手段的统一性。在企业道德评价中，影响道德评价功能正常发挥的另一种情况是，道德目的和道德手段的矛盾和冲突。人们行为所要达到的良好结果的主观意图，是指道德目的；实现道德目的的行为方式，是指道德手段，道德手段之于道德目的，犹如过河的桥和船，不施以有效的道德手段，就难以达到道德目的，而在企业管理活动中，往往更会体现出道德手段的极端重要性，但是，在企业活动中，对手段的考察，则不仅要注意到手段对目的的有效作用，还应考虑到手段的道德性，如提高企业经济效益采取什么手段？有的企业不惜造假使假、哄抬价格、破坏环境等手段，也许这样做，会使一些企业在短期内达到增长效益的目的，但对这种行为不能作肯定的企业道德评价。因为这些手段不仅有悖于社会道德原则，而且还在一定程度上违背了法律法规，就是于企业本身，最终也不会得到好结果。这就告诉人们，不能简单地只看目的的道德性而忽视手段的道德性，以为只要目的是道德的，就推断出不管采用什么手段也会是道德的，这是片面的，这会为不道德的手段大开方便之门。这恰恰是社会主义的企业道德所要抨击的，社会主义企业道德要弘扬社会主义的道德风气，提倡采用道德的手段，反对不道德手段的运用。也就是说，在企业道德评价中，必须坚持道德目的和道德手段的对立统一性。

3. 选择自由和道德责任的统一性。企业道德评价的一个重要职责，是通过企业道德评价而区分善恶、追究责任，促使人们形成强烈的道德责任感。而道德评价的责任是与人们行为的选择自由相联系的，所谓选择自由，是指人们选择某种行为或不选择某种行为完全由个人自主决定，也就是说，人们对自己的企业道德行为的选择是自由的。或者说，自由是在一定道德范围内的选择自由，它是相对的，而不是绝对的、任意的。它要求道德主体具有自由选择道德行为的能力，即在主观上具有区别善恶的观念和判断能力。只有具备了这种能力，才可能在道德活动中，自主决定善恶取向。由于人们对自己的行为有着自由选择的权利和条件，每个人就都有对自己选择的行为承担道德责任的义务，因为人们的行为是个人自行决定的，而不是他人或有关部门强加的，所以行为的后果应由行为者本人自负，而不能把责任推诿于他人。企业道德评价强调行为自择、责任自负，目的就是要促使人们培养强烈的道德责任感。

第三节　企业道德评价的标准和特点

企业道德评判的特点，是借助于人的内心信念和社会舆论，深入到人们的内心世界，作用于人的良知。一种不道德的行为在道德评价的裁决下行为者会深深感受到舆论的压力和内心的不安、羞愧及长期的痛苦。企业道德评价对道德行为的肯定和弘扬，也即是对不道德行为的否定和鞭挞。因此说，企业道德评价对企业道德主体具有评判作用。

通过企业道德评价，可以帮助企业里的广大员工进一步认识到，企业里哪些行为是允许的或认可的，哪些行为是应该禁止或否定的，并感受到在企业道德评价所肯定的行为上社会舆论和内心信念的赞许，而在被道德评价所否定的行为上社会舆论和内心信念上的压力，从而不断地按照企业道德的要求来调整自己的行为方式，使在企业内以及企业与社会之间的人际关系得到良好的协调和发展。这就是说，企业道德对企业内人际关系具有协调作用。

通过作用于人们的内心世界，企业道德评价能够激发企业所有人员的道德责任心或道德荣誉感，从而发挥最大的道德主体能动性，也即企业道德评价对企业人员具有激励作用。

任何道德评价都是人们依据一定的善恶标准而进行的，企业道德评价也不例外，也要建立一套评价的善恶标准，也即一般标准。

善和恶是一对历史范畴，其内涵随着社会生活的变化而变化。善和恶是相比较而存在，在相互斗争中不断发展的。在人类社会生活中，人们总要谴责那些不利于社会发展利益的行为，赞扬那些有利于社会发展利益的行为。作为判断人的道德行为价值的最一般的标准，善是指一个人或一个群体的行为或活动符合一定社会或阶级的道德原则、规范的要求；恶是指一个人或一个群体的行为或活动违背一定社会或阶级的道德原则、规范的要求。善和恶既是一种评价，又是一种关于个体或群体的行为、活动有无道德价值的一种道德判断，而这种价值判断的问题是同人们的利益相联系的，在阶级社会中，判断行为善恶与否，主要是以其所属的阶级利益为标准的。但是，又由于一定的利益标准在道德领域内具体化为一定的道德规范标准，因而在具体的道德评价中，行为善恶与否，首先要看是否符合一定的道德规范。利益标准在总体上是一切道德评价尺度的最终源泉，而道德评价标准则是利益标准在道德领域的具体化。一般说来，有多少阶级利益就有多少善恶标准。但这不等于说，善恶就没有作为共同的确定性标准的历史标准，道德评价的历史标准，就是在评价人们行为的善恶时，把行为置于整个社会历史发展的总链条中去考察，看这些行为是否有利于社会的进步，是否有利于大多数人的幸福，是否有利于社会物质文明和精神文明发展。企业道德评价的任何阶级利益标准都必须经受历史标准的检验，以确定自己在社会历史中的合理性。社会主义企业活动及其道德标准应自觉地以有利于社会的进步、大多数人的幸福、社会物质文明和精神文明的发展为根本标准。

在企业道德评价中，还有一个标准很重要，这就是生产力标准。生产力是一切社会发展的根本动力，任何一个社会的发展和进步，都是由于生产力同生产关系的矛盾运动而实现的。所以，某一企业行为只要是适应生产力发展的需要，能够促进生产力的发展，这就是道德的。这也就是道德评价中的生产力标准。

但是，对生产力标准的理解要全面而正确。在企业道德评价中，不能把生产力标准简单地等同于急功近利的企业效益标准或金钱数量标准，这会引导企业活动走向片面追求经济效益而忽视人、忽视环境保护、忽视社会效益。生产力包括人的要素、生产工具要素和劳动对象要素。从生产力标准中人的要素来看，有利于调动人的积极性，有利于人的全面发展的企业行为才是善的，反之则是恶的；从生产力标准中物的要素来看，有利于更有效地利用企业服务工具和物资，创造尽可能多的经济效益，有利于改进和合理使用服务工具保护企业物资、保护环境，创造良好社会效益的企业行为是善的，否则是恶的。可见，无论是从生产力的哪个要素来看，生产力标准是一个综合标准，而不能把它理解得片面了，那样不仅无助于生产力的发展，反而会阻碍生产力的发展，这是无数实践经验证明了的。

强调道德评价的生产力标准，丝毫也不能减弱甚至取消企业道德评价的一般标准，即善恶标准。生产力标准一般并不直接用于判断企业行为的善恶性质，它要通过所筛选和制约的具体善恶标准来进行判断。因此，生产力标准对于具体行为的善恶而言，是标准的标准，即由企业道德原则、规范来检验企业行为的善恶性质，而由生产力标准来检验企业道德原则、规范的善恶性质。生产力标准决定具体的善恶标准的性质，具体的善恶标准则体现生产力标准的要求。所以，在企业道德领域以生产力标准为行为善恶的最后标准，具有剔除阻碍生产力发展的、过时的、僵化的企业道德规范，确立那些促进生产力发展的、富于活力的企业道德规范的作用。

社会主义企业道德评价标准，还包含了以下两方面的内容：（1）企业道德标准不能单纯地理解为企业员工行为仅仅着眼于对本企业的发展，而应同时是符合社会主义社会利益的，即要求人们的道德行为应有利于社会主义发展的要求。倘若企业行为只是有利于本企业的利益，而却有损于社会的整体利益，这种行为就不符合现代企业道德的标准。（2）企业道德评价标准要求企业管理者在处理人际关系时，要遵循两条道德原则：一要尊重员工的人格尊严，尊重员工的主人翁地位，使员工能够认识和感受到自身价值的存在，从而更积极主动地做好自己的工作；二要在用激励的方法调动员工劳动积极性时，必须注意到精神激励和物质鼓励相结合，不可偏废一方。

第四节　企业道德评价的方式

道德评价是要通过一定的方式才能产生效能的，其评价的方式从不同的角度出发，有许多种归类方法，是一项复杂而系统的工作，可以从企业内部的结构分类，也有从企业对应社会与市场的功能分类等。

综合起来分析，多年来，理论界和企业界用得比较多的、普遍为企业和社会所接受的方式，主要有舆论和信念两种，也即道德的社会评价方式和自我评价方式。

1. 道德的社会评价方式。道德的社会评价方式属于一种社会公众舆论评价方式，不同的社会区域的企业各有其特定的企业道德文化，它们有其特定的内容和独特的表现形式，但特定的企业道德文化与整个社会的道德文化又有着千丝万缕的联系。现代企业道德是社会道德的重要组成部分，它从总体方向上反映着整个社会道德的特殊要求。在这些要求中，既有从属于社会又有对企业自身特殊的要求。这些特殊要求便形成了企业道德文化，它往往是通过社会公众的舆论评价而反映出来的。

　　社会公众舆论对个人行为的道德评价是一种来自主体之外的道德倾向，这种社会评价方式所表达的道德意向同行为主体的道德倾向没有关系，社会公众舆论只按照一定的道德基本原则和价值标准，对当事人的行为做出肯定或者否定的评价，至于社会公众舆论能否对所评价的行为发生作用或影响的程度如何，则取决于行为当事人能否产生道德上的共鸣。

　　社会公众舆论的表现途径主要是两个方面，一是通过社会组织以正式宣传的方式，如大众传播媒介的传播方式，这或者叫正式舆论；二是通过人们自发的方式表达出来，或称自发舆论。无论哪种舆论表达方式，都具有强大的道德力量，它足以影响企业中人们的道德观念，甚至能够左右人们选择行为的方向。因为公众舆论或社会集体舆论，可以使人们随时感到它具有的特殊的权威性。如有些人，他们之所以不愿做或不敢做不道德的事，往往并不是由于惧怕法律的处罚，而是由于惧怕社会公众舆论的谴责。而社会公众舆论之所以具有权威性，又在于它代表着广大群众的一种意志、感情和价值取向，并能给人以荣誉感或耻辱感，迫使人们在行为选择时，不得不考虑社会公众舆论对自己的评价。这说明，社会公众舆论可以在一定程度上强制人们接受某种道德规则。因此，加强社会公众舆论的社会评价作用，对规范企业行为、纠正行业不正之风以及改善社会风气，培养人们良好的企业道德品质和社会的道德价值观念，都具有十分重要的作用。

　　2. 道德的自我评价方式。企业道德的自我评价方式是指行为当事人对自己行为所进行的善恶评判。自我评价产生的道德基础，是个人对自身的道德要求以及同他人联系中所建立起来的道德情感和道德责任感。在企业活动中，人们除了建立起个体本职工作的责任感外，还在工作交往中产生了人们相互间责任感和道德情感。这些责任感和道德情感的存在，使个人行为一旦与他人发生关系时，必然要审视自我行为对他人带来的后果，于是对自我行为肯定或否定的道德评价就产生了。

　　道德自我评价的目的，主要是要正确认识自己和了解自己的道德品质和道德行为，从而不断地提高自己的道德品质。不过由于道德自我评价的主体和客体都是行为者本人，其结果，可能由于了解自我行为的动机而使评价更恰当，更深刻；也可能评价者从主观利益考虑而宽容自己，使评价出现偏差。例如，某企业管理者对下属采取了粗暴的态度，旁人认为这种态度是恶劣的，但他本人认为，这样做是为了树立威信，有助于管理因而判定自己的行为是道德的。类似的情况在企业管理者中是经常出现的。这就减弱了自我评价的公正性和道德文化本身积极性。可见，要使道德自我评价真正起积极作用，关键在于评价者自身的道德觉悟和对自己的严格要求。

企业道德自我评价是通过道德主体的内心信念而发生作用的。内心信念也即是我们通常所说的道德良心。道德良心是对自己道德行为的自我认识、自我控制、自我调节和自我评价的综合体。道德良心在道德自我评价中总是同责任感、荣誉感和羞耻感结合在一起的。这使企业道德主体对于自己符合社会道德规范要求的善的行为，感到光荣、崇高、问心无愧，并带来精神上的欣慰感；反之，对自己所做出的不道德的行为，则感到羞愧，并对自己进行谴责。如企业企业管理者对自己的工作过错在道德良心的自责下，寝食不安，最后提出自动辞职要求，以表示对自己道德良心的内疚。可见道德良心的力量在企业道德自我评价之中的作用是很大的。

3. 除了传统的社会舆论和自我信念道德评价方式外，随着市场经济的现代化、全球化、信息化的不断发展，道德评价的方式亦在不断地深入创新、不断地从多层次、宽领域进行探索，一些新模式、新趋势不断出现。例如，借助于企业绩效考评体系的模式，把企业道德评价内容与企业绩效考核中的效益类、运营类、组织类、战略管理类等几大项的具体指标相融合进行企业道德评价，根据各类指标中反映出的企业道德标准进行系统的评价。这种方式在中国一些大型中央企业和地方国有大型企业每年的社会责任分析、考核报告中运用较多，且正在不断完善和创新，很有可能成为未来企业道德评价的一种重要方式而被社会大众和企业界自身普遍认同。

4. 近几年来，国内外一些企业实业界和理论界把企业道德评价的定性与定量相结合进行研究，对企业道德评价探索出了一种称之为"量化评价"的模式与体系，并在国内外一些企业中不断推广与运用。企业道德作为企业管理中的一个要素，它的一个重要的作用是最大限度地激活企业内外部资源，其如何发挥作用？能影响到什么程度？表面上是看不见摸不着的，需要一个具体的量化方式来考核与反映，正如要放好风筝必须要对风筝飞到什么高度做到心中有数，若企业道德对企业各方面的影响不能做到具体量化评价数据，只定性不定量就无法合理地进行具体的管理、分析与评价，亦不能科学地进行企业道德的管理与提升。企业界对企业道德量化管理的评价方式主要是基于三个方面的理论基础和原因：（1）企业道德建设的目的是要促进企业效益增长，要见到促进的方式与效果，将定性与定量结合起来，形成一套具体的量化指标是一种大趋势。（2）从评价方式上讲，没有量化的管理弹性太大，分析与考核都不能具体化，只用定性的方式很多情况不能深入了解和评价，存在不少局限性。（3）企业道德评价的量化管理是未来企业与市场发展的必然要求。现代企业追求越来越低的成本战略，要求控制得更好，更精密，对时间、资源、资金的管理体现差异化的特点，而最大的成本就是人的情绪、思想、敬业精神、忠诚度等道德成本。硬性成本都一样了，同质化了，更低的软件成本就成为竞争的优势。若企业道德管理的水平要越来越高，越来越精细化，就特别需要对道德评价量化管理。

正是基于以上三个方面的原因，许多企业对企业道德评价的量化管理不断推出新的方式方法，例如，把企业道德涵盖的内容和现象等按企业的运营程序进行分类对接与融合，将其评价体系转化为定量的数据和语言，按照其中的内在的数理逻辑规律进行构架；把企业道德评价体系中的现象、特征、规范、图片、语言、场所、氛围等转化为数据模式，实现从定性到定量的过程转化，与企业的产、供、销、人、财、物的各个环节、各个要素进行同步配套的量化考核，逐步实现企业道德量化评价的目标，并使其在企业经营管理中发挥重要作用。同时，这些年国内外一些企业在企业道德量化评价模式实践方面的创新与探索，亦为企业道德评价体系的理论研究与创新提供了很好的基础，为将来更多地探索更加适应未来企业发展的新型企业道德评价模式和评价体系起到了非常重要的作用。

参 考 文 献

［1］李景田等主编．中共中央党校进修部学员论文选（一—九）［C］．中共中央党校出版社，2009．

［2］蒋敏文，刘敬山，孙敏．论企业核心竞争力的形成机理［J］．北方经济综合版，2006．

［3］刘伟．微观、中观、宏观社会主义经济分析［M］．中国国际广播出版社，2006．

［4］刘伟，梁钧平．冲突与和谐的集合——经济与伦理［M］．北京教育出版社，1999．

［5］刘伟．经济学教程——中国经济分析［M］．北京大学出版社，2005．

［6］刘伟．改革与发展的经济分析［M］．北京大学出版社，2005．

［7］刘伟，蔡志洲．走下神坛的 GDP［M］．中信出版社，2006．

［8］刘伟，李绍荣．转轨中的经济增长与经济结构［M］．中国发展出版社，2005．

［9］张世杰．道德与人生［M］．郑州大学出版社，2005．

［10］秦道宽．中华道德哲学论衡［M］．团结出版社，2009．

［11］何山．以德为先［M］．中国长安出版社，2009．

［12］郝勇．中国古代修身大观［M］．海潮出版社，2005．

［13］刘光明等．企业信用：伦理、文化、业绩等多重视角的研究［M］．经济管理出版社，2006．

［14］蒋东良．企业社会责任的实践与思考［J］．安装，2010（1）

［15］叶春涛．制度创新视角下的企业诚信体系建设［N］．重庆工商大学学报，2009．

［16］李辉．市场经济转型期企业诚信治理研究——以食品行业为例［D］．中国海洋大学出版社，2009．

［17］伍开昌．我国政府信用的缺失与重构［J］．唯实，2003（8）

［18］史玉柱．我的十大管理心得［J］．发现，2013（10）

［19］于文．深入了解生命［J］．发现，2013（10）

［20］罗尔夫·多贝里，刘菲菲译．明智决策的艺术［J］．发现，2013（10）

［21］陈贝帝．华图易经［M］．北京联合出版公司，2011.

［22］马克·摩根，雷蒙德·莱维特，威廉·马利克，阳波译．执行战略：分解并实现战略的艺术［M］．清华大学出版社，2013.

［23］牧原．静修——拥有一颗平常心［M］．中国华侨出版社，2012.

［24］龙子泉，陆菊春．管理运筹学［M］．武汉大学出版社，2002.

［25］魏权龄．运筹学通论［M］．中国人民大学出版社，2000.

［26］逸夫．哈佛人生哲理全书［M］．中国地震出版社，2010.

［27］弗兰克·帕特诺伊，邹琰译．诚信的背后［M］．当代出版社，2005.

［28］尼古莱·J福斯，克里斯第安·克努森，李东红译．企业万能［M］．东北财经大学出版社，1998.

［29］成思危．国企革命：维亚格走向国际康采恩［M］．华夏出版社，1999.

［30］康有为．大同书［M］．上海古籍出版社，2005.

［31］林毅夫等．中国的奇迹：发展战略与经济改革［M］．上海三联书店，1995.

［32］童世骏．意识形态新论［M］．上海人民出版社，2006.

［33］周祖城．论道德管理［N］．南开学报，2003（11）.

［34］赵悦．建构有效的企业道德管理模式［J］．中国市场，2011（2）

［35］张奎霞．中国乳制品企业的道德管理［J］．物流科技，2011（2）

［36］王承进．从《弟子规》看企业道德管理［J］．人力资源，2009（7）

［37］章歆．我国道德管理失衡成因及对策［J］．合作经济与科技，2006（12）

［38］关培兰，申学武．企业管理的道德选择［N］．武汉大学学报，2004（2）

［39］王开良．以德治企，德达天下［N］．厂长经理时报，2001（6）

［40］杨建伟．企业道德困境的再认识［J］．企业改革与管理，2007（5）

［41］魏英敏．企业文化与企业道德［J］．社会科学家，1990（12）

［42］周前映．基于中国传统文化的企业道德构建［J］．江苏商论，2007（9）

［43］吴硕．企业管理者道德资本与企业绩效关系研究［D］．湖南师范大

学学报，2012（6）

［44］吴折．企业道德缺失的多视角思考［N］．山东农业大学学报，2008（3）

［45］王雷．企业道德的两个基本问题［J］．伦理学研究，2010（1）

［46］林佼俊．《荀子》管理哲学思想的研究［N］．华东师范大学学报，2012（3）

［47］李玉梅．论企业道德风险及其法律防治［J］．改革与战略，2009（9）

［48］乔洪武．企业道德与社会主义精神文明建设［J］．社会主义研究，1992（4）

［49］Rumelt, R. P. （1984）"Towards a Startegic Theory of the Firm", in R. B. Lamb（ed.）Competitive Strategic Management, Englewood Cliffs, NJ: Prent-ice-Hall.

［50］Rumelt, R. P. , Schendel, D. E. and Teece, D. J. （1991）"Strategic Manage-ment and Economics", Strategic Management Journal 12: 5 – 29.

［51］Rumelt, R. P. , Schendel, D. E. and Teece, D. J. （1994）"After-word"in Fundamental Issues in Strategy: A Research Agenda, Cambridge, Mass: Harvard Business School Press.

［52］Saloner, G. （1994）"Modeling, Game Theory and Strategic Manage-ment", in R. P. Rumelt, D. E. Schendel and D. J. Teece, Fundamental Issues in Straregy: A Research Agenda, Cambridge, Mass. : Harvard Business School Press.

［53］Schmalensee, R. and Willig, R. （eds）（1989）Handbook of Industri-al Organization, Vol. 1. , Amsterdam: North-Holland.

［54］Shapiro, C. （1989）"The Theory of Business Strategy", RAND Journal of Economics 20: 125 – 37.

［55］Teece, D. J. （1990）"Contributions and Impediments of Economic Analys-is to the Study of Strategic Management", in J. W. Fredrickson（ed.）Persp-ectives on Strategic Management, Grand Rapids, Mich. : Harper.

［56］Teece, D. J. , Pisano, G. and Shuen, A. （1990）"Firm Capabilities, Re-sour-Ces and the Concept of Strategy", Mimeo, University of California at Berk-eley.

［57］Tirole, J. （1988）The Theory of Industrial Organization, Cambridge, Mass. : MIT Press.

［58］Tushman, M. L. and Anderson, P. （1986）"Technological Discontinuities and Organizational Environments", Administrative Science Quarterly 31: 439 –65.

[59] Wensley, R. (1982) " PIMS and BCG: New Horizons or False Dawns?", Strat-egic Management Journal 3: 147 – 58.

[60] Wernerfelt, B. (1984) "A Resource-based View of the Firm", Strate-gic Management Journal 5: 171 – 80.

[61] Wernerfelt, B. (1995) "Resource-based Strategy in a Stochastic Model", in C. A. Montgomery (ed.) Resource-based and Evolution ary Approa-ches to the Firm, Boston: Kluwre.

[62] Williams, J. R. (1994) "Strategy and the Search for Rents: The Evolution of Diversity among Firms", in R. P. Rumelt, D. E. Schendel Innovation, Management and Policy 4: 1 – 23.

[63] Camerer, C. (1985) " Redirecting Research in Business Policy and Strategy", Strategic Management Journal 6: 1 – 15.

[64] Caves, R. E. (1994) " Game Theory, Industrial Organization, and Business Strategy", Journal of the Economics of Business 1: 11 – 14.

[65] Conner, K. R. (1991) "A Historical Comparison of Resource-based Theory and Five Schools of Thought within Industrial Organization Economics: Do We Have a New Theory of the Firm?", Journal of Mangement 17: 121 – 54.

[66] Dierickx, I. and Cool, K. (1989) "Asset Stock Accumulation and Sustain-ability of Competitive Advantage", Management Science 35: 1504 – 11.

[67] Dosi, G., Freeman, C., Nelson, R. R., Silverberg, G. and Soete, L. (1988), Technical Change and Economic Theory, London: Pinter Publishers.

[68] Dosi, G., Teece, D. J. and Winter, S. G. (1992) "Towards a Theory of Corporate Coherence,"in G. Dosi, R. Giannetti and P. A. Toninelli (eds) Technology and Enterprise in a Historical Perspective, Oxford: Clarendon Press.

[69] Fama, E. (1976) Foundations of Finance, New York: Basic Books. Foss, N. J. (1993) "Theories of the Firm: Competence and Contractual."